# Basiswissen Sozialwirtschaft und Sozialmanagement

**Reihe herausgegeben von**
Klaus Grunwald, Stuttgart, Deutschland
Ludger Kolhoff, Wolfenbüttel, Deutschland

Die Lehrbuchreihe „Basiswissen Sozialwirtschaft und Sozialmanagement" vermittelt zentrale Inhalte zum Themenfeld Sozialwirtschaft und Sozialmanagement in verständlicher, didaktisch sorgfältig aufbereiteter und kompakter Form. In sich abgeschlossene, thematisch fokussierte Lehrbücher stellen die verschiedenen Themen theoretisch fundiert und kritisch reflektiert dar. Vermittelt werden sowohl Grundlagen aus relevanten wissenschaftlichen (Teil-)Disziplinen als auch methodische Zugänge zu Herausforderungen der Sozialwirtschaft im Allgemeinen und sozialwirtschaftlicher Unternehmen im Besonderen. Die Bände richten sich an Studierende und Fachkräfte der Sozialen Arbeit, der Sozialwirtschaft und des Sozialmanagements. Sie sollen nicht nur in der Lehre (insbesondere der Vor- und Nachbereitung von Seminarveranstaltungen), sondern auch in der individuellen bzw. selbstständigen Beschäftigung mit relevanten sozialwirtschaftlichen Fragestellungen eine gute Unterstützung im Lernprozess von Studierenden sowie in der Weiterbildung von Fach- und Führungskräften bieten.

**Beiratsmitglieder**
**Holger Backhaus-Maul**
Philosophische Fakultät III
Universität Halle-Wittenberg
Halle (Saale), Sachsen-Anhalt
Deutschland

**Waltraud Grillitsch**
Fachhochschule Kärnten
Feldkirchen
Österreich

**Andreas Langer**
Department Soziale Arbeit, HAW
Hamburg, Hamburg, Deutschland

**Peter Zängl**
Hochschule für Soziale Arbeit
Fachhochschule Nordwestschweiz
Olten, Schweiz

**Marlies Fröse**
Evangelische Hochschule Dresden
Dresden, Sachsen, Deutschland

**Andreas Laib**
Fachbereich Soziale Arbeit
Fachhochschule St. Gallen
St. Gallen, Schweiz

**Wolf-Rainer Wendt**
Stuttgart, Baden-Württemberg
Deutschland

Weitere Bände in der Reihe http://www.springer.com/series/15473

Patricia Pfeil · Marion Müller

# Evaluation in der Sozialwirtschaft

Eine Einführung

Patricia Pfeil
Hochschule für angewandte
Wissenschaften Kempten
Kempten, Deutschland

Marion Müller
FOM Hochschule München
München, Deutschland

ISSN 2569-6009　　　　　　ISSN 2569-6017　(electronic)
Basiswissen Sozialwirtschaft und Sozialmanagement
ISBN 978-3-658-26321-8　　　ISBN 978-3-658-26322-5　(eBook)
https://doi.org/10.1007/978-3-658-26322-5

Die Deutsche Nationalbibliothek verzeichnet diese Publikation in der Deutschen Nationalbibliografie; detaillierte bibliografische Daten sind im Internet über http://dnb.d-nb.de abrufbar.

© Springer Fachmedien Wiesbaden GmbH, ein Teil von Springer Nature 2020
Das Werk einschließlich aller seiner Teile ist urheberrechtlich geschützt. Jede Verwertung, die nicht ausdrücklich vom Urheberrechtsgesetz zugelassen ist, bedarf der vorherigen Zustimmung des Verlags. Das gilt insbesondere für Vervielfältigungen, Bearbeitungen, Übersetzungen, Mikroverfilmungen und die Einspeicherung und Verarbeitung in elektronischen Systemen.
Die Wiedergabe von allgemein beschreibenden Bezeichnungen, Marken, Unternehmensnamen etc. in diesem Werk bedeutet nicht, dass diese frei durch jedermann benutzt werden dürfen. Die Berechtigung zur Benutzung unterliegt, auch ohne gesonderten Hinweis hierzu, den Regeln des Markenrechts. Die Rechte des jeweiligen Zeicheninhabers sind zu beachten.
Der Verlag, die Autoren und die Herausgeber gehen davon aus, dass die Angaben und Informationen in diesem Werk zum Zeitpunkt der Veröffentlichung vollständig und korrekt sind. Weder der Verlag, noch die Autoren oder die Herausgeber übernehmen, ausdrücklich oder implizit, Gewähr für den Inhalt des Werkes, etwaige Fehler oder Äußerungen. Der Verlag bleibt im Hinblick auf geografische Zuordnungen und Gebietsbezeichnungen in veröffentlichten Karten und Institutionsadressen neutral.

Springer VS ist ein Imprint der eingetragenen Gesellschaft Springer Fachmedien Wiesbaden GmbH und ist ein Teil von Springer Nature.
Die Anschrift der Gesellschaft ist: Abraham-Lincoln-Str. 46, 65189 Wiesbaden, Germany

# Vorwort

Das Lehrbuch richtet sich an Bachelor- wie Masterstudierende der Sozialwirtschaft, Sozialmanagement und der Sozialen Arbeit sowie verwandter Studiengänge. Zugleich werden die Mitarbeiter*innen der öffentlichen Verwaltung und der freien Träger angesprochen, die im Rahmen ihrer Tätigkeit zunehmend damit konfrontiert sind, ihre Maßnahmen, Programme und Projekte auf den Prüfstand stellen zu müssen – oder dies als Aufgabe der Qualitätssicherung begreifen. Sie fungieren häufig als Auftraggeber*innen von Evaluationen.

*Was der Band leisten will ...*
Sie sollen als Leser*in Kenntnisse über die Grundlagen und Abläufe einer Evaluation gewinnen und Wissen darüber erwerben, wie Evaluationsprojekte zu planen und zu steuern sind.[1] Das Evaluationsprojekt umfasst die Evaluation, ist aber mehr als diese. Evaluationen bedürfen einer sinnvollen Anlage, um die relevanten Erkenntnisse zu liefern, und nur mit Kenntnissen über Ablauf und Qualitätsmerkmale einer Evaluation lässt sich ein Evaluationsprojekt gut vorbereiten und steuern. Eine aus sozialwirtschaftlicher Perspektive erfolgreiche und effektive Evaluation fordert damit ein iterativ angelegtes Verständnis über Evaluation, den Ablauf und das Vorgehen in einer Evaluation, aber auch den Vorlauf, um eine Evaluation überhaupt sinnvoll beginnen zu können, und die Prozesse, die während der Evaluation stattfinden. In diesem Sinne ist das Lehrbuch eine Arbeitshilfe für Beteiligte und Verantwortliche von Evaluationsprojekten.

Im vorliegenden Band werden zunächst in einer kurzen Einführung ein paar Grundbegriffe der Evaluation benannt und erklärt, was gute Evaluation ausmacht (Teil 1). Danach wird der schrittweise Ablauf und die Durchführung einer Evalua-

---

1 In diesem Band wird mit Evaluation Programmevaluation angesprochen. Diese sind von Produktevaluationen oder Politikevaluationen zu unterscheiden.

tion nachvollziehbar und anhand eines Fallbeispiels dargestellt (Teil 2). Im Anschluss daran wird ein Perspektivenwechsel vorgenommen sowie die Planung und Steuerung von Evaluationen aus Sicht der Auftraggeber*innen vorgestellt (Teil 3). Immer da, wo es sich anbietet und hilfreich erscheint, finden Sie im Text Praxisbeispiele und im Anhang zu den Kapiteln Übungsaufgaben zur Überprüfung des Lernfortschritts sowie weiterführende Literaturangaben.

*Was der Band nicht leisten kann und will ...*
Die wissenschaftliche Evaluation ist ein breites Feld mit unterschiedlichen Zielsetzungen, Ansätzen, Methoden, Herangehensweisen, Fragestellungen, Diskursen – diese aufzuzeigen, ist im Rahmen dieser Einführung weder ansatzweise möglich noch sinnvoll. In diesem Sinne ist auch der Rahmen der eingesetzten Literatur begrenzt, auch hier können wir nur auf die zahlreichen hervorragenden Ausführungen in der aktuellen Evaluationsliteratur verweisen.

# Inhalt

Abkürzungsverzeichnis . . . . . . . . . . . . . . . . . . . . . . XI

Abbildungs- und Tabellenverzeichnis . . . . . . . . . . . . . . XIII

**Teil I: Grundlagen der Evaluation**

1 Evaluation als Handwerk . . . . . . . . . . . . . . . . . . . 5
   1.1  Was ist Evaluation . . . . . . . . . . . . . . . . . . . . 6
   1.2  Evaluation in der Sozialwirtschaft . . . . . . . . . . . . 9
   1.3  Wer evaluiert? Wann wird evaluiert? –
        Grundbegriffe im Kontext von Evaluation . . . . . . . . . . 12
   1.4  Was ist eine ‚gute' Evaluation? . . . . . . . . . . . . . 15
   Anhang . . . . . . . . . . . . . . . . . . . . . . . . . . . 20
   Literatur . . . . . . . . . . . . . . . . . . . . . . . . . 21

**Teil II: Die praktische Durchführung von Evaluationen in der Sozialwirtschaft**

2 Die einzelnen Schritte eines Evaluationsprozesses . . . . . . . 27
   2.1  Festlegen des Evaluationsgegenstands (Schritt 1) . . . . . 34
   2.2  Entwicklung der Ziele (Schritt 2) . . . . . . . . . . . . 40
   2.3  Entwicklung der Bewertungskriterien und Indikatoren
        (Schritt 3) . . . . . . . . . . . . . . . . . . . . . . . 49
   2.4  Erstellung des Evaluationsdesigns (Schritt 4) . . . . . . 56
   2.5  Entwicklung der Erhebungsinstrumente (Schritt 5) . . . . 70
   2.6  Erhebung der Daten (Schritt 6) . . . . . . . . . . . . . 75

| | |
|---|---|
| 2.7 Analyse der Daten (Schritt 7) | 81 |
| 2.8 Präsentation der Ergebnisse und Feedback (Schritt 8) | 85 |
| Anhang | 89 |
| Literatur | 90 |

## Teil III: Evaluation aus Sicht von Auftraggeber*innen: Planung, Steuerung und Verwertung

| | |
|---|---|
| **3 Planung von Evaluationen: Auftrags- und Ressourcenklärung** | **99** |
| 3.1 Interne Auftragsklärung | 102 |
| 3.2 Evaluationsgegenstand: Was wird evaluiert? | 104 |
| 3.3 Evaluationszwecke | 108 |
| 3.4 Nutzungsabsichten | 116 |
| 3.5 Ziele und Fragestellungen einer Evaluation | 119 |
| 3.6 Einbindung relevanter Akteur*innen des Evaluationsprojekts | 121 |
| 3.7 Ressourcen- und Kostenplanung | 130 |
| 3.8 Zeitplanung | 138 |
| Anhang | 141 |
| Literatur | 142 |
| **4 Vorbereitungsphase: Evaluationen ausschreiben und beauftragen** | **145** |
| 4.1 Ablauf des Vergabeverfahrens | 146 |
| 4.2 Die Ausschreibung | 147 |
| 4.3 Arten der Vergabe öffentlicher Aufträge | 148 |
| 4.4 Inhalte der Ausschreibung einer Evaluation | 149 |
| 4.5 Bestandteile eines Angebots für eine Evaluation | 157 |
| 4.6 Bewertung der Evaluationsangebote | 160 |
| 4.7 Beauftragung der Evaluation | 164 |
| Anhang | 166 |
| Literatur | 168 |
| **5 Evaluationsprojekte steuern** | **169** |
| 5.1 Beginn der Evaluation | 171 |
| 5.2 Steuerung und Begleitung im Verlauf der Evaluation | 177 |
| 5.3 Abschluss der Evaluation | 185 |
| Anhang | 192 |
| Literatur | 192 |

| | | |
|---|---|---|
| **6** | **Evaluationsergebnisse nutzen** | 195 |
| | 6.1 Rückmeldung und Beteiligung | 197 |
| | 6.2 Umsetzung und Implementierung der Erkenntnisse | 199 |
| | Anhang | 202 |
| | Literatur | 202 |

**Beispiellösungen für die Übungsaufgaben** .............. 205

**Literatur** ........................................ 213

# Abkürzungsverzeichnis

| | |
|---|---|
| DeGEval | Deutsche Gesellschaft für Evaluation |
| DSGVO | Datenschutz-Grundverordnung |
| ESF | Europäischer Sozialfonds |
| GWB | Gesetz gegen Wettbewerbsbeschränkungen |
| JGG | Jugendgerichtsgesetz |
| KW | Kalenderwoche |
| NRW | Nordrhein-Westfalen |
| QM | Qualitätsmanagement |
| ToR | Terms of Reference |
| VO | Verordnung |
| VOL | Vergabe- und Vertragsordnung für Leistungen |

# Abbildungs- und Tabellenverzeichnis

**Abbildungen**

| | | |
|---|---|---|
| Abbildung 2.1 | Schritte im Evaluationsprozess | 32 |
| Abbildung 2.2 | Schritte im Evaluationsprozess – Schritt 1 | 34 |
| Abbildung 2.3 | Schritte im Evaluationsprozess – Schritt 2 | 40 |
| Abbildung 2.4 | Schritte im Evaluationsprozess – Schritt 3 | 49 |
| Abbildung 2.5 | Schritte im Evaluationsprozess – Schritt 4 | 56 |
| Abbildung 2.6 | Schritte im Evaluationsprozess – Schritt 5 | 70 |
| Abbildung 2.7 | Schritte im Evaluationsprozess – Schritt 6 | 75 |
| Abbildung 2.8 | Schritte im Evaluationsprozess – Schritt 7 | 81 |
| Abbildung 2.9 | Schritte im Evaluationsprozess – Schritt 8 | 85 |
| Abbildung 3.1 | Phasen der Evaluation aus Auftraggeber*innensicht im Überblick | 98 |
| Abbildung 3.2 | Planung einer Evaluation | 100 |
| Abbildung 3.3 | Inhalt der Auftragsklärung | 103 |
| Abbildung 3.4 | Relevante Akteursgruppen im Evaluationsprozess | 123 |
| Abbildung 3.5 | Identifizierung der Stakeholder | 126 |
| Abbildung 3.6 | Ebenen der Einbindung | 127 |
| Abbildung 3.7 | Ressourcen im Evaluationsprojekt | 131 |
| Abbildung 3.8 | Einflussfaktoren auf die Kosten einer Evaluation | 133 |
| Abbildung 3.9 | Beispielhafter Ablaufplan eines Evaluationsprojekts | 139 |
| Abbildung 4.1 | Ablauf eines Ausschreibungsverfahrens für eine externe Evaluation | 147 |
| Abbildung 4.2 | Ablauf einer Beauftragung | 164 |
| Abbildung 5.1 | Steuerung des Evaluationsprozesses | 170 |
| Abbildung 5.2 | Konfliktprävention im Evaluationsprojekt | 183 |
| Abbildung 5.3 | Konfliktmanagementprozess | 184 |

## Tabellen

| | | |
|---|---|---|
| Tabelle 2.1 | Bewertungskriterien und Indikatoren | 55 |
| Tabelle 2.2 | Qualitative und quantitative Methoden | 60 |
| Tabelle 2.3 | Qualitative und quantitative Erhebungsformen | 64 |
| Tabelle 2.4 | Qualitative und quantitative Datenaufbereitungs- sowie Auswertungsverfahren | 66 |
| Tabelle 2.5 | Ausschnitt Kategoriensystem (Interviews mit Klient*innen) | 83 |
| Tabelle 2.6 | Ausschnitt Kategoriensystem (Gruppendiskussionen mit Fachkräften) | 84 |
| Tabelle 3.1 | Evaluationsplan aus Auftraggeber*innensicht | 98 |
| Tabelle 3.2 | Evaluationszwecke im Überblick | 111 |
| Tabelle 3.3 | Evaluationszwecke | 114 |
| Tabelle 3.4 | Beispiele: Nutzen der Evaluation | 118 |
| Tabelle 3.5 | Varianten der Ressourcenplanung | 132 |
| Tabelle 3.6 | Kalkulationsbasis | 136 |
| Tabelle 5.1 | Bewertung der Evaluationsergebnisse ‚Betreuungsweisung Zwei' anhand ausgewählter Evaluationsstandards | 188 |
| Tabelle 6.1 | Vermittlung der Evaluationsergebnisse | 198 |

# Teil I:

# Grundlagen der Evaluation

In diesem Abschnitt soll kurz skizziert werden, warum in der Sozialwirtschaft das Thema Evaluation überhaupt relevant ist. Evaluation ist kein neues Phänomen, ihr nahezu flächendeckender Einsatz in der Sozialwirtschaft jedoch schon. Darüber hinaus werden kurz einige Begriffe, die immer wieder benutzt werden, wenn wir von Evaluation sprechen, erklärt. Schließlich werden wir noch kurz die Gütekriterien „guter" Evaluation ansprechen.

# Evaluation als Handwerk 1

### Zusammenfassung

Ziel dieses Kapitels ist es, die Grundzüge einer Evaluation und ihres Einsatzes in der Sozialwirtschaft kennenzulernen. Dazu soll zunächst geklärt werden, was man unter dem Begriff Evaluation versteht, wozu eine Evaluation dient und warum gerade die Sozialwirtschaft Kenntnisse über Evaluation benötigt. Evaluation bedeutet zunächst Bewertung und Beurteilung. Sie dient dazu, Maßnahmen, Organisationsstrukturen oder Prozesse zu bewerten sowie auch ihre Wirksamkeit zu überprüfen. Dazu werden entlang der etablierten Standards Grundbegriffe geklärt und die Grundlagen der Evaluation wie die unterschiedlichen Formen von Evaluation, ihre Ziele und Aufgaben beschrieben.

### Lernziele

- Verstehen, was Evaluation ist.
- Verstehen, was Evaluation in der Sozialwirtschaft ist.
- Ausgewählte Grundbegriffe der Evaluation kennenlernen.
- Standards der Evaluation kennenlernen.

### Keywords

Evaluation in der Sozialwirtschaft, Evaluationsstandards, Grundlagen der Evaluation

© Springer Fachmedien Wiesbaden GmbH, ein Teil von Springer Nature 2020
P. Pfeil und M. Müller, *Evaluation in der Sozialwirtschaft*,
Basiswissen Sozialwirtschaft und Sozialmanagement,
https://doi.org/10.1007/978-3-658-26322-5_1

## 1.1 Was ist Evaluation

Praktisch jedes Buch über Evaluation beginnt damit, zu klären und zu definieren, was Evaluation meint. Die Versuche, Definitions- und Bestimmungsarbeit zu leisten, sind nicht einfach. Sie sind deshalb etwas herausfordernd, weil Evaluation „ein schillernder Begriff" ist, wie Haubrich et al. (2005) ihren Übersichtsartikel treffend benennen. Dieses Problem konstatieren auch andere, so schreibt Stockmann (2007), „[d]er Begriff ‚Evaluation' erfreut sich einer stark steigenden Beliebtheit, ohne dass immer klar zu sein scheint, was er eigentlich bedeutet. So taucht der Begriff in den verschiedensten Zusammenhängen auf und wird zur Bezeichnung der unterschiedlichsten Verfahren verwendet. Dabei fällt auf, dass Evaluation nicht nur für ein spezifisches Handeln (der Durchführung einer Evaluation) steht, sondern auch für das Ergebnis dieses Prozesses, was die Verwirrung um den Begriff noch vergrößert" (Stockmann 2007, S. 25). Noch pointierter bringen es Franklin und Thrasher (1976, S. 20) auf den Punkt: „To say that there are as many definitions as there are evaluators is not too far from accurate" – es gibt so viele Definitionen wie Evaluierende.

Diese Vielfalt an Definitionen und Beschreibungen von Evaluation findet sich nach wie vor in der Literatur, ebenso ist die Einordnung und Kategorisierung, was Evaluation ist oder sein sollte, uneindeutig. Für ein – wie in diesem Band verstandenes und vorgestelltes – Verständnis einer wissenschaftlichen Evaluation sind verschiedene Aspekte von Bedeutung, die sich auch in den folgenden unterschiedlichen Definitionen mit unterschiedlichem Gewicht wiederfinden. Sie unterscheiden sich hinsichtlich ihres Fokus, des Grades der Detailliertheit, aber auch im Hinblick auf ein eher enges oder weites Verständnis von Evaluation.

Kurz gefasst geht es bei einer Evaluation um die zielgerichtete Bewertung eines Evaluationsgegenstands auf Basis der wissenschaftlichen Anwendung empirischer Methoden. Im Glossar der Evaluation wird Evaluation definiert als „oft interdisziplinäre wissenschaftliche – dabei häufig personenbezogene – Dienstleistung, die insbesondere öffentlich verantwortete und/oder finanzierte Evaluationsgegenstände (Politiken, Programme, Projekte, Maßnahmen …) systematisch, transparent und auf Daten gestützt beschreibt (Beschreibung) und ausgewogen bewertet (Bewertung), so dass Stakeholder (Auftraggeber*innen etc.) die erzeugten Evaluationsergebnisse für vorgesehene Evaluationszwecke wie Rechenschaftslegung, Entscheidungsfindung oder Verbesserung nutzen" (Univation – Institut für Evaluation 2015a).

Nach Stockmann (2007, S. 25) „stellt Evaluation in seiner allgemeinsten Form eine Bewertung oder Beurteilung eines Sachverhalts oder Objektes auf der Basis von Informationen dar. Dieser Bedeutungsinhalt entspricht auch der lateinischen Herkunft des Begriffs, der sich aus dem Wort ‚valor' (Wert) und der Vorsilbe ‚e' bzw. ‚ex' (aus) zusammensetzt. Daraus ergibt sich: ‚einen Wert aus etwas ziehen', also eine Bewertung vornehmen. Hinzu kommt noch ein drittes Element: Evaluationen erfolgen zielgerichtet. Die Informationen werden zu einem bestimmten Zweck gesammelt, ausgewertet und beurteilt, nämlich um eine Entscheidung zu treffen".

Hense (2020b) bezeichnet Evaluation als „die Anwendung sozialwissenschaftlicher Forschungsmethoden und spezifischer Evaluationskompetenzen zur Feststellung der Qualität und/oder dem Nutzen von Projekten, Programmen, Maßnahmen, Produkten, Personal, Organisationen, Dienstleistungen und anderen Gegenständen mit dem Ziel, die Handlungssteuerung in sozialen Handlungsfeldern zu rationalisieren, indem Erkenntnisse zur Verfügung gestellt werden, welche der Optimierung, Entscheidungshilfe, Überzeugung, Rechenschaftslegung und/oder Wissensvermehrung dienen können. Zugleich meint Evaluation auch die Ergebnisse dieser Prozesse in Form von Evaluationsberichten.

Nach Hense (2020b) ist Evaluation in einem weiteren Verständnis eingebettet, „in den größeren Kontext der sozialen Handlungssteuerung und findet in einem konkreten Verwertungskontext statt". Eine ähnliche Einschätzung nimmt Haubrich (2009, S. 441) vor: „In einem weit gefassten Verständnis von Evaluation ist das Nachdenken und Forschen über Bedingungen, Umsetzungsformen, Zielgruppen, Ergebnisse und Wirkungen mit dem Ziel der Verbesserung fachlichen Handelns ein inhärenter Bestandteil Sozialer Arbeit".

Haubrich wie Hense grenzen hiervon einen enger gefassten Begriff von Evaluation ab. Hense (2020b) hält fest, dass dies einem Verständnis von Evaluation folgt, nach dem sich „Evaluation auf die Anwendung sozialwissenschaftlicher Methoden zur Untersuchung der Wirkungen einer Maßnahme reduzieren lässt". Haubrich (2009, S. 441) hält fest, bei Evaluation „als systematischer und transparenter Untersuchung des Nutzens oder Wertes eines Gegenstandes auf der Grundlage empirisch erhobener Daten handelt es sich jedoch um ein jüngeres Phänomen, das vor allem im letzten Jahrzehnt beachtlich an Aufmerksamkeit gewonnen hat".

In der eher sozialwissenschaftlichen und an sozialwirtschaftlichen Fragestellungen orientierten Evaluation gilt die Annahme, dass sich aus dem Auftragskontext von Evaluation und dem Zusammenspiel verschiedener Akteur*innen im Evaluationsprozess zusätzliche Anforderungen an Evaluationskompetenzen ergeben, die nicht erschöpfend mit der Anwendung sozialwissenschaftlicher Methoden zu beschreiben sind (Hense 2020b), eine Perspektive, die auch Beywl und Widmer (2009, S. 13) einnehmen. Evaluation ist mehr als nur das „Bewerten durch Personen oder Gremien, die sich qua Amt, Status, Expertise, Profession, Erfahrung" legitimieren, sondern sei verbunden „mit einer systematischen, transparenten und datenbasierten Vorgehensweise", eine Perspektive, die von Merchel (2010, S. 21) auch abgrenzend als Evaluationsforschung bezeichnet wird und auf die Relevanz der professionsbezogenen Kriterien Sozialer Arbeit verweist. Diese setzen deutlich stärker auf die Expertise der Professionellen und eröffnen einen Raum für ein sehr breites Verständnis von Evaluation, das stark auf den Kontext und die Beteiligten fokussiert.

Allerdings – und darauf weisen Beywl und Widmer (2009, S. 16) hin – ist eine einschränkende oder ausschließende Definition von Evaluation nicht immer zielführend, zu vielfältig sind die Ansätze, die sich im Rahmen der Evaluation und Evaluationsforschung finden sowie deren Zwecke und Methoden.

Eine umfassende Definition nimmt die DeGEval – Gesellschaft für Evaluation (2017, S. 25) vor. Sie hält fest, dass sich Evaluation definiert durch ein „systematisches Vorgehen auf Basis empirisch gewonnener Daten, womit sie im Gegensatz zu alltäglichen Bewertungsvorgängen steht" und sich kennzeichnet durch eine „transparente, kriteriengeleitete Bewertung, die vor dem Hintergrund eines bestimmten Verwendungskontexts" und damit im Gegensatz zur reinen Forschungsstudien steht. Weiter kennzeichne sie sich durch die „Anwendbarkeit auf unterschiedliche Gegenstände" (Programme, Organisationen, Produkte und Evaluationen selbst).

Evaluierende wie Auftraggeber*innen sollten deshalb über die unterschiedlichen Vorstellungen und Gütekriterien von Evaluation Bescheid wissen. Evaluation kann eine allgemeine Bewertung unter starker Berücksichtigung von Feld und Kontext meinen, Evaluation kann eine methodisch orientierte wissenschaftliche Ausprägung zeigen oder aber einen wissenschaftlich geprägten, aber am Zweck und Nutzen orientierten Fokus haben, dessen Gütekriterien über die methodische Kompetenz hinausgeht. Gerade Letztere sind unter dem Fokus von Effizienz und Wirkung auch in der Sozialwirtschaft maßgeblich.

Festhalten lässt sich die Bedeutung von Evaluation: „Auf der Grundlage der Annahme, dass soziale Strukturen gezielt verändert und geformt werden können, stellt Evaluation ein zentrales Instrument für die Planung, Implementation und Wirkungsmessung von Politiken, Strategien, Programmen, Projekten und Maßnahmen dar, die sowohl von Regierungs- als auch Nichtregierungsorganisationen durchgeführt werden. Infolgedessen kann Evaluation gesellschaftliche Entwicklungen beeinflussen, so wie sie umgekehrt auch selbst durch solche Entwicklungen beeinflusst wird" (Stockmann und Meyer 2017, S. 9).[1] Dieser Aspekt erscheint gerade im Hinblick auf die Bedeutung und Ausbreitung von Evaluation in der Sozialwirtschaft von Bedeutung.

Zusammenfassend lassen sich gute Gründe nennen, warum Evaluation ein relevantes Thema für sozialwirtschaftliche Fach- und Führungskräfte ist:

---

[1] In diesem Band wird mit Evaluation die Programmevaluation angesprochen. Diese ist von Produktevaluationen oder Politikevaluationen zu unterscheiden.

- Ein zunehmendes Interesse an Evaluation als Resultat und Aspekt gesellschaftlicher Rationalisierung und Verwissenschaftlichung.
- Der steigenden ‚Nachfrage' an Evaluationen innerhalb sozialwirtschaftlicher Unternehmen steht eine ‚hinterherhinkende' Fachlichkeit und fehlendes Wissen hinsichtlich der Ziele, Möglichkeiten und Durchführung von Evaluationen gegenüber.
- Die zunehmende Durchführung von Evaluationsprojekten auch von Fachkräften, die aber im Hinblick auf Evaluation ‚Laien' sind. Sie müssen diese Projekte leiten, über Evaluation Bescheid wissen, auch wenn sie sie nicht selbst durchführen, sondern „ausschließlich" beauftragen und steuern.

## 1.2 Evaluation in der Sozialwirtschaft

„Wir haben das evaluiert" – diesen Satz hört man in Einrichtungen und Organisationen der Sozialwirtschaft relativ häufig. Fragt man genauer nach, wurde beispielsweise den Teilnehmer*innen einer Maßnahme ein Fragebogen ausgehändigt, in dem sie sagen sollten, wie zufrieden sie waren oder die Daten der Hilfesuchenden einer Beratungsstelle ausgewertet. Das ist nicht verkehrt und sicher hilfreich für die weitere Arbeit – aber keine Evaluation. Evaluation ist mehr und auch innerhalb der Sozialwirtschaft deutlich mehr und vielfach im Einsatz: Die Wirkung einer Maßnahme der Kriminalprävention auf die teilnehmenden Jugendlichen, die Eignung eines Konzepts in einer Einrichtung der Eingliederungshilfe, die Verbesserung von Strukturen und Abläufen sowie deren Verbesserung z. B. zum Einsatz sozialpädagogischer Diagnoseinstrumente in den Allgemeinen Sozialen Diensten sind Beispiele möglicher Anwendungen von Evaluation. Darüber hinaus und von immer größerer Bedeutung sind programmatische Veränderungen in verschiedenen Handlungsfeldern der Kinder- und Jugendhilfe, der Eingliederungshilfe, der ordnungsrechtlichen Unterbringung und anderen Feldern der Sozialwirtschaft, die mit den Auswirkungen von grundlegenden politischen und gesetzlichen Veränderungen verbunden sind. Ebenfalls Gegenstand der Evaluation in der Sozialwirtschaft können strukturelle und organisationsspezifische Fragestellungen sein, die auf die eigenen Arbeitsweisen zielen.

Eine Einordnung sozialwirtschaftlicher *Evaluationsanlässe* kann anhand der Differenzierung nach *gesellschaftlichen Strukturebenen* vorgenommen werden. Wendt (2016, S. 2) beschreibt diese für die Sozialwirtschaft wie folgt: „Auf der Makroebene prägt und gewährleistet der Staat per Gesetzgebung und Vorkehrungen zur Daseinsvorsorge das Sozialleistungssystem" und stellt die Mittel zur Verfügung, die für die Leistungserbringung erforderlich sind. Auf der „betrieblichen Mesoebene sind die Einrichtungen, Dienste, Programme und Maßnahmen vorhanden, die zur sozialen und gesundheitsbezogenen Versorgung der Bevölkerung gebraucht werden. Auf der personalen Mikroebene setzen sich Menschen beruflich und informell füreinander und miteinander für ein gutes Ergehen ein. Sie wirtschaften zu diesem Zweck mit ihren Kräften, mit ihrer Zeit, mit finanziellen Mitteln und mit einer ihnen verfügbaren materiellen Ausstattung" (Wendt 2016, S. 2). Entsprechend lassen sich auch die Evaluationsanlässe verschiedenen Ebenen zuordnen. Einrichtungen und Maßnahmen werden gleichermaßen zum Gegenstand wie die Personen, die diese als Soziale Dienstleistungen umsetzen und adressieren oder Adressat*innen dieser Dienstleistung sind und/oder diese finanzieren:

- Evaluationsanlässe auf der *Makroebene* wären beispielsweise die Überprüfung, welche Wirkung mit der Einführung von Gesetzen wie der Pflegeversicherung verbunden sind: Diese Fragen könnten sich z. B. auf die pflegerische Versorgung der Pflegebedürftigen richten, sie könnten nach den finanziellen Ressourcen der Pflegebedürftigen sowie deren Familien, die Veränderung in der Einbeziehung ambulanter Pflegedienste, die intendierte Verschiebung hin zu mehr ambulanter Versorgung umfassen. Insgesamt rücken hier vor allem sowohl strukturelle als auch monetäre Aspekte in den Blick.
- Evaluationsanlässe auf der *Mesoebene* wären Programme, Konzepte, Projekte oder Organisationsstrukturen. Beispiele hierfür wären Programme der Sozialen Stadt, aber auch die Überprüfung organisationsinterner Abläufe, der Effektivität sozialer Dienste sowie konzeptionelle Fragestellungen.
- Evaluationsanlässe auf der *Mikroebene* fokussieren meist auf das „Funktionieren" und die Wirksamkeit von Maßnahmen und Projekten, z. B. mit Blick auf relevante Zielgruppen.

Diese Aufzählung macht deutlich, dass eine Einordnung nicht immer trennscharf ist. Evaluation (in) der Sozialwirtschaft ist ebenso vielfältig wie die Verwendung des Begriffs ‚Sozialwirtschaft'. Die Sozialwirtschaft ist eine Brache, die innerhalb der Daseinsfürsorge stattfindet. Die Sozialwirtschaft ist ein Gebilde an Organisationen, die das Soziale in Form von Diensten, Einrichtungen und Projekten steuert, organisiert und verwaltet, kurz: die Institutionalisierung des Sozialen. Sie widmet sich vielfachen Fragen der Daseinssorge in den zentralen Lebensbereichen und den Bereichen, die durch Probleme, Defizite und Unterstützungsbedarfe gekennzeichnet sind.

Ein Grund für das zunehmende Interesse an Evaluationen kann mit Merchel (2010, S. 30) als Ergebnis der Zunahme an gesellschaftlich relevanten Aufgaben, aber auch als einer durch die zielgerichtete Steuerung der Ausgaben in der Sozialwirtschaft begrenzten und zu legitimierenden Ressourcen zu sehen sein. Pankoke

(2008, S. 432) verweist auf „Spannungen und Vermittlungen zwischen wirtschaftlicher Rationalität und sozialer Qualität und verknüpft die betriebliche Organisation von primär ökonomischen Interessen mit eher ideellen Interessen der Assoziationen solidarischen Engagements". Insbesondere vor dem Hintergrund politischer Rahmensetzungen und gesellschaftlicher Anforderungen, die in allen Feldern der Sozialwirtschaft virulent werden, rückt die Frage der Bewertbarkeit von Leistungen in der Sozialwirtschaft immer mehr in den Vordergrund. Dabei ist, so auch Grunwald (2011, S. 1553), „die Verwendung der Kategorie der Effizienz gerade in Diensten und Einrichtungen der Sozialen Arbeit sorgsam abzuwägen". Er betont, dass, es „zweifellos nötig ist, die Relation zwischen Aufwand und erreichter Wirkung und damit die Wirtschaftlichkeit des Einsatzes von Ressourcen immer wieder neu zu überprüfen und gegebenenfalls zu optimieren" (Grunwald 2011, S. 1553), weist aber mit Verweis auf Merchel (2008) auch darauf hin, dass dies im Hinblick auf soziale Dienstleistungen nur bedingt möglich ist.

Aus diesem Grund ist die Zielsetzung von Evaluationen in der Sozialwirtschaft nicht ausschließlich in der Bewertung der Effizienz sozialer Dienstleistungen, Einrichtungen oder Maßnahmen zu sehen, auch wenn Modelle der Effizienzanalyse wie Kosten-Nutzen-Analysen oder Kosten-Effektivitäts-Analysen (Gollwitzer und Jäger 2009, S. 104–105) oder Kosten-Wirkungs-Analysen durchaus Möglichkeiten bieten, soziale Dienstleistungen unter diesem Aspekt zu bewerten. Evaluation in der Sozialwirtschaft, wie sie in diesem Band beschrieben wird, legt den Fokus auf Bewertung der Effektivität und Wirksamkeit von Programmen, Maßnahmen und sozialen Dienstleistungen, ihrer Konzepte oder auch der Struktur sozialwirtschaftlicher Organisation. Als solches ist sie Grundlage dafür, Kosten zu bewerten und Nutzen abzuschätzen.

Evaluation erfordert eine empirische Herangehensweise, eine systematische Analyse und einen ebensolchen Erkenntnisgewinn. Evaluation findet jedoch im Kontext und vor dem Hintergrund des jeweiligen Zwecks und Nutzens, also ihres Verwertungszusammenhangs statt. Fragen von Wirkung, Effizienz und Effektivität sind zentraler Gegenstand von Evaluation in der Sozialwirtschaft und führen nicht nur zu einer Verbesserung von einzelnen Maßnahmen, sondern tragen – als eine von vielen Möglichkeiten – zu einer Professionalisierung Sozialer Arbeit, zur Qualitätssicherung sozialer Dienstleistungen und Prozesse sowie zu mehr Effizienz und somit auch zu einer Ressourcenschonung innerhalb der Sozialwirtschaft bei.

## 1.3 Wer evaluiert? Wann wird evaluiert? – Grundbegriffe im Kontext von Evaluation

Das Feld der Evaluation und die zugrundeliegenden Begrifflichkeiten und Voraussetzungen sind weit. Da das vorliegende Lehrbuch den Fokus auf eine Praxisanleitung zur Umsetzung einer Evaluation setzt, sollen an dieser Stelle nur beispielhaft ausgewählte Begrifflichkeiten anhand des Glossars für wirkungsorientierte Evaluation (Univation – Institut für Evaluation 2010) vorgestellt werden – welches wir Ihnen auch für das Nachschlagen und einen ersten Überblick für sämtliche evaluationstypische und -relevante Begrifflichkeiten empfehlen (Univation – Institut für Evaluation 2010). Für eine grundlegende und weiterführende Beschäftigung mit den zentralen Inhalten und Begrifflichkeiten im Zusammenhang mit Evaluation verweisen wir auf die zahlreichen und fundierten Lehrbücher zur allgemeinen Einführung in das Themengebiet ‚Evaluation' (▶ Literaturtipps zur Vertiefung).

Um ein Evaluationsprojekt als Auftraggeber*in anzugehen (▶ Teil III), ist es hilfreich, nicht nur mit der Umsetzung und dem Ablauf einer Evaluation vertraut zu sein (▶ Teil II), sondern – als Basis – auch einige Begriffe zu kennen. Zentrale Fragen hierbei sind: Wer evaluiert? Und welche Art von Evaluation soll durchgeführt werden? In diesem Zusammenhang gibt es zahlreiche Begrifflichkeiten, deren Bedeutungen und Definitionen man kennen sollte, um adäquat planen und kommunizieren zu können. Die benannten Grundbegriffe sind kurz erklärt, in der Regel steht hinter diesen Begriffen jedoch ein umfassendes theoretisches Konstrukt, sie sind verbunden mit unterschiedlichen Positionen und stehen im Kontext mit anderen relevanten Themen, die im Rahmen von Evaluationen diskutiert werden.

**WER EVALUIERT?**

Eine zentrale Frage, die sich für Auftraggeber*innen stellt, ist, wer die Evaluation durchführen soll. Muss die Evaluation nach außen vergeben werden oder kann sie von den eigenen Mitarbeiter*innen durchgeführt werden? Mit dieser Frage sind verschiedene Implikationen und Entscheidungen verbunden, die auf Aspekte wie Objektivität, Kenntnisse der internen Abläufe, Methodenkompetenz oder finanzielle Aspekte zielen. Folgende Unterscheidungen lassen sich nach der Stellung der Evaluierenden (bzw. dem Evaluationsgegenstand) treffen:

**Interne Evaluation** bedeutet zunächst, dass die Evaluation nicht von externen, beauftragten Evaluationsbüros durchgeführt wird. Die Durchführung liegt bei Mitarbeiter*innen des Unternehmens, die das Programm, die Beteiligten

(▶ Kap. 3.4) oder zumindest die Struktur und die Organisation selbst kennen. Sie verfügen idealerweise über methodische und evaluationsrelevante Kenntnisse (▶ Kap. 2): „Evaluationsart bspw. in Form von Selbstevaluation oder Inhouse-Evaluation, die durch Mitglieder der Organisation, welche den Evaluationsgegenstand (bspw. das evaluierte Programm) verantwortet, durchgeführt wird" (Univation – Institut für Evaluation 2012b).

Die **Selbstevaluation** ist naturgemäß ebenfalls eine interne Evaluation. Allerdings wird diese nicht durch Mitarbeiter\*innen mit (im besten Fall) spezifischen Evaluationskenntnissen durchgeführt, sondern durch die Beteiligten einer Maßnahme oder eines Programms. Sie sind somit nicht nur Expert\*innen ihrer Arbeit, sondern bewerten diese auch. Dies ist möglich und gerade in den Fällen sinnvoll, in denen die eigene Arbeit in den Blick genommen werden soll. Zu empfehlen ist hier allerdings sowohl eine externe Anleitung als auch klare Bewertungsregeln der Evaluationsergebnisse durch die Auftraggeber\*innen. Wichtig ist hierbei zu wissen, dass Selbstevaluationen hilfreich für die spezifische Praxis sein können, nicht aber den Standards wissenschaftlicher Evaluationen folgen (können):

> „Die Programmzuständigen bewerten ihre eigene Tätigkeit und befinden sich somit in einer Doppelrolle. Die Selbstevaluation wird mit dem vorrangigen Evaluationszweck durchgeführt, das selbst verantwortete Programm zu oder zu stabilisieren. Eine Selbstevaluation ist zumeist auf Evaluationsgegenstände beschränkt, die von einzelnen Personen oder auch kleineren Teams geplant und umgesetzt werden. Ihre Ursprünge liegen in der Theorie und Methodik der sozialen Arbeit. Diese Evaluationsart wurde auch auf andere Felder, insbesondere die Schule übertragen. Einige Verfahren des Qualitätsmanagements enthalten Prozeduren mit der Bezeichnung ‚Selbstevaluation'. Diese sind jedoch vielfach auf Organisationen bzw. deren Prozesse und nicht auf das Handeln von Personen bezogen, wie es die hier gegebene Definition verlangt. Wegen des gegebenen hohen Komplexitätsgrades beschränken sich auch ‚Self-Assessment' genannte Erhebungen im Rahmen des Qualitätsmanagements meist auf die Sammlung von Einschätzungsdaten (Zufriedenheitsurteilen) oder Erhebung von Kennzahlen zu Outputs und vermögen wenig über die Erreichung von Zielen (auf der Ebene von Outcomes) auszusagen. Zur Datenerhebung in der Selbstevaluation werden bevorzugt konviviale Multifunktions-Instrumente eingesetzt, z. B. angepasste Feedbackinstrumente" (Univation – Institut für Evaluation 2020b).

**Externe Evaluationen** werden von organisationsfremden Personen durchgeführt. Diese Evaluationen werden beauftragt (▶ Kap. 4): „Evaluationsart, die durch Evaluierende von außerhalb der das Programm tragenden Organisation durchgeführt werden" (Univation – Institut für Evaluation 2009). Der Unterschied zu einer internen Evaluation ist die „Fremdheit" gegenüber dem Programm wie der Organisation, ein hohes Maß an Neutralität (wenngleich auch hier darauf hinzuweisen ist, dass auch bei externen Evaluationen zwischen Auftraggeber*innen und Auftragnehmer*innen Abhängigkeiten entstehen können) gegenüber dem Evaluationsgegenstand und Expertise, die Evaluation nach methodischen und ethischen Grundsätzen (▶ Kap. 1.4) durchzuführen. Die Evaluierenden sind in der Regel Personen, die Evaluationen beruflich durchführen und damit fachlich versiert sind. Im Unterschied zu internen Evaluierenden fehlen ihnen dagegen organisationsinterne und programmbezogene Wissensbestände; umso wichtiger ist eine umfassende Steuerung und Zusammenarbeit zwischen Auftraggeber*innen und Auftragnehmer*innen (▶ Teil III).

Ein weiterer Begriff, der das Verhältnis zum Evaluationsgegenstand beschreibt, ist die **Fremdevaluation**. Der Vorteil von externen bzw. Fremdevaluationen ist die Distanz gegenüber dem Evaluationsgegenstand:

„Evaluation, in der die Evaluierenden gegenüber dem Fach- und Wissensgebiet bzw. gegenüber dem sozialen und kulturellen Setting, zu dem das Programm gehört, ‚fremd' sind. Oft kommen sie von außerhalb der Organisation, die das Programm trägt (externe Evaluation). Sie verfügen damit über eine geringere (Fach-)Kompetenz im Evaluationsfeld als bspw. Evaluierende in der Selbstevaluation. Da sie den sozialen Werten des betrachteten Feldes weniger verpflichtet sind, fällt es ihnen oft leichter, eine unabhängige Position zu wahren, Glaubwürdigkeit zu gewinnen und neue Perspektiven der Beschreibung und Bewertung einzubringen" (Univation – Institut für Evaluation 2012a).

> **WICHTIG:** Der vorliegende Band soll vor allem als Praxisanleitung für Durchführende (▶ Teil II) und Auftraggeber*innen für externe Evaluationen (▶ Teil III) fungieren und hier inhaltliche, methodische und für die Praxis handhabbare Schritte und Empfehlungen bereitstellen.

## WANN WIRD EVALUIERT?

Im Zusammenhang mit den Grundbegrifflichkeiten kann nach dem Zeitpunkt bzw. dem Zeitraum der Evaluation unterschieden werden. Ein zentraler Unterschied dabei ist die Zielrichtung, die mit der Evaluation verbunden ist. Soll die Evaluation Aussagen darüber machen, ob das evaluierte Programm fortgesetzt werden soll oder ob mit dem Programm eine Wirkung erzielt wurde, muss das Programm (oder die Maßnahme, das Projekt) erst abgeschlossen worden sein. Ist die Evaluation aber dafür gedacht, Hinweise dafür zu erhalten, um im Projektverlauf Modifikationen vorzunehmen, hat sie den Charakter einer formativen Evaluation (oder wissenschaftlichen Begleitung). Entsprechend hängen das Was, Wozu und Wann unmittelbar zusammen. Dabei sind vor allem zwei Formen der Evaluation zu nennen: die summative und formative Evaluation. Das Begriffspaar der formativen und summativen Evaluation geht auf Scriven (1972, 1996) zurück.

- **Summative Evaluationen** finden nach der Durchführung eines Programms, einer Maßnahme statt:

    „Die summative Evaluation soll vor allem bilanzierende Schlussfolgerungen über die Güte und/oder Tauglichkeit eines Evaluationsgegenstands hervorbringen. Zudem soll sie so konzipiert sein, dass darüber hinaus den für das Programm Zuständigen, den Finanziers usw. Grundlagen dafür bereit gestellt werden, zu entscheiden, ob das Programm beibehalten, erweitert, reduziert oder zurückgezogen werden soll. Ihr Evaluationszweck ist es damit häufig, grundlegende Entscheidungen über den Evaluationsgegenstand zu ermöglichen (Entscheidungsfindung). Entgegen verbreiteter Auffassungen kann eine summative Evaluation nicht nur eine Bewertung der Resultate eines Programms vornehmen, sondern auch seinen Prozess bewerten" (Univation – Institut für Evaluation 2016b).

- **Formative Evaluationen** hingegen unterstützen Projekte oder Veränderungsprozesse, ihr Zweck (▶ Kap. 3.3) ist es nicht, eine abschließende Beurteilung zu geben, sondern den Verlauf zu begleiten:

    „Eine formative Evaluation begleitet den Evaluationsgegenstand vor oder während seiner Ausgestaltung, sie soll zu seiner optimalen ,Ausformung' beitragen. Evaluationszweck ist oft die Verbesserung oder auch die Stabilisierung. Entgegen verbreiteter Auffassungen kann eine formative Evaluation nicht nur eine Bewertung des Prozesses eines Programms vornehmen, sondern auch dessen Resultate bewerten" (Univation – Institut für Evaluation 2016a).

## 1.4 Was ist eine ‚gute' Evaluation?

Die Kriterien einer ‚guten Evaluation' sind vielfältig und müssten im Kontext des gesamten Evaluationsprojekts (▶ Teil III) beurteilt werden. Für Praktiker\*innen und Auftraggeber\*innen ist eine solche Einschätzung nicht immer leicht zu treffen. So mag jemand eine Evaluation, die die erhofften Ergebnisse erbracht hat, als gut bezeichnen, auch wenn die Umsetzung aus methodischer Sicht vielleicht fraglich war. Umgekehrt kann eine noch so gute empirische Ausführung eines Evaluationsdesigns nicht zu befriedigenden Ergebnissen führen, wenn der Evaluationszweck unklar war oder deren Ziele (▶ Kap. 2.2) nicht präzisiert wurden.

„Die Standards für Evaluation" der DeGEval – Gesellschaft für Evaluation (2017) definieren grundlegende Anforderungen an die Evaluationsqualität.[2] Sie stellen somit einen wesentlichen fachlichen Bezugspunkt und zugleich einen wichtigen Meilenstein für die Professionalisierung der Evaluation dar. Die Weiterentwicklung und Verbreitung von Evaluationsstandards ist ein wesentliches Vereinsziel der DeGEval.

Nach den Standards für Evaluation der Deutschen Gesellschaft für Evaluation sollten Evaluationen vier grundlegende Eigenschaften aufweisen:

**Nützlichkeit   Durchführbarkeit   Fairness   Genauigkeit**

Diese vier Standardbereiche lassen sich weiter in 25 Einzelstandards unterteilen bzw. konkretisieren, die im Folgenden nur kurz aufgezählt werden (DeGEval – Gesellschaft für Evaluation 2017). Für die weitere Vertiefung der Einzelstandards empfehlen wir die Lektüre der Kurz- oder Langfassung der Standards für Evaluation auf der Webseite der DeGEval: https://www.degeval.org/degeval-standards/download/.

## NÜTZLICHKEIT

Die Nützlichkeitsstandards (DeGEval – Gesellschaft für Evaluation 2017, S. 18–19) sollen sicherstellen, dass die Evaluation sich an den Evaluationsnutzer*innen und Beteiligten orientiert. Sie sollen dafür sorgen, dass die Informationen erhoben werden, die gebraucht werden, dass die relevanten Personen beteiligt werden und der Evaluationszweck geklärt wird. Die Nützlichkeitsstandards finden sich insbesondere in ▶ Teil III wieder, sie begleiten nicht nur Evaluierende, sondern vor allem auch die Auftraggeber*innen durch den Entstehungs- und Steuerungsprozess der Evaluation.

**N1 – Identifizierung der Beteiligten und Betroffenen:** Die am Evaluationsgegenstand oder an der Evaluation Beteiligten sowie die von Evaluationsgegenstand

---

2   Siehe dazu auch die Übersetzung der *The Program Evaluation Standards* des Joint Committee on Standards for Educational Evaluation und die Ergänzungen zur deutschsprachigen Ausgabe von Sanders und Beywl (2006). Der Band gibt u. a. einen Überblick über die Entwicklung (Sanders und Beywl 2006) und die Übertragbarkeit der Evaluationsstandards auf verschiedene Felder (Widmer und Beywl 2006).

oder Evaluation Betroffenen sollen vorab identifiziert werden, damit deren Interessen und Informationsbedürfnisse geklärt und soweit wie möglich bei der Anlage der Evaluation berücksichtigt werden können.

**N2 – Klärung der Evaluationszwecke:** Es soll deutlich bestimmt sein, welche Zwecke mit der Evaluation verfolgt werden, sodass die Beteiligten und Betroffenen Position dazu beziehen und die Evaluierenden einen klaren Arbeitsauftrag verfolgen können.

**N3 – Kompetenz und Glaubwürdigkeit der Evaluierenden:** Wer Evaluationen durchführt, soll fachlich und methodisch kompetent sein, damit für die Evaluation und ihre Ergebnisse ein Höchstmaß an Glaubwürdigkeit und Akzeptanz erreicht wird.

**N4 – Auswahl und Umfang der Informationen:** Auswahl und Umfang der erfassten Informationen sollen die adäquate Beantwortung der zu untersuchenden Fragestellungen zum Evaluationsgegenstand ermöglichen und die Informationsbedürfnisse der Auftraggeber*innen sowie weiterer Beteiligter und Betroffener berücksichtigen.

**N5 – Transparenz von Werthaltungen:** Werthaltungen der Beteiligten und Betroffenen, die sich in deren Perspektiven und Annahmen manifestieren und einen Einfluss haben auf die Evaluation und Interpretation ihrer Ergebnisse, sollten transparent dokumentiert werden, um Evaluationsergebnisse besser einordnen zu können.

## DURCHFÜHRBARKEIT

Die Standards zur Durchführbarkeit (DeGEval – Gesellschaft für Evaluation 2017, S. 19) nehmen die Umsetzung (▶ Kap. 2) in den Blick. Dabei geht es vor allem darum, die Methoden und Umsetzung der Evaluation kompetent und fachlich fundiert zu gestalten, sie zugleich aber am Ertrag und Nutzen zu orientieren. Zusammengefasst könnte man sagen, eine Evaluation soll sich an den Bedarfen orientieren, die Kosten im Blick haben und so umgesetzt werden, dass Durchführung und Ergebnisse Akzeptanz bei allen Beteiligten finden können.

**D1 – Angemessene Verfahren:** Evaluationsverfahren, einschließlich der Verfahren zur Beschaffung notwendiger Informationen, sollen so gewählt werden, dass einerseits die Evaluation professionell und den Erfordernissen entsprechend umgesetzt wird und andererseits der Aufwand für die Beteiligten und Betroffenen in einem adäquaten Verhältnis zum intendierten Nutzen der Evaluation gehalten wird.

**D2 – Diplomatisches Vorgehen:** Evaluationen sollen so geplant und durchgeführt werden, dass eine möglichst hohe Akzeptanz der verschiedenen Beteiligten und Betroffenen in Bezug auf Vorgehen und Ergebnisse der Evaluation erreicht werden kann.

**D3 – Effizienz von Evaluation:** Der Evaluationsaufwand soll in einem angemessenen Verhältnis zu deren Nutzen stehen.

## FAIRNESS

Die Fairnessstandards (DeGEval – Gesellschaft für Evaluation 2017, S. 20) handeln vom Umgang aller Beteiligten im Evaluationsprozess. Sie umfassen die Aufgaben, Rechte und Pflichten von Auftraggeber*innen und Auftragnehmer*innen (also den Evaluierenden) genauso wie die Hinweise zum Schutz der Rechte der Betroffenen und Beteiligten. Ein weiterer Punkt, der in der Evaluationspraxis nicht immer selbstverständlich ist, ist der Hinweis, Ergebnisse transparent zu machen.

**F1 – Formale Vereinbarungen:** Die Rechte und Pflichten der an einer Evaluation beteiligten Parteien (was, wie, von wem, wann getan werden soll und darf) sollen schriftlich festgehalten werden.

**F2 – Schutz individueller Rechte:** Evaluationen sollen so geplant und durchgeführt werden, dass Rechte, Sicherheit und Würde der in eine Evaluation einbezogenen Personen geschützt sind.

**F3 – Umfassende und faire Prüfung:** Evaluationen sollen die Stärken und Schwächen des Evaluationsgegenstands möglichst fair und umfassend prüfen und darstellen.

**F4 – Unparteiische Durchführung und Berichterstattung:** Die Evaluation soll unterschiedliche Sichtweisen von Beteiligten und Betroffenen auf Gegenstand und Ergebnisse der Evaluation beachten. Der gesamte Evaluationsprozess sowie die Evaluationsberichte sollen die unparteiische Position der Evaluierenden erkennen lassen.

**F5 – Offenlegung von Ergebnissen und Berichten:** Evaluationsergebnisse und -berichte sollen allen Beteiligten und Betroffenen soweit wie möglich zugänglich gemacht werden.

## GENAUIGKEIT

Die Standards zur Genauigkeit (DeGEval – Gesellschaft für Evaluation 2017, S. 20–21) umfassen Aspekte des Umgangs mit Evaluationen und der Durchführung. So fordern die Standards, dass der Evaluationsgegenstand und dessen Kontext genau definiert ist, ebenso wie die verwendeten Datenquellen offengelegt werden müssen. Auch die Möglichkeit einer Überprüfung sollte bestehen.

**G1 – Beschreibung des Evaluationsgegenstands:** Sowohl das Konzept des Evaluationsgegenstands als auch dessen Umsetzung sollen genau und umfassend beschrieben und dokumentiert werden.

**G2 – Kontextanalyse:** Der Kontext des Evaluationsgegenstands soll ausreichend umfassend und detailliert analysiert sowie bei der Interpretation von Ergebnissen berücksichtigt werden.

**G3 – Beschreibung von Zwecken und Vorgehen:** Zwecke, Fragestellungen und Vorgehen der Evaluation, einschließlich der angewandten Methoden, sollen so genau dokumentiert und beschrieben werden, dass sie nachvollzogen und beurteilt werden können.

**G4 – Angabe von Informationsquellen:** Die im Rahmen einer Evaluation genutzten Informationsquellen sollen hinreichend genau dokumentiert werden, damit die Verlässlichkeit und Angemessenheit der Informationen eingeschätzt werden können.

**G5 – Valide und reliable Informationen:** Erhebungsverfahren und Datenquellen sollen so gewählt werden, dass die Zuverlässigkeit der gewonnenen Daten und ihre Gültigkeit bezogen auf die Beantwortung der Evaluationsfragestellungen nach fachlichen Maßstäben sichergestellt sind. Die fachlichen Maßstäbe sollen sich an den Gütekriterien der empirischen Forschung orientieren.

**G6 – Systematische Fehlerprüfung:** Die in einer Evaluation gesammelten, aufbereiteten, analysierten und präsentierten Informationen sollen systematisch auf Fehler geprüft werden.

**G7 – Angemessene Analyse qualitativer und quantitativer Informationen:** Qualitative und quantitative Informationen einer Evaluation sollen nach fachlichen Maßstäben angemessen und systematisch analysiert werden, damit die Fragestellungen der Evaluation beantwortet werden können.

**G8 – Begründete Bewertungen und Schlussfolgerungen:** Die in einer Evaluation getroffenen wertenden Aussagen sollen auf expliziten Kriterien und Zielwerten basieren. Schlussfolgerungen sollen ausdrücklich und auf Grundlage der erhobenen und analysierten Daten begründet werden, damit sie nachvollzogen und beurteilt werden können.

**G9 – Meta-Evaluation:** Meta-Evaluationen evaluieren Evaluationen. Um dies zu ermöglichen, sollen Evaluationen in geeigneter Form dokumentiert, archiviert und soweit wie möglich zugänglich gemacht werden.

**Hinweis:** Für die Überprüfung und Reflexion, ob und inwieweit die zentralen Standards im Rahmen des eigenen Evaluationsprojekts eingehalten werden/wurden bzw. eingehalten werden konnten, empfehlen wir die *Checkliste zur Anwendung der Standards,* die von der DeGEval unter https://www.degeval.org/fileadmin/DeGEval-Standards/2018_Checkliste_zur_Anwendung_der_Standards.pdf zum Download zur Verfügung gestellt wird.

# Anhang

### Übungsaufgaben zur praktischen Auseinandersetzung und persönlichen Vertiefung

**A 1.1:** Sie müssen als Geschäftsführer*in eines Modellprojekts eine Aussage darüber treffen, ob und warum das Projekt weitergeführt werden soll. Welche Form der Evaluation wählen Sie?

**A 1.2:** Identifizieren Sie die Standards, die für Sie im Hinblick auf die Auswahl des Evaluationsteams relevant sind.

Lösungen: siehe Beispiellösungen für die Übungsaufgaben am Ende des Buchs

## Literatur

Beywl, Wolfgang, und Thomas Widmer. 2009. Evaluation in Expansion: Ausgangslage für den intersektoralen Dreiländer-Vergleich. In *Evaluation: Ein systematisches Handbuch*, 13–23. Wiesbaden: VS Verlag für Sozialwissenschaften/GWV Fachverlage GmbH Wiesbaden.

DeGEval – Gesellschaft für Evaluation. 2017. *Standards für Evaluation: Erste Revision 2016*.

Franklin, Jack L., und Jean H. Thrasher. 1976. *An introduction to program evaluation: Jack L. Franklin, Jean H. Thrasher*. New York usw.: Wiley.

Gollwitzer, Mario, und Reinhold S. Jäger. 2009. *Evaluation kompakt*. Weinheim: Beltz.

Grunwald, Klaus. 2011. Sozialwirtschaft. In *Handbuch soziale Arbeit: Grundlagen der Sozialarbeit und Sozialpädagogik*, 4. Aufl., Hrsg. Klaus Grunwald, Karin Böllert, Gaby Flösser und Cornelia Füssenhäuser, 1545–1559. München, Basel: Ernst Reinhardt Verlag.

Haubrich, Karin. 2009. Evaluation in der Sozialen Arbeit in Deutschland. Entwicklungslinien und Besonderheiten der Evaluationsdebatte am Beispiel der Kinder-, Jugend- und Familienhilfe. In *Evaluation: Ein systematisches Handbuch*, 441–449. Wiesbaden: VS Verlag für Sozialwissenschaften/GWV Fachverlage GmbH Wiesbaden.

Haubrich, Karin, Bernd Holthusen, und Gerlinde Struhkamp. 2005. Evaluation – einige Sortierungen zu einem schillernden Begriff. *DJI Bulletin Plus* (72).

Hense, Jan. 2020. Online-Wörterbuch Evaluation: Was ist Evaluation?: In: evoluation.de – Evaluation und Qualitätssicherung im Bildungswesen. http://www.evoluation.de/evaluation. Zugegriffen: 20. Februar 2020.

Merchel, Joachim. 2008. Sozialmanagement. In *Wörterbuch soziale Arbeit: Aufgaben, Praxisfelder, Begriffe und Methoden der Sozialarbeit und Sozialpädagogik*, 6. Aufl., 850–857. Weinheim: Juventa.

Merchel, Joachim. 2010. *Evaluation in der sozialen Arbeit: Mit 11 Tabellen*. München: Reinhardt.

Pankoke, Eckart. 2008. *Solidarwirtschaft*. Wiesbaden: VS Verlag für Sozialwissenschaften.

Sanders, James R., und Wolfgang Beywl (Hrsg.). 2006. *Handbuch der Evaluationsstandards: Die Standards des „Joint Committee on Standards for Educational Evaluation"*, 3. Aufl. Wiesbaden: VS Verl. für Sozialwiss.

Scriven, Michael. 1972. Die Methodologie der Evaluation. In *Evaluation: Beschreibung und Bewertung von Unterricht, Curricula und Schulversuchen; Texte*, 11. Aufl., 60–91. Frankfurt am Main, München: Deutsches Institut für Internationale Pädagogische Forschung; Piper.

Scriven, Michael. 1996. Types of Evaluation and Types of Evaluator. *American Journal of Evaluation* 17 (2): 151–161. doi: 10.1177/109821409601700207.

Stockmann, Reinhard (Hrsg.). 2007. *Handbuch zur Evaluation: Eine praktische Handlungsanleitung*. Münster: Waxmann.

Stockmann, Reinhard, und Wolfgang Meyer (Hrsg.). 2017. *Die Zukunft der Evaluation: Trends, Herausforderungen, Perspektiven*. Münster, New York: Waxmann.

Univation – Institut für Evaluation. 2009. Eval-Wiki: Glossar der Evaluation: Externe Evaluation. https://eval-wiki.org/glossar/Externe_Evaluation. Zugegriffen: 23. April 2020.

Univation – Institut für Evaluation. 2010. Eval-Wiki: Glossar der Evaluation. https://eval-wiki.org/glossar/Kategorie:A_bis_Z. Zugegriffen: 22. April 2020.

Univation – Institut für Evaluation. 2012a. Eval-Wiki: Glossar der Evaluation: Fremdevaluation. https://eval-wiki.org/glossar/Fremdevaluation. Zugegriffen: 23. April 2020.

Univation – Institut für Evaluation. 2012b. Eval-Wiki: Glossar der Evaluation: Interne Evaluation. https://eval-wiki.org/glossar/Interne_Evaluation. Zugegriffen: 23. April 2020.

Univation – Institut für Evaluation. 2015. Eval-Wiki: Glossar der Evaluation: Evaluation. https://eval-wiki.org/glossar/Evaluation. Zugegriffen: 22. Januar 2020.

Univation – Institut für Evaluation. 2016a. Eval-Wiki: Glossar der Evaluation: Formative Evaluation. https://eval-wiki.org/glossar/Formative_Evaluation. Zugegriffen: 23. April 2020.

Univation – Institut für Evaluation. 2016b. Eval-Wiki: Glossar der Evaluation: Summative Evaluation. Zugegriffen: 23. April 2020.

Univation – Institut für Evaluation. 2020. Eval-Wiki: Glossar der Evaluation: Selbstevaluation. https://eval-wiki.org/glossar/Selbstevaluation. Zugegriffen: 23. April 2020.

Wendt, Wolf Rainer. 2016. *Sozialwirtschaft kompakt: Grundzüge der Sozialwirtschaftslehre*, 2. Aufl. Wiesbaden: Springer VS.

**Literaturtipps zur Vertiefung**

Stockmann, Reinhard, Hrsg. 2007. *Handbuch zur Evaluation: Eine praktische Handlungsanleitung*. Münster: Waxmann.

Sanders, James R., und Wolfgang Beywl, Hrsg. 2006. *Handbuch der Evaluationsstandards: Die Standards des „Joint Committee on Standards for Educational Evaluation"*. 3. Aufl. Wiesbaden: VS Verl. für Sozialwiss.

Yarbrough, Donald B. 2011. *The program evaluation standards: A guide for evaluators and evaluation users*, 3. Aufl. Thousand Oaks: Sage.

# Teil II:

# Die praktische Durchführung von Evaluationen in der Sozialwirtschaft

In diesem Teil werden die einzelnen Schritte einer Evaluation definiert und beschrieben und darauf aufbauend die praktische Durchführung jedes einzelnen Evaluationsschritts detailliert erläutert. Der Fokus wird dabei auf die Berücksichtigung von spezifischen Rahmenbedingungen der Sozialwirtschaft und die damit einhergehende Anpassung der Schritte gelegt. Folgende Fragen stehen im Mittelpunkt: Wie werden die einzelnen Schritte typischerweise im Rahmen eines sozialwirtschaftlichen Evaluationsprojekts durchwandert? Was muss zentral beachtet werden und welche Herausforderungen können in Feldern der Sozialwirtschaft im Zusammenhang mit der Durchführung der Evaluation entstehen? Wie kann diesen Herausforderungen begegnet werden? Hierzu werden Empfehlungen für eine innerhalb der Praxis machbare Evaluationsdurchführung gegeben. Zentraler Fokus liegt – vor allem mit Blick auf finanzielle, personelle und zeitliche Ressourcen – auf dem übergreifenden Ziel einer jeden Evaluation: für die Praxis brauchbare und umsetzbare Ergebnisse zu erlangen, die wissenschaftlich fundiert sind.

Als zentrales Fallbeispiel für den Evaluationsprozess wird das Projekt ‚Betreuungsweisung Zwei' (ein für den Zweck der folgenden Ausführungen angepasstes und anonymisiertes Projekt aus der Praxis) herangezogen, an dem transparent und unter Einbezug aller praktischen Erfahrungen innerhalb des Evaluationsprozesses zentrale Aspekte, Rahmenbedingungen und zu beachtende Herausforderungen aufgezeigt und damit verbundene praxistaugliche Umgangsstrategien angeboten werden. Der Fokus der Ausführungen liegt dabei zentral auf der Praxis der Durchführung einer Evaluation.

Den Abschluss des Kapitels bilden Praxisübungen sowie ein Leitfaden für die Durchführung von Evaluationen im eigenen Praxisfeld und vertiefende Literatur (Anhang).

# Die einzelnen Schritte eines Evaluationsprozesses

**2**

### Zusammenfassung

In diesem Kapitel werden die einzelnen Schritte eines Evaluationsprozesses ausführlich dargestellt. Der Prozess wird anhand der folgenden Schritte abgegangen: *1. Festlegen des Evaluationsgegenstands; 2. Entwicklung der Ziele; 3. Entwicklung der Bewertungskriterien und Indikatoren; 4. Erstellung des Evaluationsdesigns; 5. Entwicklung der Erhebungsinstrumente; 6. Erhebung der Daten; 7. Analyse der Daten; 8. Präsentation der Ergebnisse und Feedback.* Dabei wird der Schritt jeweils eingehend erläutert, die damit einhergehenden Inhalte und Aufgaben dargestellt und die möglichen Rahmenbedingungen und Herausforderungen innerhalb der Praxis der Sozialwirtschaft anhand eines zentralen Fallbeispiels aufgezeigt sowie Empfehlungen gegeben, wie Sie damit adäquat umgehen können.

### Lernziele

- Sie kennen die zentralen inhaltlichen Komponenten der einzelnen Schritte des Evaluationsprozesses.
- Sie lernen die relevanten Charakteristika der einzelnen Evaluationsschritte im Kontext der Sozialwirtschaft und können diese einordnen.
- Sie können die einzelnen Schritte eine Evaluationsprozesses praktisch anwenden.
- Sie können die einzelnen Evaluationsschritte mit Blick auf notwendige und für die Praxis taugliche Umgangsstrategien im Zusammenhang mit sozialwirtschaftlichen Rahmenbedingungen anpassen.

© Springer Fachmedien Wiesbaden GmbH, ein Teil von Springer Nature 2020
P. Pfeil und M. Müller, *Evaluation in der Sozialwirtschaft*,
Basiswissen Sozialwirtschaft und Sozialmanagement,
https://doi.org/10.1007/978-3-658-26322-5_2

> **Keywords**
>
> Evaluationsprozess, Evaluationsschritte, Evaluationsgegenstand, Ziele, Bewertungskriterien, Indikatoren, Evaluationsdesign, Erhebungsinstrumente, Datenerhebung, Datenanalyse, Ergebnispräsentation

## ALLER ANFANG IST KOMPLEX

Stellen Sie sich vor, Sie stehen nun – nachdem Sie die zentralen theoretischen und notwendigen Begrifflichkeiten im Zusammenhang mit Evaluation kennen – am Startpunkt einer Evaluation, z. B. weil eine spezifische Maßnahme innerhalb Ihrer Institution auf ihre Wirkung mit Blick auf spezifische Zielgruppen bewertet werden soll.

Wie gehen Sie nun vor? Wie beginnen Sie? Und wie managen Sie es, sowohl strukturiert und transparent den Prozess der Evaluation zu vollziehen als auch dem Gegenstand, den Zielgruppen und den Akteur*innen im Zusammenhang mit der Evaluation adäquat und angemessen zu begegnen?

Es gibt eine Vielzahl an Lehrbüchern zum Thema Evaluation, die sich (auch) mit dem Ablauf von Evaluationen befassen (▶ Literaturtipps zur Vertiefung) und auch Handreichungen, Leitfäden, Checklisten und Positionspapiere für die Durchführung von Evaluationen stehen in Fülle – auch online – zur Verfügung (siehe hierzu z. B. die Zusammenstellung von Checklisten der Deutschen Gesellschaft für Evaluation, der DeGEval, für die Durchführung von Evaluationen, z. B. Univation – Institut für Evaluation 2018 sowie die ‚Checkliste Evaluationsplan'; Farrokhzad und Mäder 2014).

Neben den zahlreichen allgemeinen Unterstützungshilfen gibt es bestimmte Bereiche, die im Rahmen von Lehrbüchern oder Leitfäden vorrangig in den Fokus genommen werden, so z. B. Bildung (Balzer und Beywl 2018; Böttcher et al. 2010). Literatur und Handreichungen zur konkreten Durchführung von Evaluationen innerhalb der Sozialwirtschaft und den damit verbundenen Bereichen und Tätigkeitsfeldern sind weniger präsent. Beispielhaft anführen lassen sich hier Heil et al. (2001) oder Stegmann und Schwab (2012), die sich mit den Inhalten und Abläufen von Evaluationen im Bereich der Sozialen Arbeit beschäftigen, Lieb und Sczepanski (2016), die den Blick spezifisch auf die Evaluation in Kitas richten oder die Leitfäden verschiedener Bundesministerien für das Durchführen von Evaluationen, z. B. ‚Zielgeführte Evaluation von Programmen – ein Leitfaden, Materialien zur Qualitätssicherung in der Kinder- und Jugendhilfe' (Bundesministerium für Familie, Frauen, Senioren und Jugend 2000).

Bevor Sie starten, machen Sie sich (nochmals) bewusst: Der Bereich der Sozialwirtschaft ist ein spezifisches und komplexes Evaluationsfeld. Gerade bei der Evaluation von sozialen Maßnahmen, z. B. im Bereich der Jugendhilfe, ist darauf zu achten, dass diese sich „[…] nur auf einen (kleinen) Ausschnitt im Leben der Jugendlichen [beziehen], so dass immer auch gleichzeitig andere entscheidende Faktoren wirken, die in ihrer Gesamtheit nicht kontrolliert und im Forschungsprozess nicht umfassend abgebildet werden können" (Haubrich et al. 2005, S. 3). Auch Böttcher (2014, S. 6) führt an, dass die „Herausforderung der Evaluationsfunktion [darin] besteht, den Spagat zwischen der starken Abhängigkeit vom jeweiligen Kontext einerseits und den Anforderungen an gute Evaluierungen andererseits zu meistern".

Haubrich et al. weisen in diesem Zusammenhang mit Blick auf Wirkungsevaluationen auf spezifische Charakteristika hin, u. a. auf das Konglomerat unterschiedlicher Einflüsse und Kontexte, die parallel und/oder zusätzlich zur Maßnahme ‚wirken' können: „Wirkungszusammenhänge in den Feldern sozialer Dienstleistungen [sind] vielschichtig und komplex, insbesondere wenn man von der Annahme ausgeht, dass erzielte Wirkungen immer als Ergebnis einer Koproduktion zwischen Fachkräften und Adressaten gesehen werden müssen" (2005, S. 3).

Was hilft hier? Diese Herausforderungen sollen keinesfalls davor abschrecken, den Evaluationsprozess zu starten – das Wissen und die Reflektion dieser Besonderheit ist jedoch zentral, um eine gelingende Evaluation durchzuführen. Um dieser Vielschichtigkeit und Komplexität zu begegnen, ist es wichtig, in allen Schritten – Planung, Durchführung und Verwertung der Ergebnisse – transparent vorzugehen. Dies bedeutet z. B., dass man auftauchende Einflussfaktoren im Zusammenhang mit Maßnahmen während der Evaluation reflektiert und kommuniziert. Grundlegend ist, dass die „… ‚interne Logik' eines Programms, also das Verständnis darüber, wie Veränderungen erreicht werden sollen, beschrieben werden kann", sonst besteht das Risiko, Effekte und Ergebnisse zu erlangen, die nicht unbedingt als Wirkungen ursächlich auf das zu evaluierende Programm oder die Maßnahme zurückzuführen sind (Haubrich et al. 2005, S. 3).

> **Hinweis:** Das Feld sozialwirtschaftlicher Maßnahmen und Projekte ist durch Komplexität und Vielschichtigkeit gekennzeichnet, die mit Blick auf eine Evaluation berücksichtigt werden muss.
>
> Achten Sie deshalb darauf, dass Sie den Evaluationsprozess von Anfang an strukturiert und transparent gestalten, um dieser Komplexität im Zusammenhang mit Kontexten, Rahmenbedingungen und den Ergebnissen der zu evaluierenden Maßnahme mit Blick auf die ‚Bewertung' gegenstandsangemessen und reflektiert zu begegnen.

Der Evaluationsprozess wird üblicherweise in einzelne Schritte oder Phasen unterteilt, die für eine gelingende Evaluation ‚durchwandert' werden müssen. Auch wenn zu berücksichtigen ist, dass jede Evaluation individuell unterschiedlich ist und sich in kein Schema pressen lässt, erleichtert diese Schrittabfolge ein strukturiertes Vorgehen und verleiht der Evaluation einen sicheren Rahmen.

**WICHTIG ZU WISSEN**

In den in der Literatur angebotenen Leitfäden und Handreichungen variiert die Anzahl der Schritte – so wird eine Evaluation in sieben Schritten oder auch in elf Schritten vorgestellt (siehe unten). Auch die Benennungen der einzelnen Schritte unterscheiden sich. auch der Fokus der jeweiligen Schrittfolgen hinsichtlich der Evaluationsart (z. B. Selbstevaluationen) sowie der methodischen Ausrichtung wird verschieden gesetzt, z. B. ausschließlich anhand qualitativer Methoden durchgeführte Evaluationen (Kuckartz et al. 2008). Im Folgenden werden einige beispielhafte Evaluationsschrittfolgen vorgestellt:

- Balzer und Beywl (2018, S. 31) setzen für den Evaluationsprozess *zehn Schritte* fest: 1. Bestimmung des Evaluationsgegenstands; 2. Bestimmung der interessierten Akteure und die Rolle der Evaluierenden; 3. Bestimmung der Evaluationszwecke und Fragestellungen; 4. Festlegung der Bewertungskriterien; 5. Auswahl von Erhebungsdesign und -methoden; 7. Datenauswertung, Interpretation und Bewertungssynthese; 8. Berichterstattung; 9. Nutzung der Ergebnisse; 10. Evaluation der Evaluation.[1]
- In dem vom Bundesministerium für Ernährung und Landwirtschaft (2017) herausgegebenen Leitfaden *Evaluation IN FORM* werden *sieben Phasen* formuliert: Phase 1: Ziele setzen; Phase 2: Gegenstand bestimmen; Phase 3: Konzept erstellen; Phase 4: Erheben und Auswerten; Phase 5: Reflektieren und bewerten; Phase 6: Dokumentieren und kommunizieren; Phase 7: Maßnahmen optimieren.
- Auch bei Kuckartz et al. (2008) werden – allerdings mit dem Fokus auf eine anhand qualitativer Methoden durchgeführte Evaluationsstudie – *sieben Schritte* vorgestellt: 1. Evaluationsgegenstand und Evaluationsziele festlegen; 2. Interviewleitfaden und Kurzfragebogen entwickeln; 3. Interviews durchführen, aufnehmen und transkribieren; 4. Daten erkunden, fallweise darstellen; 5. Das Kategoriensystem erstellen und die Interviews codieren; 6. Kategorienbasiert

---

1 Oder zehn Schritte mit ähnlichen Benennungen mit einem Fokus auf den Bereich der beruflichen Bildung bei Balzer und Beywl (2016).

- auswerten und Evaluationsbericht erstellen; 7. Fazit erarbeiten, Ergebnisse rückmelden, Bericht abschließen.
- Heil et al. (2001, S. 46 ff.) konzentrieren sich mit Blick auf den Bereich der Sozialen Arbeit auf *elf Schritte* im Rahmen des Evaluationsprozesses: 1. Klärung von Kontext und Beteiligung; 2. Eingrenzung des Untersuchungsfelds und Auswahl der Untersuchungsfragestellung(en); 3. Auswahl der Untersuchungsgegenstände; 4. Bedarfsanalyse und/oder Beschreibung der Problemlage; 5. Formulierung von Zielvorstellungen zur Behebung eines Problems oder zur Optimierung des Angebots; 6. Begründung eines Handlungskonzepts zur Erreichung der Zielvorstellungen und Formulierung der Untersuchungshypothesen; 7. Entwicklung eines Bewertungsmaßstabs (Kriterienkatalog); 8. Entwicklung der Untersuchungsmethode (Erhebungs- und Auswertungsmethode); 9. Beschreibung und Beurteilung der (veränderten) Situation (Interpretation I); 10. Beschreibung und Beurteilung der Intervention(en)/des Programms und Einschätzung ihrer Wirksamkeit (Interpretation II); 11. Aufbereitung, Präsentation und Vermittlung der Ergebnisse.
- Stockmann und Meyer (2014, S. 170) gliedern den Evaluationsprozess in *drei Ebenen:* die übergreifenden Phasen (Planung, Durchführung, Verwertung), die jeweils dazugehörigen Aufgaben und die damit einhergehenden detaillierten Arbeitsschritte. Analog zu den in anderen Ausführungen skizzierten Schritten werden hier *fünf Aufgaben* herausgestellt: Bestimmung und Eingrenzung des Evaluationsvorhabens; Entwicklung der Evaluationskonzeption und Ablaufplanung; Instrumentenentwicklung; Datenerhebung, -strukturierung, -auswertung; Präsentation und Nutzung der Ergebnisse und Empfehlungen.
- Farrokhzad und Mäder (2014, S. 120 ff.) stellen eine *Checkliste Evaluationsplan* zusammen, die zahlreiche und detaillierte Checkpunkte zu *sechs Themenfeldern* – fokussiert auf die Planung – enthält: Evaluation fokussieren; Informationen gewinnen; Daten organisieren; Daten analysieren; Berichten der Informationen; Ausführung der Evaluation.

Übergreifend und trotz unterschiedlicher Anzahl und Benennung der Schritte: im Kern sind stets ganz spezifische zentrale Arbeitsschritte (die auch in den oben genannten Beispielen behandelt werden) und die damit einhergehenden Inhalte und Vorgehensweisen notwendig, um – in Abstimmung mit der vorliegenden, zu evaluierenden Maßnahme (oder dem Projekt) – wissenschaftlich fundierte und gegenstandsbezogene Evaluationsergebnisse zu erhalten.

Folgende acht Schritte werden für den hier dargestellten Evaluationsprozess formuliert und detailliert hinsichtlich ihrer Inhalte und praktischen Vorgehensweisen betrachtet:

1) Festlegen des Evaluationsgegenstands
2) Entwicklung der Ziele
3) Entwicklung der Bewertungskriterien und Indikatoren
4) Erstellung des Evaluationsdesigns
5) Entwicklung der Erhebungsinstrumente
6) Erhebung der Daten
7) Analyse der Daten
8) Präsentation der Ergebnisse und Feedback

Diese Arbeitsschritte können drei zentralen Phasen eines jeden Evaluationsprozesses zugeordnet werden (bei Stockmann und Meyer (2014) werden diese Phasen ‚Planung', ‚Durchführung' und ‚Verwertung' genannt):

- Festlegen der Evaluationsbasis
- Methodische Umsetzung der Evaluation – Untersuchung
- Vermittlung der Ergebnisse an die Praxis

**Abbildung 2.1** Schritte im Evaluationsprozess (Quelle: Eigene Darstellung)

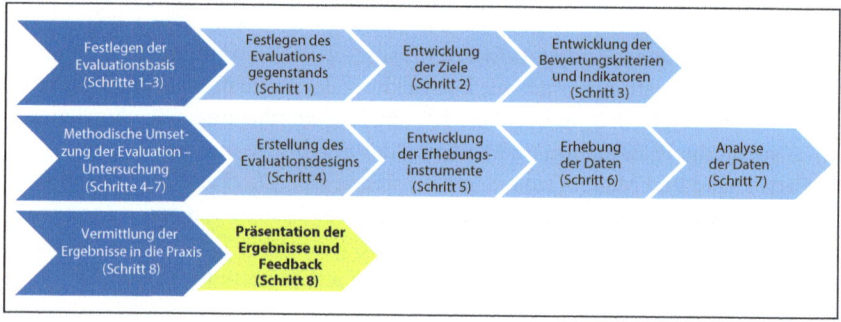

Im Folgenden gehen wir gemeinsam mit Ihnen diese Schritte ab.

Als Basis hierfür und als zentrales Fallbeispiel wird die Evaluation des Projekts ‚Betreuungsweisung Zwei'[2] herangezogen, an der transparent und detailliert rele-

---

2 Das Projekt ‚Betreuungsweisung Zwei' und die damit zusammenhängenden Vorgehensweisen, Erfahrungen, Strategien und Empfehlungen wurde in der Praxis durchgeführt. Für die hier vorliegenden Zwecke wurde es inhaltlich angepasst und anonymisiert. Weitere im Text genannte Fallbeispiele lehnen sich an Praxiserfahrungen an, wurden aber für das Buch konstruiert.

vante Aspekte, Rahmenbedingungen und zu beachtende Herausforderungen innerhalb des Evaluationsprozesses aufgezeigt und damit verbundene praxistaugliche Umgangsstrategien angeboten werden. Das Fallbeispiel wurde gewählt, da es einen typischen möglichen Verlauf in Tätigkeitsfeldern der Sozialwirtschaft im Zusammenhang mit der Veränderung von Maßnahmen für spezifische Zielgruppen aufzeigt und darlegt, wie anhand einer Evaluation die Bewertung von Potenzialen und Grenzen für die Installation und/oder Weiterentwicklung von sozialen Maßnahmen erreicht werden kann. Darüber hinaus werden da, wo es der besseren Verständlichkeit dient, weitere konstruierte Fallbeispiele herangezogen.

**Inhalt und Eckdaten des Fallbeispiels:**
Ein freier Träger der Jugendhilfe als Leistungserbringer hat eine Vielzahl von Einrichtungen, unter anderem auch im Bereich der Gefährdetenhilfe. Dort werden Leistungen wie die Betreuungsweisung angeboten. Die Betreuungsweisung ist eine Maßnahme nach § 10 JGG, wird durch die örtlichen Träger der Jugendhilfe finanziert und folgt deren Standards.

Die Zielgruppe für die Betreuungsweisung ist im § 1 JGG definiert: betreut werden Jugendliche, die zum Zeitpunkt der strafbaren Handlung zwischen 14 bis 21 Jahre alt waren. Als Sanktionsform ist die Betreuungsweisung eine Alternative zu freiheitsentziehenden Maßnahmen. Durch die Unterstützung haben die Jugendlichen und Heranwachsenden die Chance, zielgerichtet an den eigenen Ressourcen anknüpfend ihre individuellen Probleme zu bearbeiten und Perspektiven zu entwickeln. Dabei werden zu Beginn der Weisung mit den Klient*innen Ziele ausgehandelt und festgeschrieben. Diese werden im Verlauf der Betreuungszeit nicht nur überprüft, sondern die Klient*innen werden in der Umsetzung auch unterstützt. Mit der Verbindung sozialpädagogischer Methoden und alltagspraktischer Hilfen werden die Selbsthilfekompetenzen der Klient*innen unterstützt. Dabei sollen weitere Straftaten und eine weitere Desintegration verhindert werden.Im Laufe der Zeit ergibt sich aufgrund veränderter gesellschaftlicher Bedingungen und zunehmender Multiproblemlagen bei der Klientel ein Veränderungsbedarf an der Durchführung der Maßnahme, um weiterhin effektiv zu arbeiten und die Leistung professionell zu erbringen.

In der Folge entsteht eine Konzeption für eine Maßnahme ‚Betreuungsweisung Zwei', mit der die bewährte Maßnahme der Betreuungsweisung bedarfsgerecht verbessert werden soll. Die Maßnahme verfolgt die Ziele der Betreuungsweisung, ist aber mit einem erhöhten Zeitbudget für die Klient*innen ausgestattet, um den im mer komplexeren Fallstrukturen gerecht zu werden. Zielgruppe sind vor allem Jugendliche und junge Heranwachsende, die in kurzer Zeit durch eine Vielzahl von Straftaten auffällig wurden (Intensivtäter).
Die Maßnahme wird im Rahmen eines Pilotprojekts durchgeführt.

Für die folgende Darlegung der einzelnen Schritte einer Evaluation wird folgendes Vorgehen gewählt:

- Der jeweilige Evaluationsschritt wird dargestellt und definiert.
- Die typischen Inhalte, Aufgaben, Vorgehensweisen des jeweiligen Schritts werden aufgezeigt.
- Anhand des Fallbeispiels wird vermittelt, wie der Schritt im Zusammenhang mit einem Projekt im Bereich der Sozialwirtschaft umgesetzt werden kann (und auch ggf., welche Rahmendbedingungen und praktische Herausforderungen den Schritt umrahmen können).
- Es werden Empfehlungen für die Praxis gegeben, wie mit den Herausforderungen umgegangen werden kann und der Schritt adäquat und dem Evaluationsgegenstand angemessen vollzogen werden kann.

## 2.1 Festlegen des Evaluationsgegenstands (Schritt 1)

**Abbildung 2.2** Schritte im Evaluationsprozess – Schritt 1 (Quelle: Eigene Darstellung)

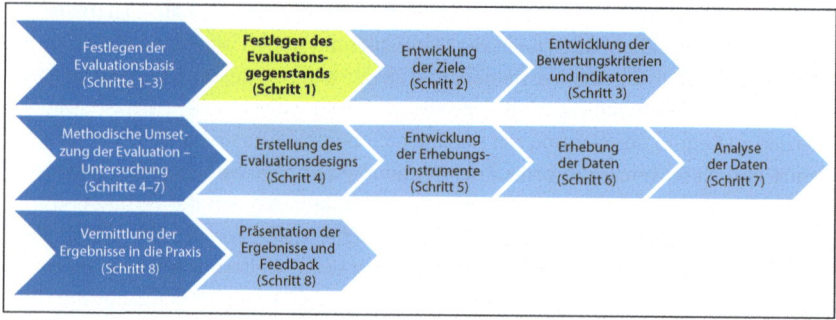

Das Festlegen des Evaluationsgegenstands ist der erste und grundlegende Schritt im Evaluationsprozess. Notwendig ist dieser Schritt schon alleine deshalb, weil es aufgrund der zeitlichen, personellen, finanziellen und weiteren Ressourcen in den seltensten Fällen möglich ist, das gesamte Projekt bzw. die gesamten Maßnahmen mit sämtlichen Teilaspekten, Aktivitäten etc. zu untersuchen.

Je nachdem, wie das Evaluationsprojekt zustande gekommen ist und in welcher Form es durchgeführt werden soll (externer Auftrag, interne Evaluation, Selbstevaluation), ist stets abzuwägen, inwieweit die (vorhandenen) Ressourcen den Umfang des Evaluationsgegenstands begrenzen (müssen/können) bzw. inwieweit der Evaluationsgegenstand den Umfang der benötigten Ressourcen begrenzen kann. Der Schritt ist aber unabhängig von der Ressourcenfrage auch deshalb enorm wichtig, weil gerade im Bereich der Sozialwirtschaft Maßnahmen und Programme oft durch eine große Heterogenität und Komplexität charakterisiert sind und es ist entscheidend, dass Sie sich auf bestimmte Aspekte einer Maßnahme fokussieren, um das Evaluationsziel nicht in dieser Komplexität aus den Augen zu verlieren!

Der Schritt des Festlegens des Evaluationsgegenstands lässt sich zwar oberflächlich recht schlicht definieren – es wird festgelegt, was evaluiert werden soll –, aber die Bearbeitung gebietet größte Sorgfalt und ein sowohl die zentralen Aspekte als auch verfügbaren Ressourcen berücksichtigendes „Augenmaß" mit Blick auf die auszuführende Evaluation. Denn: ignoriert man diesen Schritt bzw. formuliert den Evaluationsgegenstand nicht konkret und den realen Gegebenheiten und Ressourcen angepasst, besteht ein hohes Risiko, dass die folgenden Schritte des Evaluationsprozesses und in Konsequenz die Evaluationsergebnisse wissenschaftlich wenig fundiert und für die Praxis hilfreich sind: Der Evaluationsprozess wird diffus.

Das Ausmaß und die Notwendigkeit, den Evaluationsgegenstand festzulegen, hängt davon ab, wie konkret die Auftraggeber\*innen oder Vorgesetzten bereits ‚Vorarbeit' diesbezüglich geleistet haben (▶ Kap. 3.2) und auch, in welchem Umfang Ressourcen zur Verfügung stehen. Je spezifischer die Auftragserklärung erfolgt ist, desto klarer ist auch der Evaluationsgegenstand bereits festgesetzt (und in diesem Zusammenhang auch die Verfügbarkeit von Ressourcen). Allerdings finden sich in der Praxis häufig Fälle, in denen zwar eine Evaluation ausgeschrieben oder veranlasst wird, der Evaluationsgegenstand und damit einhergehende Fragen oder Aspekte gar nicht bzw. ungenügend reflektiert wurden (damit verbunden auch: Evaluationszweck, Evaluationsnutzen, Evaluationsfragestellungen ▶ Kap. 3.3, 3.4, 3.5).

In diesem Fall müssen Sie als Durchführende der Evaluation mit den Verantwortlichen in den Austausch treten und gemeinsam den Evaluationsgegenstand definieren (wie, erfahren Sie im nachfolgenden Text). Auch wenn der Evaluationsgegenstand von den Auftraggeber\*innen/Vorgesetzten bereits umrissen wurde, ist es in jedem Fall notwendig und sinnvoll, dass sich die Durchführenden und die Verantwortlichen zusammensetzen, um den Evaluationsgegenstand (weiter) einzugrenzen und zu spezifizieren. Dies sollten Sie schon alleine aus dem Grund machen, damit eindeutig und transparent festgelegt und kommuniziert wird, was mit Blick auf die Evaluation im Zusammenhang mit den vorhandenen Ressourcen möglich ist – und was nicht. Mit einer Transparenz und Klarheit als Basis der Evaluation sorgen Sie hier auch hinsichtlich diametraler Erwartungen im Zusammenhang mit ‚möglichen' Ergebnissen vor.

> **WICHTIG:** Der Evaluationsgegenstand muss klar definiert und eingegrenzt werden – unter Berücksichtigung der Komponenten ‚Zweck', ‚Nutzen' und ‚vorhandene Ressourcen' der Evaluation. Der Evaluationsgegenstand sollte unbedingt gemeinsam mit den Verantwortlichen im Rahmen eines Austauschprozesses festgesetzt werden.

### DEFINITION: WAS IST DER EVALUATIONSGEGENSTAND?

Laut *Online-Wörterbuch Evaluation* von Hense (2020a) ist der Evaluationsgegenstand „[d]as, was in einer Evaluation untersucht und bewertet wird, bzw. dessen Güte oder Nutzen bestimmt wird". Nach dem Glossar ‚Wirkungsorientierte Evaluation' ist der Evaluationsgegenstand der „Bestandteil der sozialen Welt, zu dem eine Evaluation Beschreibungen und Bewertungen erstellt [werden]. Evaluationsgegenstände werden oft nicht bereits klar abgegrenzt und beschrieben vorgefunden, sondern in der ersten Hauptphase der Evaluation, der Gegenstandsbestimmung, gemeinsam durch Evaluierende und Beteiligte definiert. Typische Evaluationsgegenstände sind Programme" (Univation – Institut für Evaluation 2020a).

### PRAKTISCHE DURCHFÜHRUNG: WIE LEGE ICH DEN EVALUATIONSGEGENSTAND FEST?

Was ein Evaluationsgegenstand ist, kann also auf den ersten Blick recht einfach und verständlich definiert werden, die Herausforderung besteht allerdings darin – dies wurde weiter oben bereits angemerkt –, *wie* die Festlegung des Evaluationsgegenstands erfolgt. Im Folgenden gibt es einige Empfehlungen, wie Sie vorgehen können, um den Evaluationsgegenstand nach und nach einzugrenzen und zu definieren.

Handelt es sich um Programme, Projekte oder Maßnahmen ist „zunächst zu fragen, welche Aspekte, Phasen und situativen Bedingungen eines Programms durch die Evaluation erfasst werden sollen" (Stockmann und Meyer 2014, S. 171). In diesem Zusammenhang ist auch die Formulierung von Fragestellungen, die im Rahmen der Evaluation von Interesse sind, relevant:

> „Zusätzlich können auch Vermutungen formuliert werden, wie die Antwort auf die eigene Fragestellung ausfallen könnte. Der Gegenstand einer Evaluation sollte mit eindeutigen Begriffen möglichst konkret beschrieben werden. Damit werden Missverständnisse vermieden und wichtige Elemente der Maßnahme bleiben im Blickfeld der Evaluation." (Bundesministerium für Ernährung und Landwirtschaft 2017, S. 19)

Mit Blick auf das Ziel, einen möglichst konkreten und klaren Gegenstand zu formulieren, sind auch die Hinweise von Balzer und Beywl zielführend: „[es] wird eine für Außenstehende nachvollziehbare Erstbeschreibung erstellt" (2016, S. 3). In der *Evaluation von Pflegestützpunkten in Deutschland* wurden zum Beispiel folgende Fragen formuliert, die im Rahmen der Evaluation beantwortet werden sollten (Institut für Sozialforschung und Sozialwirtschaft e. V. 2014):

- Gibt es eine Kluft zwischen den gesetzlichen Vorgaben und der Umsetzungspraxis? Wie ist diese Kluft ggf. zu erklären? Welche gesetzlichen Präzisierungen sind nötig, um diese Kluft zu schließen?
- Wie muss die Pflegeberatung organisiert werden, damit Care- und Case-Management erfolgreich durchgeführt werden?
- Wie kann neutrale – am Pflegebedürftigen orientierte – Beratung organisiert werden?
- Welche berufliche Qualifikation brauchen Mitarbeiter*innen in Pflegestützpunkten und welche Qualitätsstandards sind wünschenswert?

Zentrale Fragen, die im Zusammenhang mit der Festlegung des Evaluationsgegenstands reflektiert bearbeitet und deren Ergebnisse sowohl transparent als auch konkret formuliert werden sollten:

- Um welche Thematik (innerhalb der Gesamtthematik) geht es genau? Was genau soll evaluiert werden?
- Welche Teilthemen gibt es ggf.?
- Welche Fragestellungen lassen sich in Zusammenhang mit dem Evaluationsgegenstand formulieren?
- Welche Ergebnisse sind zu erwarten? Sind diese Ergebnisse bzw. inwiefern sind diese Ergebnisse zu nutzen?

Weitere Fragen, die im Rahmen des Prozesses von Schritt 1 mitgedacht werden müssen, sind die verfügbaren Ressourcen der Evaluation, die mit dem (finalen) Gegenstand der Evaluation in wechselseitigem Einfluss stehen können sowie die zentralen Akteur*innen und Zielgruppen der Evaluation und die Berücksichtigung deren Bedarfe bei der Festlegung des Evaluationsgegenstands.

- Welche Ressourcen stehen zur Verfügung?
- Welche zentralen Akteur*innen gehören zum Evaluationsbereich?

Zentrale Rolle in diesem Prozess spielen der Austausch mit den Verantwortlichen und ggf. weiteren Akteur*innen des Evaluationsvorhabens. Mit ihnen gemeinsam muss der Evaluationsgegenstand ‚festgezurrt' werden und in diesem Zusammenhang (nochmals) die Erwartungen, Bedenken, Ansprüche, Zielgruppen sowie weitere zentrale Akteur*innen etc. detailliert diskutiert und abschließend eine gemeinsame Ausgangsbasis festgelegt bzw. vereinbart werden. Zielführend sind hier gemeinsame Austauschtreffen, bei denen mithilfe einer Moderation der Gegenstand anhand der oben behandelten Fragen in mehreren Diskussionsrunden nach und nach final formuliert und dann schriftlich festgesetzt wird (▶ Kap. 3).

**FALLBEISPIEL**

In unserem Fallbeispiel ‚Betreuungsweisung Zwei' gehen wir von folgenden Annahmen mit Blick auf Schritt 1 aus: Die Verantwortlichen des Pilotprojekts ‚Betreuungsweisung Zwei' vermitteln in einem ersten Kontakt mit dem beauftragten Evaluationsteam den Wunsch, mit der Evaluation erfahren zu wollen, *ob das Projekt sinnvoll ist und ein „Mehr" an Erfolg der Maßnahme durch das erhöhte Zeitbudget im Zusammenhang mit der Betreuung von Klient*innen beinhaltet.*

Sie sehen: der Gegenstand – und das ist oft typisch zu Beginn einer Idee zur Evaluation einer Maßnahme – ist zwar oberflächlich und auf den ersten Blick eindeutig (man möchte wissen, ob eine innovative Maßnahme besser läuft als die bisherige Maßnahme), aber das reicht nicht aus, um die Evaluation zu starten.

Der nun folgende notwendige Schritt ist, dass sich das Evaluationsteam – unter Berücksichtigung der zur Verfügung gestellten (oft begrenzten) Ressourcen – intern Gedanken zum Evaluationsprojekt macht und sich dann mit den Verantwortlichen zu einem Austauschgespräch zusammenfindet, um vor dem Start der Evaluation gemeinsam den Gegenstand festzusetzen. Grundlage hierzu können z. B. Ausschreibungsinhalte oder die schon geäußerten Inhalte für die Evaluation der Auftraggeber*innen sein sowie weitere Informationen, die bezüglich der zu evaluierenden Maßnahme existieren.

Bei diesem Treffen (oft sind es jedoch mehrere) sollte genügend Zeit anberaumt und darauf geachtet werden, dass die zentralen Akteur*innen (Verantwortliche und ggf. weitere Kooperationspartner*innen) anwesend sind (▶ Kap. 5).

Idealerweise mithilfe einer Moderation werden die zentralen Themen der zu evaluierenden Maßnahme und die Ziele, die die Verantwortlichen mit der Evaluation verbinden als auch mögliche Ergebnisse, die zu erwarten sind, identifiziert. Durch diverse Diskussionsschleifen wird nach und nach das ‚Thema' der Evaluation, der Evaluationsgegenstand festgesetzt. Innerhalb dieses Prozesses wird auch der Evaluationsumfang (hier wird oft der Begriff ‚Evaluationsbereich' verwendet) abschließend festgelegt: Man macht sich also im Zusammenhang mit der Eingrenzung des Evaluationsgegenstands auch Gedanken hinsichtlich der Prozesse,

Evaluationsabläufe, ggf. auch (zumindest grob) der ‚Machbarkeit' des erwartbaren Nutzungsumfangs der Evaluationsergebnisse (▶ Kap. 5).

**WICHTIG:** Es ist wichtig, dass die Ergebnisse der Gespräche – die finale Festlegung des Evaluationsgegenstands – schriftlich fixiert werden.

In unserem Praxisbeispiel wird der Evaluationsgegenstand wie folgt festgelegt und auch schriftlich fixiert:

Gegenstand der Evaluation ist das Konzept ‚Betreuungsweisung Zwei'.
Überprüft werden soll die damit verbundene, bedarfsgerechte Verbesserung der Betreuung von jungen Menschen, die durch Straffälligkeit auffallen.

Zentraler Gegenstand hierbei ist der Zeitfaktor: Überprüft werden sollen die Auswirkungen eines vermehrten Zeitaufwands im Rahmen der Pilotmaßnahme ‚Betreuungsweisung Zwei'.

Folgende Fragen stehen in diesem Zusammenhang im Fokus:

- Wie entwickelt sich die Interaktion zwischen Klient*in und Sozialpädagog*in?
- Können mit einem vermehrten Zeitaufwand gemeinsame Ziele entwickelt werden und gibt es Umsetzungsansätze?
- Erreicht die Klient*innen eine Stabilisierung der innerfamiliären Kommunikationsstrukturen?

## EMPFEHLUNGEN FÜR DIE PRAXIS DER SOZIALWIRTSCHAFT

- Gehen Sie anhand eines Plans vor: Grenzen Sie das Thema ein, formulieren Sie Teilthemen, formulieren Sie Fragestellungen, spielen Sie durch, welche Ergebnisse erwartet werden können und wie bzw. ob diese genutzt werden könnten.
- Setzen Sie Prioritäten: Es können nicht sämtliche Aspekte eines Projekts evaluiert werden – und müssen es für fundierte und praxisrelevante Ergebnisse auch nicht.
- Kein Alleingang: Legen Sie den Evaluationsgegenstand im Team und gemeinsam mit den Verantwortlichen im Austausch fest, auch wenn der Gegenstand anhand einer Ausschreibung oder eines Auftrags schon benannt wurde. Über den Evaluationsgegenstand muss ein gemeinsames Verständnis bestehen. Dies stellt eine Umsetzung der Evaluation sicher.
- Berücksichtigung der Rahmenbedingungen: Behalten Sie die Ressourcen im Blick.

- Evaluationsgegenstand schriftlich fixieren, da dieser die zentrale Basis für den weiteren Verlauf des Evaluationsprozesses darstellt!

## 2.2 Entwicklung der Ziele (Schritt 2)

Abbildung 2.3   Schritte im Evaluationsprozess – Schritt 2 (Quelle: Eigene Darstellung)

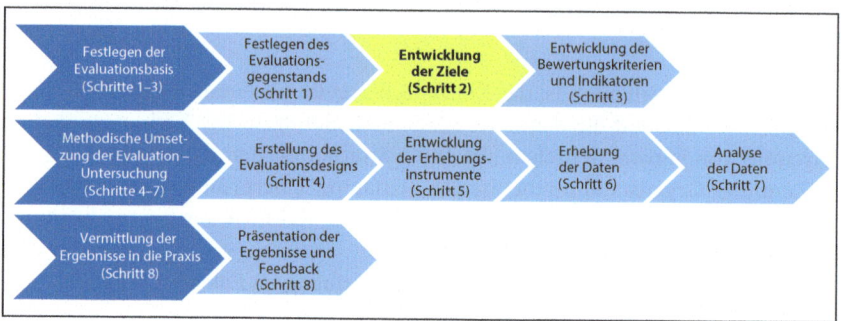

Nachdem der Evaluationsgegenstand (Schritt 1) festgelegt wurde, werden in einem nächsten Schritt die Ziele (der zu evaluierenden Maßnahme, des zu evaluierenden Projekts) ausgewählt oder entwickelt. Schritt 2 ist somit grundlegend, denn durch den nachfolgenden Evaluationsprozess soll ‚überprüft' werden, ob bzw. inwiefern bestimmte Ziele einer Maßnahme oder eines Projekts erreicht wurden bzw. werden: „Anhand dieser Ziele können die Strategie, die Handlungsabläufe und der Erfolg einer Maßnahme bewertet werden" (Bundesministerium für Ernährung und Landwirtschaft 2017, S. 15).

Der Zielbegriff ist im Zusammenhang mit der Evaluation somit ein äußerst zentraler, aber auch in unterschiedlichen Bereichen verwendeter und dadurch leicht missverständlicher Begriff. Zum einen ist wichtig: Der in Schritt 2 fokussierte Zielbegriff hat nichts mit den Evaluationszielen (bzw. -zwecken) und Evaluationsfragestellungen zu tun (▶ Kap. 3.2, 3.5). Der dem Schritt 2 zugrunde gelegte Zielbegriff fokussiert ausschließlich auf die Ziele, die mit der zu evaluierenden Maßnahme verbunden sind. Der andere „Stolperstein" im Zusammenhang mit der Bearbeitung von Schritt 2 ist: Die Entwicklung der Ziele (Schritt 2) und Festlegung des Evaluationsgegenstands hängen zwar eng miteinander zusammen, unterscheiden sich aber vom Vorgang grundlegend.

# Entwicklung der Ziele (Schritt 2)

> **WICHTIG:** *Verwechseln Sie nicht das Evaluationsziel (▶ Kap. 3.5) mit dem (hier in Schritt 2) fokussierten Ziel der zu evaluierenden Maßnahme (oder des zu evaluierenden Programms/Projekts)!* Anders als das Evaluationsziel wird in Schritt 2 im Evaluationsprozess das Ziel oder die Ziele einer Maßnahme oder eines Projekts, das evaluiert werden soll, fokussiert!
> *Verwechseln Sie nicht Schritt 1 mit Schritt 2!* Die Festlegung des Evaluationsgegenstands und die damit verbundenen Aufgaben hängen eng mit der Entwickelung der zu evaluierenden Ziele zusammen. Die damit verbundenen Aufgaben und Vorgehensweisen unterscheiden sich aber grundlegend!

## DEFINITION: WAS SIND DIE ZIELE?

Nach dem Wiki-Glossar der Evaluation sind Ziele (eines Programms) „[i]n der Zukunft liegende, erwünschte Zustände, die durch ein Programm ausgelöst werden sollen" (Univation – Institut für Evaluation 2016c). So weit, so gut.

Der Programmbaum von Univation (entwickelt von Wolfgang Beywl), der als Hilfestellung für die Gliederung von einzelnen Bestandteilen von Projekten, deren Steuerung sowie die Konzeption und Durchführung von Evaluationen konzipiert wurde, ist auch im Zusammenhang mit der hier betrachteten Entwicklung von Zielen und definitorischen Konkretisierung und Abgrenzung dieser äußerst hilfreich, da die unterschiedlichen Ziele und (möglichen) Resultate eines Projekts im Programmbaum trennscharf und grafisch transparent unterschieden werden. *Ziele* sind nach Univation die „Gesamtheit schriftlich dargelegter Ziele für ein Programm, ggf. in Form eines Zielsystems auf unterschiedlichen Konkretionsstufen [...]" (Univation – Institut für Evaluation 2016d). Weiterhin unterscheiden lassen sich bei den *Resultaten* eines Projekts die *Outputs* (durch die Interventionen erzeugte Resultate, wie – zählbare – Leistungen oder Produkte, Teilnahme- und Nutzungsmengen, Zufriedenheit der Zielgruppenmitglieder mit den Interventionen); *Outcomes* (intendierte Resultate von Aktivitäten bzw. Interventionen des Programms bei Mitgliedern der Zielgruppe bzw. Vorteile für diese); *Impacts* (resultierende Merkmale sozialer Systeme, insbesondere von Organisationen wie Unternehmen, sozialen Dienstleistern, Schulen ..., von Sozialräumen wie Nachbarschaften, Kommunen, Regionen ... oder eines Netzwerks im Politikfeld wie Weiterbildungssystem eines Bundeslands ...) sowie die *nicht-intendierten Resultate* (Resultate, die im Konzept nicht als zu erzielend vorgesehen sind), die sowohl bei Mitgliedern der Zielgruppe als auch bei anderen Personen, im Kontext oder in der Programmstruktur auftreten können – sie sind zu Programmbeginn nicht voraussehbar und können erst nachträglich als positiv oder negativ bewertet werden (Univation – Institut für Evaluation 2016d).

Von Bedeutung – auch in Bezug auf die folgenden Ausführungen und Praxisschritte – ist der Hinweis, dass *Aktivitäten* nicht mit den Zielen eines Programms verwechselt werden dürfen: Aktivitäten werden durchgeführt, um Programmziele zu erreichen, diese sind „[...] direkt auf Ziele gerichtete Interventionen, Hilfsaktivitäten sowie Zielgruppenaktivitäten" (Univation – Institut für Evaluation 2016d).

Wichtig ist nun – und das macht den Schritt 2 so essenziell und in manchen Fällen auch herausfordernd –, dass die Ziele eines Programms oder Projekts unterschiedlich transparent und konkret zu Evaluationsbeginn vorliegen: „Vielfach sind Ziele implizit, sie sind dann weder ausgesprochen noch niedergeschrieben, und werden stillschweigend unterstellt. In der Evaluation ist es hingegen wünschenswert, dass für die Evaluationsgegenstände Ziele expliziert, d.h. schriftlich festgelegt sind" (Univation – Institut für Evaluation 2016c).

## PRAKTISCHE DURCHFÜHRUNG: WIE WERDEN DIE ZIELE ENTWICKELT UND AUSGEWÄHLT?

Generell sind zwei Varianten denkbar, mit denen Sie im Zusammenhang mit der Bearbeitung von Schritt 2 als Durchführende einer Evaluation konfrontiert werden können:

**Variante 1: Die Ziele des zu evaluierenden Projekts sind nicht (oder nur implizit) vorhanden.** Dies ist ein häufiger Fall im Rahmen von Evaluationsprozessen: Die Ziele des zu evaluierenden Projekts wurden von den Projektverantwortlichen nicht klar definiert und sind ggf. nur implizit oder intransparent in vorhandenen Projektkonzepten oder Programmbeschreibungen integriert. Anzunehmen ist hier, dass die Programm- oder Projektverantwortlichen sich zwar durchaus Gedanken gemacht haben, welche Ziele durch eine Maßnahme erreicht werden sollen (z.B. mit Blick auf die Zielgruppe), aber es fehlt die konkrete Formulierung: Die Ziele wurden nirgends niedergeschrieben.[3]

---

3   Wird eine formative Evaluation durchgeführt, kann es durchaus sein, dass die Maßnahmenziele zeitgleich mit dem Evaluationsstart entwickelt werden. Bei Wirkungsevaluationen allerdings – wenn die Maßnahme, die evaluiert werden soll, schon im sozialen Feld installiert ist – erscheint es fragwürdig, wenn Ziele im Rahmen einer Evaluation erst (neu) und rückwirkend entwickelt werden, da hier das Risiko besteht, dass die Verantwortlichen die Ziele den Realitäten anzupassen versuchen.

**Variante 2: Die Ziele des zu evaluierenden Projekts sind vorhanden.** Idealerweise sind die Ziele einer Maßnahme oder eines Programms beim Start einer Evaluation schon vorhanden (vor allem bei Wirkungsevaluationen, summativen Evaluationen); Ziele sollten bereits formuliert werden, wenn eine Maßnahme, ein Programm oder ein Projekt entwickelt und in einem Bereich der Sozialwirtschaft installiert werden. Idealerweise lassen sich Ziele in einem Maßnahmen- oder Programmkonzept schriftlich niedergelegt finden und müssen ggf. mit Blick auf die anstehende Evaluation noch konkretisiert werden sowie eine Auswahl der (ggf. zahlreichen) Ziele für die Evaluation getroffen werden. Ziele sind in einigen Fällen auch schon durch gesetzliche Bestimmungen oder durch Verordnungsinhalte formuliert und somit festgelegt, diese können in Konsequenz als Grundlage für die Evaluation dienen bzw. so eine Auswahl bestimmter Ziele vorgenommen werden.

**Beispiel für Variante 2:** Die durch das Deutsche Institut für Sozialwirtschaft durchgeführte Evaluation der Kontaktverbotsordnung in St. Georg und die der Evaluation zugrundeliegenden (ausgewählten) Ziele, die in der Kontaktverbotsverordnung bereits formuliert sind: „Die Kontaktverbotsverordnung bezweckt – ähnlich wie die Einrichtung von Sperrgebieten – die Eindämmung der negativen Auswirkungen der Straßenprostitution, insbesondere den Schutz Unbeteiligter vor aufdringlichem Ansprechen und Belästigungen, die Reduzierung des Lärms für die Anwohner des Stadtteils, den Schutz von Kindern und Jugendlichen vor Beobachtung oder direkter Konfrontation mit Prostitution, aber auch die Reduzierung von Straftaten […] im Zusammenhang mit der Prostitution […]" (Drs. 20/4605, S. 3). Weitere Ziele der KontaktverbotsVO sind laut der Leistungsbeschreibung ÖA 001/2018/AI2 „die Verhinderung von Gefahren für die Gesundheit, die Ehre, die sexuelle Selbstbestimmung und die Jugend" (Deutsches Institut für Sozialwirtschaft 2019).

> **WICHTIG:** In beiden Varianten ist ein intensiver Austausch zwischen Evaluierenden und Projektverantwortlichen hinsichtlich der Konkretisierung, Feinabstimmung und Auswahl der Ziele, die Grundlage für die Evaluation sein sollen, notwendig!

**Vorgehen:**
„Projektziele […] sollten realistisch und möglichst konkret formuliert sein, so dass es möglich wird, zu überprüfen, ob sie erreicht wurden" (Bundesamt für Gesundheit 1997, S. 21–22). „Um die Zielerreichung bewerten zu können […], ist es notwendig, die Projektziele schriftlich zu sammeln und hierarchisch zu ordnen. Die hierarchische Ordnung ist deshalb nötig, da sich bei Projektzielen zumeist überge-

ordnete Ziele und Teilziele unterscheiden lassen. Nur wenn klar ist, was eigentlich erreicht werden sollte, kann später evaluiert werden, ob und in welchem Umfang diese Ziele erreicht wurden" (Systemblick 2020).

Als Konkretionsstufen von Programmzielen werden Leitziele, Mittlerziele, und Detailziele (auch Praxis- oder Handlungsziele) unterschieden, die zusammengefügt und aufeinander abgestimmt ein Zielsystem bilden (Systemblick 2020). Es muss also auch darauf geachtet werden, dass es verschiedene Hierarchien im Zusammenhang mit den Zielen eines Projekts gibt. Wichtig ist hier vor allem die Unterscheidung zwischen einem sog. Hauptziel (Leitziel oder auch Gesamtziel) – ein allgemeines, generelles Ziel, das durch das Projekt erreicht werden soll, und den sog. Praxiszielen, Handlungszielen, Projektzielen – die Ziele, die direkt und spezifisch durch die Bestandteile des Projekts erreicht werden sollen. Die Projektziele sind also kleinteiliger und sollen vornehmlich durch die Evaluation geprüft werden. Die Projektziele sind stets dem Gesamtziel untergeordnet.

**Beispiel:** Das Bundesamt für Gesundheit (1997, S. 21–22) gibt hinsichtlich der Unterscheidung der beiden Zielarten folgendes Beispiel: „Das Projekt ‚Spritzenabgabe in der Strafanstalt' dient dem Gesamt- oder Oberziel (‚aim') der HIV-Prävention bei DrogenkonsumentInnen. Andererseits sind mit ‚Ziel(en)' (‚objective') die projektspezifischen, mit diesem bestimmten Projekt verfolgten Partikularziele gemeint. Beispiel: Das Projekt ‚Spritzenabgabe in der Strafanstalt' dient auch dem Ziel, die Machbarkeit von Spritzenabgabe im Gefängnis abzuklären."

Relevant für die Bearbeitung von Schritt 2 sind die gerade genannten kleinteiligen Projektziele.

Diesen Prozess der Zieleentwicklung – die Konkretisierung und realistische Formulierung sowie auch die Eingrenzung der Ziele und deren Hierarchisierung – sollten Sie unbedingt in eng verzahntem Austausch mit den Projektverantwortlichen gemeinsam bearbeiten, auch um sicherzustellen, dass keine Missverständnisse entstehen. Dabei ist es wichtig, dass sowohl Sie als Evaluierende als auch die Projektverantwortlichen sich der eigenen Rolle bewusst sind und die damit verbundenen Aufgaben wahrnehmen:

- Die Verantwortlichen müssen sich über die Ziele ihrer Maßnahme bewusst sein (oder werden) bzw. im Team diskutieren und festsetzen, welche Ziele am relevantesten für die Evaluation sind.
- Sie als Evaluierende sind nicht für die Zielinhalte verantwortlich, sondern unterstützen zentral und in methodischer Hinsicht bei der Formulierung und Konkretisierung der Ziele.

# Entwicklung der Ziele (Schritt 2)

Das bedeutet für die Variante 1: Sind keine Ziele als (schriftliche) Grundlage vorhanden, so müssen in einem ersten Schritt die Verantwortlichen die Ziele des Programms bzw. der Maßnahme schriftlich niederlegen. Hierbei kommt es noch nicht so sehr auf die genaue Formulierung der Ziele an, sondern darauf, welche Inhalte die Ziele haben, welche Ziele der Maßnahme zugrunde liegen. Gerade bei externen Evaluationen muss dieser Schritt unbedingt unabhängig von den Evaluierenden stattfinden.

Für das weitere Vorgehen (für Variante 2 und für den gerade beschriebenen nachfolgenden Schritt bei Variante 1) im Rahmen eines gemeinsamen Austauschs zwischen Verantwortlichen und Evaluierenden in einem moderierten Prozess stehen drei Aufgaben im Fokus:

- Die Begutachtung, Diskussion der von den Verantwortlichen erstellten Ziele, v. a. mit Blick auf Sinnhaftigkeit, vorhandene Ressourcen und Realisierbarkeit der Überprüfung.
- Die Hierarchisierung der vorhandenen Ziele.
- Die konkrete Formulierung und Eingrenzung der ausgewählten Ziele.

Zentrale Fragen, die Sie in diesem Zusammenhang gemeinsam bearbeiten sollten:

- Welche Ziele hat die Maßnahme, das Projekt?
- Welche Aspekte müssen notwendig in den Zielformulierungen enthalten sein?
- Decken sich die ausgewählten Ziele mit den zur Verfügung stehenden Ressourcen?
- Decken sich die ausgewählten Ziele mit den zentralen Anliegen und Erwartungen aller Beteiligten an die Evaluation?
- Gibt es Zielkonflikte?
- Kann eine Hierarchie der Ziele ausgemacht werden? Wenn nicht, welche sinnvolle Hierarchisierung kann vorgenommen werden?

Achten Sie bei der Formulierung der einzelnen Ziele darauf, dass diese SMART vorgenommen wird, was im Einzelnen bedeutet:

- **Spezifisch:** Ein Bezug zur konkreten Situation ist hergestellt.
- **Messbar:** Eine Überprüfung, ob das Ziel erreicht wird, ist möglich.
- **Anspruchsvoll/aufbauend:** Die Stärken der Zielgruppe werden weiterentwickelt.
- **Realistisch:** Die Ziele sind erreichbar.
- **Terminiert:** Zeitpunkt(e) der Zielerreichung ist/sind genannt (Bundesministerium für Ernährung und Landwirtschaft 2017, S. 15).

Im Rahmen der Formulierung der Ziele müssen auch die Gruppen, die mit dem Projekt bzw. der Maßnahme erreicht werden soll(t)en, definiert und die Zielgruppenkriterien möglichst genau beschrieben werden, z. B. Alter, Geschlecht. Auch müssen ggf. verschiedene, unterschiedliche Zielgruppen der Maßnahme (und damit ggf. verbundene unterschiedliche Ziele) voneinander abgegrenzt werden.

**FALLBEISPIEL**

Sie erinnern sich, der Evaluationsgegenstand in unserem Fallbeispiel ist das Konzept ‚Betreuungsweisung Zwei': Es soll die mit dem Konzept einhergehende bedarfsgerechte Verbesserung der Betreuung von jungen Menschen, die durch Straffälligkeit auffallen, überprüft werden. Als zentraler Gegenstand wurde der Zeitfaktor definiert: Überprüft werden sollen die Auswirkungen eines vermehrten Zeitaufwands im Rahmen der Pilotmaßnahme ‚Betreuungsweisung Zwei'.

Bezüglich der Ziele liegt in unserem Fallbeispiel die Variante 1 vor: die Verantwortlichen (der freie Träger) haben ein Konzept zur ‚Betreuungsweisung Zwei' erstellt, in dem Ziele des Pilotprojekts bereits ausformuliert sind.

Nehmen wir an, dass folgende Ziele in dem Konzept ‚Betreuungsweisung Zwei' gelistet sind:

- Straffreiheit
- Soziale Integration
- Förderung von Alltagskompetenzen
- Schulische und berufliche Integration
- Entwicklung neuer Formen der Konfliktlösung
- Loslösung von einem problematischen Umfeld
- Erhalt und Entwicklung wichtiger Bezüge innerhalb der Familie
- Entwicklung von Zukunftsperspektiven
- Mobilisierung eigener Ressourcen
- Verbesserung der Kommunikationsstrukturen

Nach Durchsicht der Liste der Ziele im Konzept wird für das Evaluationsteam ersichtlich, dass es sich um eine große Anzahl von (Programm-)Zielen handelt – durchaus typisch im Rahmen von Evaluationen in der Sozialwirtschaft. Aufgrund der Komplexität der Themenfelder und auch Zielgruppen besteht oft eine (un-)überschaubare Menge an Zielen. Hinzu kommt, dass die Ziele meist nicht hierarchisch gegliedert sind und in Teilen sehr allgemein formuliert sind.

Folgende drei Arbeitsschritte empfehlen sich im Rahmen des Prozesses der Entwicklung und Auswahl von Zielen für die Evaluation anhand des Fallbeispiels:

# Entwicklung der Ziele (Schritt 2)

**1. Primäre Überarbeitung der Ziele:** Bei einem gemeinsamen Treffen zwischen Verantwortlichen und Evaluationsteam können einige der Ziele auf der Liste aufgrund von zeitlichen, methodischen, finanziellen Ressourcen vorab gestrichen werden. So sind z. B. das Ziel der Straffreiheit und die Ziele mit Blick auf Integration der jugendlichen Straftäter*innen methodisch nur im Rahmen einer langfristigen Untersuchung bzw. Längsschnittstudie zu untersuchen. Auch kann bei diesem Treffen eine erste Hierarchisierung vorgenommen werden und die Ziele werden unterschiedlichen Ebenen zugeordnet (z. B. ‚Straffreiheit' als allgemeines Ziel – die Entwicklung von Wahrnehmungs- und Ausdrucksfähigkeit als mögliches Projektziel).

**2. Interne Formulierung und Auswahl von Zielen durch die Verantwortlichen:** Die so entstandene Liste ist die Basis für eine weitere Eingrenzung durch die Projektverantwortlichen im Rahmen einer internen Teamsitzung. Die Liste wird genau gesichtet und es wird sich auf eine Auswahl und/oder Formulierung an Zielen geeinigt, die das Team sich als sinnhaft und wichtig für eine Evaluation vorstellen kann.

**3. Zieleworkshop:** In einem darauffolgenden Treffen zwischen Verantwortlichen und Evaluationsteam (unter Moderation einer der Evaluierenden) werden dann mithilfe von Flip-Charts die Liste der bis dahin von den Verantwortlichen ausgewählten Ziele diskutiert (anhand der vorabformulierten Fragen, siehe oben) und es wird für jedes Ziel abgewogen:

- **Machbarkeit** – Sind die Ziele „realistisch"? Können diese (theoretisch) in der Praxis erreicht werden?
- **Konkretisierung** – Was bedeuten die jeweiligen Begrifflichkeiten in den Formulierungen? Müssen diese noch konkreter gefasst werden, sind zu viele Teilaspekte in einer Zielformulierung vorhanden?
- **Anzahl** – Wie viele Ziele sind im Rahmen der Evaluation, den dafür vorgesehenen finanziellen Ressourcen und dem geplanten Zeitraum realistisch überprüfbar?

Im Rahmen dieses Zieleworkshops sowie einem intensiven Austausch und dem Abwägen, welche Ziele für die Praxis relevant und bedeutsam sind, um einen „Erfolg" der Maßnahme einschätzen zu können, einigen sich Evaluationsteam und Verantwortliche darauf, dass im Fokus die Beziehung zwischen Klient*innen und Sozialpädagog*innen stehen muss und es vor allem um kleinteilige, praktische Ziele im Betreuungsalltag gehen soll, deren Erfüllung die Basis für die in der Hierarchie darüberstehenden Ziele ist.

In Konsequenz werden zwei weitere (in einer dritten Unterebene befindliche) Ziele entwickelt, die Voraussetzung für die Projektziele und darauffolgende Allgemeinziele sind und ein Ziel aus der vorhandenen Zieleliste (in konkretisierter Form) übernommen. Es wird beschlossen, diese drei Ziele des Projekts anhand der Evaluation zu überprüfen:

1) Es findet ein Beziehungsaufbau zwischen Klient*in und Betreuer*in statt.
2) Es werden Zukunftsperspektiven entwickelt.
3) Familiäre Interaktions- und Kommunikationsstrukturen werden überprüft und geändert.

Zielgruppenfestlegung:
- Jugendliche Straftäter*innen, die vom freien Träger der Jugendhilfe betreut werden. Als gesetzliche Grundlage für die Festlegung der Zielgruppe dient in unserem Fallbeispiel das JGG, § 1 (2), im Fokus stehen also Jugendliche (Mädchen und Jungen), die zur Tatzeit 14, aber noch nicht 18 Jahre sowie Heranwachsende, die zur Zeit der Tat 18, aber noch nicht 21 Jahre alt sind/waren.
- Mitarbeiter*innen des freien Trägers der Jugendhilfe (Sozialpädagog*innen und Psycholog*innen), die die jugendlichen Straftäter*innen betreuen.

Nachdem die Verantwortlichen und das Evaluationsteam hierzu einen Konsens erzielt haben, werden diese drei Ziele final im Evaluationskonzept schriftlich fixiert und sind somit Grundlage für den nachfolgenden Schritt 3 im Evaluationsprozess.

## EMPFEHLUNGEN FÜR DIE PRAXIS DER SOZIALWIRTSCHAFT

- Planen Sie Zeit ein für die Festlegung der Ziele, denn es kann durchaus mehrere Austauschrunden (Workshops) und Termine mit den Verantwortlichen benötigen, um final die zu evaluierenden Ziele der Maßnahme festzusetzen.
- Formulieren Sie die Ziele (und auch die Zielgruppen) so konkret wie möglich, nur dann lässt sich eine fundierte Evaluation durchführen und Sie erhalten praxisbezogene Ergebnisse.
- Vorsicht bei der Formulierung: Formulieren Sie Ziele und keine Aktivitäten. Formulieren Sie nicht einen Evaluationszweck oder den Evaluationsgegenstand.
- Berücksichtigung der Rahmendbedingungen: Anzahl und Inhalte der Ziele sind auch mit den vorhandenen zeitlichen, finanziellen, personellen Ressourcen in Zusammenhang zu sehen. Machen Sie nicht zu viel!

- Praktische Herausforderungen: Achten Sie auf das Einhalten der jeweiligen Rollen: Sie als Durchführende der Evaluation müssen den Prozess der Zieleauswahl und -entwicklung anleiten – sowohl in methodischer Hinsicht als auch mit Blick auf die Prozessmoderation. Die Verantwortlichen sind in diesem Zusammenhang die ‚inhaltlichen' Expert*innen, denn sie haben die Projektinhalte erarbeitet und müssen die damit verbundenen Ziele kennen; Ziel der Zieleentwicklung ist, dass alle Beteiligten mit den Zielen einverstanden sind.
- Es ist hilfreich, wenn Sie theoretisch „durchspielen", welche Ergebnisse bei der Überprüfung der Ziele entstehen könnten und auch welche Methoden sinnvoll im Rahmen der Evaluation der Ziele eingesetzt werden könnten (Vorgriff auf Schritt 4).

## 2.3 Entwicklung der Bewertungskriterien und Indikatoren (Schritt 3)

**Abbildung 2.4** Schritte im Evaluationsprozess – Schritt 3 (Quelle: Eigene Darstellung)

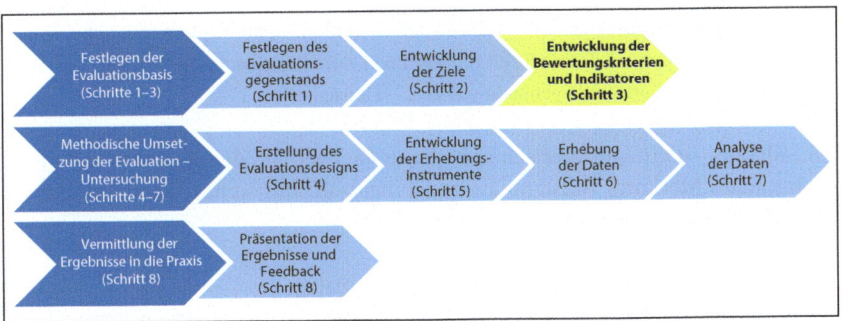

Mit der Entwicklung der Ziele ist ein zentraler Schritt im Evaluationsprozess getan. Allerdings wäre es fatal, nun mit einer Untersuchung und z. B. eine Befragung zu starten, um zu prüfen, ob diese Ziele des Projekts erfüllt wurden oder nicht. Aber warum ist das nicht ausreichend? Um fundierte Ergebnisse für eine Bewertung des Evaluationsgegenstands zu erhalten, die (zumindest in weiten Teilen) tatsächlich auf die Erreichung der Ziele zurückgeführt werden können, fehlt noch ein wichtiger Zwischenschritt: Es müssen für die ausgewählten Ziele sogenannte Bewertungskriterien (und damit verbundene Indikatoren) entwickelt werden, denn nur mithilfe von (sinnvollen) Kriterien kann genau überprüft werden, ob der

Evaluationsgegenstand (▶ Kap. 2.1) und die in diesem Zusammenhang entwickelten Ziele einer Maßnahme erreicht wurden.

Verkürzt gesagt heißt dies: Die Ziele aus Schritt 2 müssen in verschiedene Bereiche ‚zerlegt' werden, anhand derer sich die Ziele dezidiert entschlüsseln lassen – und anhand derer (durch die Indikatoren) *empirisch* überprüft werden kann, ob das Ziel erreicht wurde. Diese Bereiche oder Merkmale sind also die Bewertungskriterien und Indikatoren.

Geschieht dies nicht, dann kann man sich vorstellen, dass die Evaluationsergebnisse ein großes Risiko der Beliebigkeit in sich tragen, man könnte dann am Ende nicht konkret erfassen, was man anhand der Evaluation überprüft hat.

**DEFINITION: WAS SIND BEWERTUNGSKRITERIEN UND INDIKATOREN?**

Im *Online-Wörterbuch Evaluation* wird „Kriterium" folgendermaßen definiert:

> „Merkmal eines Evaluationsgegenstands, an dem sich seine Güte oder sein Nutzen zeigt und auf dem seine Bewertung beruht. Da in der Regel nicht die Gesamtheit eines Gegenstands beurteilt werden kann, müssen Evaluationen normativ einzelne Merkmale als Bewertungsgrundlage auswählen. Kriterien sind oft nicht direkt empirisch zugänglich, so dass sie durch Indikatoren repräsentiert werden müssen, die im Zuge der Operationalisierung erfassbar gemacht werden." (Hense 2020a)

Ein Indikator ist ein „[e]mpirisch erfassbarer Sachverhalt, der ein empirisch nicht zugängliches Merkmal vollständig oder gemeinsam mit weiteren Indikatoren repräsentiert" (Hense 2020a).

Diese Definition veranschaulicht zentral den Schritt 3:

In Schritt 3 geht es um die *Operationalisierung*: vereinfacht ausgedrückt bedeutet dies die „Übersetzung" theoretischer Begrifflichkeiten in empirisch messbare Aspekte – der vorab entwickelten Ziele des Projekts. Für die ausgewählten Ziele müssen *Bewertungskriterien* entwickelt werden und damit eine empirische Überprüfung methodisch gewährleistet werden kann, müssen für die Kriterien wiederum *Indikatoren* entwickelt werden.

In diesem Zusammenhang ist wichtig: In der Evaluationsliteratur werden zum Teil unterschiedliche Begrifflichkeiten für ‚Bewertungskriterien' und ‚Indikatoren' verwendet, z.B. sprechen Balzer und Beywl (2018, S. 81) zum einen von Kriteriumsdimensionen: „[...] eher allgemein formuliert und bezeichnen Gruppen oder Felder von Merkmalen, die eine grobe Orientierung geben für die Bewertung von Evaluationsgegenständen". Dies entspricht in etwa dem hier gebrauchten

Begriff der ‚Bewertungskriterien'. Analog zu den ‚Indikatoren' verwenden Balzer und Beywl (2018) den Begriff der ‚operationalisierten Kriterien', die „[...] konkrete Bearbeitungshinweise [...] dazu (geben), wie solche wünschenswerten (oder zu vermeidenden) Eigenschaften eines Evaluationsgegenstands empirisch feststellbar gemacht werden können". In eher quantitativ ausgerichteten Evaluationsvorgehen wird auch in einigen Fällen von der Festlegung der abhängigen Variablen gesprochen (Döring und Bortz 2016, S. 116): „Mit der Operationalisierung der abhängigen Variablen legen wir fest, wie die Wirkung der Maßnahme erfasst werden soll [...]. Eine gelungene Operationalisierung setzt eine sorgfältige Explikation der Ziele voraus, die mit der Maßnahme angestrebt werden" (Döring und Bortz 2016, S. 117).

Zusammenfassend wird die Grundidee und das Vorgehen von Schritt 3 verständlich von Arnold (2005, S. 16) beschrieben: „Die Festlegung oder Vereinbarung von Bewertungsmaßstäben im Rahmen einer Evaluation wird häufig unter der Überschrift ‚Kriterien und Indikatoren' thematisiert, wobei als ‚Kriterien' meist die Festlegung der Bereiche verstanden wird, die zur Bewertung herangezogen werden, während ‚Indikatoren' (deutsch: ‚Anzeiger') die festgelegten Kriterien so weit konkretisieren, dass genau angegeben werden kann, auf Grund welcher Beobachtungen welches Urteil gefällt werden wird."

> **Wie unterscheiden sich Bewertungskriterien und Indikatoren?**
> **Bewertungskriterien** sind einzelne Bestandteile/Bereiche/Merkmale der Ziele, anhand derer der ‚Erfolg' oder ‚Misserfolg' der Ziele überprüft werden soll.
>
> **Indikatoren** sind die direkt beobachtbaren Ausprägungen der Bewertungskriterien, die es empirische Überprüfung ermöglichen, ob und inwieweit die Kriterien und Ziele erreicht wurden.

## PRAKTISCHE DURCHFÜHRUNG: WIE WERDEN DIE BEWERTUNGSKRITERIEN FESTGELEGT?

Grundlegend für die nachfolgenden Ausführungen ist wiederum (wie in Schritt 2), dass der Prozess der Entwicklung der Bewertungskriterien und Indikatoren in engem Austausch mit den Projektverantwortlichen stattfinden muss. Auch hier ist es wichtig – wie in Schritt 2 –, dass die jeweiligen Rollen der Beteiligten klar sind und transparent gemacht werden. Es ist möglich, dass Schritt 3 parallel in Verbindung mit Schritt 2 stattfindet und zum Beispiel innerhalb eines Workshops mit allen Beteiligten durchgegangen wird.

Es sollte unbedingt darauf geachtet werden, dass die Entwicklung der Bewertungskriterien und Indikatoren *vor* der Evaluationsdurchführung stattfindet. Es wäre sowohl aus methodischer und wissenschaftlicher Sicht als auch hinsichtlich der Bewertung der Evaluationsergebnisse fatal, wenn die Kriterien erst im Nachhinein rekonstruiert würden, denn dann „[…] wird im Falle einer negativen Einschätzung häufig der Vorwurf laut, im Nachhinein unerreichbare Maßstäbe gesetzt zu haben. Fällt die Bewertung positiv aus, so wird Skepsis geäußert, ob das Projekt oder die Institution ‚schön geredet' werden soll" (Arnold 2005, S. 15). Werden die Kriterien vorab nicht definiert, kann die Evaluation eigentlich nur ganz allgemeine Ergebnisse mit Blick auf den Evaluationsgegenstand hervorbringen.

> **WICHTIG:** In der Praxis wird die Entwicklung von Kriterien und Indikatoren oft „vermischt", d.h., es werden in einem Schritt Kriterien entwickelt, die Indikatoren beinhalten/sind. Für Leser*innen, die zum ersten Mal eine Evaluation durchführen, ist es jedoch ratsam, dass die Entwicklung der Bewertungskriterien und Indikatoren getrennt durchgeführt wird, um so tatsächlich zu einem belastbaren Ergebnis zu gelangen.

### 1. Entwicklung der Bewertungskriterien

Im Zentrum von Schritt 3 steht die Operationalisierung. Hierzu müssen in einem ersten Schritt Bewertungskriterien für die entwickelten Ziele ermittelt werden. Es müssen also die einzelnen Ziele (eines nach dem anderen) genau betrachtet werden und Merkmale und Inhalte dieser Ziele definiert werden, die zentrale Aspekte des Ziels charakterisieren, die für eine Überprüfung als bestmöglich erachtet werden.

Wie ist dabei das praktische Vorgehen? Wie kommen Sie zu den Bewertungskriterien?

Entwickeln Sie nicht vorschnell und spontan Kriterien, weil diese oberflächlich naheliegen. Zentral bei Schritt 3 ist: „Keinesfalls dürfen Bewertungskriterien ad hoc, rein intuitiv, methodisch unkontrolliert oder nicht nachvollziehbar festgelegt werden" (Balzer und Beywl 2016, S. 2).

Es ist unbedingt empfehlenswert, sich innerhalb dieses Prozesses mit den Verantwortlichen und weiteren involvierten Akteur*innen eng auszutauschen bzw. deren Expertise anzunehmen. Des Weiteren empfiehlt es sich, Literatur zum Thema zu sichten und nach einzelnen detaillierten Inhalten und Bestandteilen der Ziele zu recherchieren. Dies kann das betreffende Projektkonzept sein oder auch Fachliteratur zum Themenbereich, innerhalb dessen das Projekt angelegt ist (siehe auch Empfehlungen für generische Quellen für Kriterien bei Balzer und Beywl 2018, S. 82).

# Entwicklung der Bewertungskriterien und Indikatoren (Schritt 3)

> **WICHTIG:** Es müssen nicht sämtliche denkbare Bewertungskriterien (Merkmale eines Ziels) herangezogen werden, dies ist weder möglich noch notwendig für eine gelungene Evaluation. Welche Kriterien und wie viele Kriterien entwickelt bzw. ausgewählt werden, sollte wiederum in enger Abstimmung mit den Verantwortlichen und mit Blick auf die erwartbaren Ergebnisse und unter Berücksichtigung der zur Verfügung stehenden Ressourcen entschieden werden.

Nicht die Anzahl der Kriterien ist ausschlaggebend, sondern die „Passgenauigkeit" mit Blick auf die Überprüfbarkeit der Ziele. Das bedeutet: je spezifischer die Bewertungskriterien formuliert sind, desto konkreter können auch die Ergebnisse auf den Evaluationsgegenstand zurückgeführt werden.

## 2. Entwicklung der Indikatoren

Wenn die Kriterien für die einzelnen Ziele vorliegen, müssen nun – um die Kriterien in der Empirie erfassbar zu machen – Indikatoren entwickelt werden. Die zentrale Frage, die hier jeweils mit Blick auf das Kriterium beantwortet werden muss, ist: Wie oder woran kann (in der nachfolgenden Evaluationsuntersuchung) eruiert werden, ob das Kriterium erfüllt wurde oder nicht?

Die Indikatoren sind Grundlage für Schritt 4 – für die Entwicklung spezifischer Fragen in (qualitativen oder quantitativen) Erhebungsinstrumenten. Entwickeln Sie jeweils mehrere Indikatoren für ein Bewertungskriterium.

> **WICHTIG:** Die Entwicklung der Indikatoren wird in der Praxis meist in direkter Verbindung mit der Entwicklung der Kriterien durchgeführt – die beiden Arbeitsschritte sind hier zur besseren Verständlichkeit getrennt.

**Unterscheidung hinsichtlich der Entwicklung von Indikatoren bei qualitativ und quantitativ angelegten Evaluationen:** Tatsächlich unterscheidet sich die Art der Indikatoren je nach qualitativem oder quantitativem Evaluationsdesign (▶ Kap. 2.4). So werden quantitative Indikatoren klassischerweise in methodischer Hinsicht mehr auf Zahlen oder Mengen ausgerichtet sein – qualitative Indikatoren hingegen richten sich mehr auf die subjektiven Wahrnehmungen und Sichtweisen, die im Zusammenhang mit den entwickelten Zielen eines Projekts ersichtlich werden können/sollen.

**Zusammenfassende Hinweise für die Durchführung von Schritt 3:**
- Die in Schritt 2 entwickelten Ziele sind Basis für diesen Arbeitsschritt.
- Entwickeln Sie die Bewertungskriterien und Indikatoren in engem Austausch mit den Projektverantwortlichen.
- Versuchen Sie, für jedes einzelne Ziel passgenaue Bewertungskriterien zu entwickeln, die die zu überprüfenden Inhalte des jeweiligen Ziels repräsentieren.
- Agieren Sie nicht spontan und vorschnell, sondern integrieren Sie Fachliteratur, die Expertise von Expert*innen und Akteur*innen in den Prozess der Entwicklung der Kriterien.
- In einem nächsten Schritt (oder parallel) versuchen Sie, für jedes Bewertungskriterium empirisch überprüfbare Ausprägungen zu ermitteln. Sie können hier bereits schon ‚mitdenken', inwiefern das Kriterium z. B. in einem Fragebogen oder Interview im Rahmen einer Frage integriert werden könnte.

Komplizierter ist der Nachweis, dass der Erfolg tatsächlich auf das Projekt zurückgeführt werden kann und nicht auf andere Faktoren (Haubrich et al. 2005, S. 3). Um diesem Umstand Rechnung zu tragen, werden oft Kontrollgruppen in das Evaluationsdesign aufgenommen (Arnold 2005, S. 35; Gollwitzer und Jäger 2009, S. 168 ff.).

**FALLBEISPIEL**

Das Evaluationsteam erarbeitet zusammen mit den Projektverantwortlichen und einem Teil der Sozialpädagog*innen, die im Rahmen der Pilotmaßnahme ‚Betreuungsweisung Zwei' Klient*innen betreuen, für jedes Ziel passende Bewertungskriterien.

**Zentrale Aspekte des Vorgehens: Wie entstehen Bewertungskriterien und Indikatoren?**
- Die Expert*innen (in diesem Fall die Sozialpädagog*innen und die Projektverantwortlichen, die in enger Zusammenarbeit mit den Mitarbeiter*innen des Trägers das Projektkonzept entwickelt haben) setzen die *inhaltlichen Schwerpunkte,* denn sie können benennen, welche Aspekte jeweils bedeutsam sind mit Blick auf die einzelnen Komponenten des jeweiligen Ziels von ‚Betreuungsweisung Zwei'.
- Zusätzlich zur Expertise der Expert*innen wird relevante Fachliteratur herangezogen (in diesem Fall das Projektkonzept), das JGG sowie weitere (pädagogische, psychologische) Ausführungen von Betreuung; auch theoretische Ansätze hinsichtlich psychologischer Komponenten wie Motivation werden als Basis herangezogen.

# Entwicklung der Bewertungskriterien und Indikatoren (Schritt 3)

- Es wird eine Liste mit möglichen passenden Kriterien erstellt. Der Prozess hierbei erfolgt im Sinne eines klassischen Brainstormings. Hierbei steht zunächst die Feinformulierung der Kriterien noch nicht im Vordergrund, der Fokus liegt darauf, dass die zentralen Merkmale und Bereiche der Ziele ‚abgedeckt' werden. Hilfreiche Fragestellungen in diesem Fall sind (Beispiel Ziel 1):
  - Wie lässt sich ein erfolgreicher Beziehungsaufbau zwischen Sozialpädagog*in und Klient*in *definieren*?
  - Woran lässt sich innerhalb des Betreuungsalltags (zusätzlich) *erkennen*, dass der Beziehungsaufbau zwischen Sozialpädagog*in und Klient*in erfolgreich verläuft?
- Das Evaluationsteam begleitet den Prozess der Kriterienentwicklung schwerpunktmäßig in methodischer Hinsicht und unterstützt auch bei der Begrenzung und Fokussierung der Kriterien.
- Nach und nach (durch Austausch und Diskussion) entsteht dann die finale Liste der Bewertungskriterien.

Nachfolgend (oder parallel) werden zu jedem Bewertungskriterium Indikatoren gebildet. Auch hier erfolgt ein ähnlicher Prozess analog des Prozesses zur Entwicklung der Indikatoren. Allerdings muss hier das Evaluationsteam fokussiert die methodische Umsetzung im Blick haben: je nach methodischer Ausrichtung (quantitativ, qualitativ, Methoden-Mix, siehe Schritt 4) gilt es, die Indikatoren bereits so zu gestalten, dass sie zu den gewählten Erhebungsinstrumenten passen.

Folgende Bewertungskriterien (und Indikatoren) könnten beispielhaft zu dem in Schritt 2 entwickelten Ziel 1 festgelegt werden:

Tabelle 2.1 Bewertungskriterien und Indikatoren (Quelle: Eigene Darstellung)

| Ziel 1: Es findet ein Beziehungsaufbau zwischen Klient*in und Fachkraft statt | |
|---|---|
| **Bewertungskriterien** | **Indikatoren** |
| Verlässlichkeit/Verbindlichkeit | • Betreuungstermine werden eingehalten<br>• Termine werden abgesagt |
| Vertrauen | • Öffnen gegenüber Betreuer*innen bei neuen Straftaten<br>• Öffnen gegenüber Betreuer*innen bei familiären Problemen |
| Gefühl der Unterstützung | • Erfahrung der Hilfestellung bei Ämtergängen<br>• Erfahrung der Hilfestellung bei Konflikten mit Familie<br>• Erfahrung der Hilfestellung bei schulischen Problemen |
| Reflexion/Perspektiven auf Beziehung zwischen Klient*in und Betreuer*in | • Art der Definition und Beschreibung der Beziehung |

**EMPFEHLUNGEN FÜR DIE PRAXIS DER SOZIALWIRTSCHAFT**

- Oft verschwimmt die Entwicklung der Bewertungskriterien und Indikatoren in der Praxis etwas. Versuchen Sie, die Bewertungskriterien und Indikatoren so genau wie möglich – und auch trennscharf – zu bestimmen.
- Für die Bestimmung benötigen Sie die Expertise der Akteur*innen des Programms, denn diese können aufgrund von Fachwissen und Erfahrung wertvolle Unterstützung bei der Entwicklung der Kriterien und Indikatoren leisten.
- Oft wird in der Praxis die Entwicklung der Bewertungskriterien und Indikatoren auch erst in Schritt 4 vorgenommen, später sollte der Schritt jedoch nicht erfolgen.

## 2.4 Erstellung des Evaluationsdesigns (Schritt 4)

Abbildung 2.5 Schritte im Evaluationsprozess – Schritt 4 (Quelle: Eigene Darstellung)

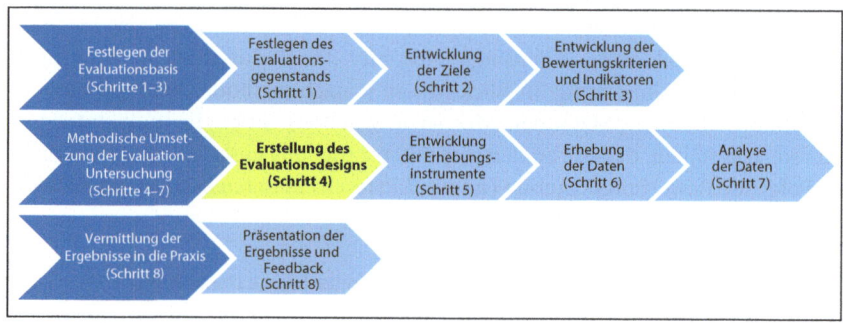

Nach Beendigung der Schritte 1, 2 und 3 ist die Grundlage für die Durchführung der Evaluation gelegt. Der Evaluationsgegenstand steht fest und sowohl die Ziele der Maßnahme, des zu evaluierenden Projekts als auch die relevanten, zu den Zielen gehörenden Bewertungskriterien (und Indikatoren) sind entwickelt. Nun geht es an die Konzeption der praktischen Durchführung der Evaluation. Es muss ein Plan erstellt werden, wie Sie in methodischer Hinsicht zu Ihren Ergebnissen gelangen können, um den Evaluationsgegenstand bewerten zu können.

Zentraler Fokus in Schritt 4 ist die Abklärung und Festlegung, mit welchen methodischen Verfahren die Evaluation sinnvoll bzw. wissenschaftlich abgesichert (und trotzdem pragmatisch, dem Gegenstand angemessen) durchgeführt werden kann. Diesen Bogen zu schließen, stellt in einigen Fällen eine Herausforderung dar: Wieviel pragmatisches Vorgehen ist möglich – und wie viel wissenschaftliche Fundiertheit ist notwendig? In ihrem Positionspapier „Methoden der Evaluation" plädiert die DeGEval – Gesellschaft für Evaluation (2014) für die Anwendung eines – so weit als möglich – breiten Methodenspektrums: „Ihre volle Leistungsfähigkeit wird die Evaluierung aber nur dann entfalten können, wenn sie in Abhängigkeit von ihrem konkreten Gegenstand und der konkreten Fragestellung ein kontextspezifisch gewähltes mehr oder weniger breites Spektrum von Methoden zum Einsatz bringt und kombiniert". Allerdings stehen diesem und dem damit einhergehenden wissenschaftlichen Anspruch (z. B. hinsichtlich der Erfüllung von Gütekriterien) in Evaluationen oft Rahmenbedingungen – z. B. in Form von personellen, zeitlichen und finanziellen Ressourcen entgegen: „Anders als die Grundlagenforschung muss die meist auftragsbasierte Evaluation klug ausbalancieren zwischen hohen methodischen Standards und einer ökonomisch vertretbaren, pragmatischen, häufig unter Zeitdruck stehenden methodischen Herangehensweise" (DeGEval – Gesellschaft für Evaluation 2015b).

Bei der Wahl der Methoden müssen Evaluierende zwischen der Erfüllung von wissenschaftlichen und pragmatischen Ansprüchen abwägen.

In Schritt 4 des Evaluationsprozesses (und auch in den nachfolgenden Schritten 5 und 6) rücken die klassischen Methoden der empirischen Sozialforschung ins Zentrum. Denn Sie erinnern sich (▶ Kap. 1.1): Evaluation ist keine eigenständige Forschungsmethode, sondern sie bedient sich der empirischen Sozialforschungsmethoden, um den Evaluationsgegenstand zu bewerten. In Konsequenz verlangen die Schritte 4, 5 und 6 einiges an methodischer Kompetenz, um wissenschaftlich-methodisch abgesichert zu Ergebnissen zu gelangen, die die mit der Evaluation verbundenen Fragen auch fundiert und zielgerichtet beantworten können.

**METHODISCHE KOMPTENZ NOTWENDIG!** Es ist wichtig, dass diejenigen, die die Evaluation durchführen, über ausreichend Kenntnisse hinsichtlich der unterschiedlichen empirischen Sozialforschungsmethoden besitzen, denn die Methoden müssen sowohl sinnvoll und adäquat mit Blick auf den Evaluationsgegenstand ausgewählt als auch im Anschluss in der Praxis angewendet werden (die Daten müssen erhoben und ausgewertet werden). Siehe hierzu auch die relevanten Evaluationsstandards (z. B. G7 in Kap. 1.4).

Sollten Sie über wenig Erfahrung und Wissen mit Blick auf die Anwendung von Forschungsmethoden verfügen, sollten Sie sich unbedingt mit methodischer Fachliteratur vertraut machen, eine methodische Fortbildung im Vorfeld der Evaluation besuchen oder externe Unterstützung in Anspruch nehmen, v. a. mit Blick auf die Entwicklung der Erhebungsinstrumente (Schritt 5), die Datenerhebung (Schritt 6) sowie die Datenauswertung (Schritt 7).

## DEFINITION: WAS IST DAS EVALUATIONSDESIGN?

Im Online-Wörterbuch von Hense (2020a) findet man zum Begriff „Evaluationsdesign":

> „Wann und wie von wem welche Daten erhoben und ausgewertet werden. Wird üblicherweise in der Planungsphase einer Evaluation vom Evaluationsteam als Teil des Evaluationskonzepts erstellt. Das Evaluationsdesign enthält Angaben dazu,
>
> - zu welchen Zeitpunkten Datenerhebungen stattfinden,
> - welche Art von Daten jeweils erhoben werden,
> - mit welchen Instrumenten diese Daten erhoben werden,
> - wo bzw. bei wem diese Daten erhoben werden.
>
> Das Evaluationsdesign wird gewöhnlich von Erkenntnisniveau und Fragestellungen der Evaluation sowie forschungsmethodologischen Überlegungen bestimmt. Seine Realisierung unterliegt meist stärker als bei der Grundlagenforschung Restriktionen in den Rahmenbedingungen." (Hense 2020a)

Im Wiki-Glossar der Evaluation wird beim Stichwort „Evaluationsdesign" auf den (oft parallel benutzten) Begriff des „Evaluationsplans" verwiesen, der folgendermaßen definiert wird:

> „Detaillierter, konsistenter und schriftlich festgehaltener Entwurf des beabsichtigten Vorgehens einer konkreten *Evaluation*. Er stellt den gewählten *Evaluationsansatz* dar, die vorzunehmenden Schritte und einzusetzenden *Evaluationsmethoden* (u. a. *Datenerhebungsplan*). Er benennt Zuständigkeiten, konkretisiert Verfahren der *Berichterstattung* sowie die beabsichtigte *Nutzung* der Evaluation. Die Planung richtet sich an dem vereinbarten *Evaluationszweck* und den *Evaluationsfragestellungen* aus." (Univation – Institut für Evaluation 2019)

Das Evaluationsdesign ist die Planung, in der detailliert festgehalten wird, mit welchen Erhebungsmethoden, welche Daten wann und wo erhoben werden und wie die Auswertung erfolgt, um den Evaluationsgegenstand (sowohl wissenschaftlich fundiert als auch den vorliegenden Rahmenbedingungen pragmatisch angepasst) untersuchen und bewerten zu können.

Im Zusammenhang mit der methodischen Planung erfolgt auch eine zeitliche und organisatorische Planung der Untersuchung.

Erstellung des Evaluationsdesigns (Schritt 4)

## PRAKTISCHE DURCHFÜHRUNG: WIE WIRD DAS EVALUATIONSDESIGN ERSTELLT?

Für die Erstellung des Evaluationsdesigns müssen mehrere Entscheidungen hinsichtlich der folgenden Bestandteile getroffen werden:

> **Zentrale Bestandteile des Evaluationsdesigns:**
> Methodischer Zugang
> Untersuchungsgruppe
> Auswahl und Rekrutierung der Untersuchungspersonen
> Erhebungsform(en)
> Untersuchungszeitraum
> Datenaufbereitung und Datenauswertung
> (Zeitliche Planung und Organisation)

### 1. Methodischer Zugang

Die erste grundlegende Entscheidung, die als Basis für die zentralen Elemente des Evaluationsdesigns gefällt werden muss, ist der methodische Zugang. Es muss festgelegt werden, ob die für die Bewertung des Evaluationsgegenstands notwendige Untersuchung anhand *quantitativer Methoden, qualitativer Methoden* oder anhand eines *Methoden-Mix* (die Kombination von quantitativen und qualitativen Methoden) erfolgt.

Quantitativ, qualitativ oder Methoden-Mix? Der methodische Zugang ist oft schon durch die Ausschreibungsinhalte (durch die Auftraggeber*innen) festgesetzt. Im Idealfall bestimmen der Evaluationsgegenstand und die damit einhergehenden Zielgruppen, Rahmenbedingungen den methodischen Zugang. Aber auch die Ressourcen spielen eine entscheidende Rolle, welcher methodische Zugang gewählt wird oder werden kann. Nicht zuletzt kann auch der Schwerpunkt der methodischen Kompetenz der Evaluierenden Einfluss auf die Entscheidung nehmen, ob qualitativ oder quantitativ vorgegangen wird.

Folgende zentrale Aspekte lassen sich zwischen den beiden Forschungsrichtungen (grob) unterscheiden:

**Tabelle 2.2**   Qualitative und quantitative Methoden (Quelle: Eigene Darstellung)

| Qualitative Methoden | Quantitative Methoden |
|---|---|
| • Erfassung von subjektiven Sinnstrukturen steht im Vordergrund<br>• Subjektive, individuelle Sichtweisen, Wahrnehmungen stehen im Vordergrund<br>• Eher kleine Anzahl von Befragten<br>• Erhebung durch Interviews, Gruppendiskussionen<br>• Auswertung anhand von Interpretation | • Erfassung von statistischen Zusammenhängen steht im Vordergrund<br>• Eher große Anzahl von Befragten<br>• Erhebung durch Fragebögen<br>• Statistische Auswertungen |

Ist der methodische Zugang gewählt, gibt es folgende zentrale Bestandteile des Evaluationsdesigns, die abgewogen, durchdacht und detailliert schriftlich fixiert werden müssen (diese können anhand von W-Fragen formuliert werden):

## 2. Untersuchungsgruppe

*Wer soll befragt werden? Welche Daten sind notwendig, um den Evaluationsgegenstand angemessen untersuchen zu können?*

Es muss festgelegt werden, welche Personengruppen zentral sind, um Antworten auf Fragestellungen, die mit der Zielerreichung des zu evaluierenden Projekts zu erhalten. Diese Personengruppen können unterschieden werden nach:

- **Zielgruppen des Projekts/Programms:** Personen, die *direkt* von dem Projekt bzw. Programm betroffen sind, z. B. Klient*innen einer sozialen Maßnahme, Jugendliche eines Pilotprojekts in einer Jugendeinrichtung oder Teilnehmer*innen einer Fortbildung im Altenpflegebereich.
- Personen, die im Zusammenhang mit dem Projekt bzw. Programm *in direkter Interaktion mit den Zielgruppen* stehen und die Inhalte des Programms in professioneller Hinsicht weitertragen (z. B. Fachkräfte von sozialen Einrichtungen, die im Rahmen des zu evaluierenden Programms mit den Klient*innen arbeiten, diese betreuen, begleiten oder beraten).
- Personen, die *indirekt* von dem Projekt betroffen sind (z. B. Angehörige von Klient*innen einer sozialen Maßnahme).
- Weitere in das Programm involvierte *Expert*innen*, Akteur*innen (z. B. die Projektverantwortlichen, Fachpersonen, die hinsichtlich der Inhalte des Programms kompetent sind oder auch Psycholog*innen, die bei Bedarf von den Mitarbeiter*innen einer Maßnahme konsultiert werden).

Bei der Wahl der jeweiligen Untersuchungsgruppe oder der Untersuchungsgruppen muss festgesetzt werden, welche Kriterien die Personen der Gruppe jeweils erfüllen sollen, z. B. im Zusammenhang mit Geschlecht, Alter, Teilnahmedauer an der Maßnahme etc.

Im Zusammenhang mit der Wahl der Untersuchungsgruppe kann es zusätzlich sinnvoll sein, Dokumente zu untersuchen, die bezüglich des Evaluationsgegenstands wichtige Informationen liefern. Dies könnten z. b. Gutachten, Gerichtsakten sowie zentrale Projektdokumente sein. Auch für die Dokumente muss genau festgelegt werden, welche Kriterien diese jeweils erfüllen sollen (Dokumentenart, Zeitraum etc.).

### 3. Auswahl und Rekrutierung der Untersuchungspersonen

*Wie erfolgt die Auswahl der Personen der Untersuchungsgruppe? Wie werden die Personen erreicht?*

Steht die Untersuchungsgruppe fest, muss geplant werden, *welche bzw. wie viele Personen* der Untersuchungsgruppe erreicht werden sollen und *wie* die Personen erreicht werden können, um sie für eine Befragung zu rekrutieren: Es muss der Zugang geklärt werden.

Die Auswahl und Rekrutierung kann sich – je nach Evaluationsgegenstand und je nach Untersuchungsgruppe – relativ leicht oder relativ herausfordernd gestalten. Evaluieren Sie eine Fortbildungsmaßnahme in einer Abteilung eines Unternehmens der Sozialwirtschaft, dann liegt im Idealfall eine Teilnehmer*innenliste vor und Sie können anhand dieser Liste (nach Abklärung des Datenschutzes) einen Aufruf starten. Evaluieren Sie hingegen eine neue Maßnahme im Bereich der Obdachlosenarbeit, dann könnte es ggf. herausfordernd werden, Personen, die Sie befragen wollen, zu finden und anzusprechen.

**Wie erfolgt die Auswahl?**
Oft – vor allem bei externen Evaluationen – sind diejenigen, die die Evaluation durchführen, auf die Unterstützung der Projektverantwortlichen oder anderen zentralen Akteur*innen des Programms angewiesen, wenn es um die Auswahl und Kontaktierung von potenziellen Befragten für die Untersuchung im Rahmen der Evaluation geht. Dies liegt daran, dass die Evaluierenden als Außenstehende typischerweise keinen Zugang zum Feld haben, in dem das Programm stattfindet.

Diese Unterstützung ist demnach notwendig, ist aber mit einigen Risiken bezüglich eines wissenschaftlich-neutralen Vorgehens behaftet. So kann es zum Beispiel passieren, dass Akteur*innen oder Mitarbeiter*innen einer sozialen Maßnahme (bewusst oder unbewusst) Klient*innen als Befragte vorschlagen oder auswählen, die in besonders positivem und erfolgreichem Maße an einem Programm teilgenommen haben und ‚schwierige' Personen bzw. Personen, die das Programm negativ bewerten oder nicht erfolgreich absolviert haben, eher vernachlässigen bei der Auswahl.

Sind die Evaluierenden auf die Unterstützung durch Akteur*innen angewiesen bei der Auswahl, so müssen sie zumindest der Auswahl spezifische Kriterien zugrunde legen, die eine Heterogenität der Erfahrungen mit dem Programm durch die Befragten sicherstellt oder/und eine Kontrollgruppe installieren.

> **Hinweis:** Wenn die Befragten von den Projektverantwortlichen ausgewählt werden, besteht das Risiko, dass die Auswahl nicht neutral erfolgt – hier müssen Sie als Evaluierende abwägen, inwiefern ein möglichst neutraler Weg gegangen werden kann, z. B. indem Sie der Auswahl Vorgaben bzw. Kriterien zugrunde legen, die eine gewisse Heterogenität hinsichtlich der Programmevaluierung sicherstellen (und ein Kontrollgruppendesign anwenden).

### Wie viele Personen müssen befragt werden?

Auch die Anzahl der zu befragenden Personen wird im Zuge der Auswahl festgesetzt. Diese richtet sich nach Evaluationsgegenstand, Ressourcen, Rahmenbedingungen und auch dem methodischen Zugang. All diese Komponenten können in einem Wechselwirkungsverhältnis stehen.

Ist z. B. eine innovative Fortbildungsmaßnahme (als Evaluationsgegenstand) im Fokus, so kann es sinnvoll sein, mit quantitativen Methoden alle 100 Kursteilnehmenden per Fragebogen zu befragen. Ist wiederum eine qualitative Methodenwahl Ausgangspunkt der Evaluation, kann es genauso sinnvoll sein, anhand einer Gruppendiskussion mit einigen Teilnehmenden der Fortbildungsmaßnahme deren Erfahrungen zu erfragen und diskutieren.

Gerade bei qualitativen Untersuchungen muss die Anzahl der untersuchten Personen nicht groß sein; es ist aber wichtig, dass die Untersuchungspersonen durch ihre Erfahrungen im Zusammenhang mit den ausgewählten Zielen zentrale Informationen liefern können.

Auch kann es sinnvoll sein, die Anzahl der Befragten im Evaluationsdesign nicht abschließend festzusetzen, da in einigen Fällen zum Zeitpunkt der Planung noch nicht klar oder bekannt sein kann, wie viele Personen notwendig sind, um ausreichend Informationen zu erhalten. In diesen Fällen wird eine ungefähre Anzahl vermerkt.

**Kontaktierung der potenziellen Befragten**
Ist die Auswahl getroffen, müssen die jeweiligen Personen angefragt werden und zur Teilnahme motiviert werden. In der Evaluationspraxis geschieht dieser Schritt manchmal auch zeitgleich mit der Auswahl: Es werden (durch die Evaluierenden oder Akteur*innen) potenzielle Personen ausgewählt und angefragt, ob sie an einer Befragung im Rahmen der Evaluation teilnehmen möchten.

Die Kontaktierung der potenziellen Befragten kann mündlich oder schriftlich erfolgen. Es empfiehlt sich jedoch, den Erstkontakt schriftlich vorzunehmen (z. B. per E-Mail) und hierbei sämtliche Aspekte der Evaluation transparent darzulegen (Auftraggeber*innen, Zweck, Evaluationsgegenstand, methodisches Vorgehen etc.). Besonderes Augenmerk muss bei der Erstkontaktierung auf die ethischen Aspekte gelegt werden: so sollte unbedingt die Anonymisierung aller persönlichen während der Datenerhebung geäußerten Daten zugesichert werden. Weisen Sie darauf hin, dass hierzu auch eine extra Information zum Datenschutz bzw. eine Einverständniserklärung zugesendet wird.

Noch ein Hinweis zur Motivierung der Personen, an der Befragung teilzunehmen: Auch hier gibt es in der Praxis Unterschiede. Ideal ist es, wenn die Personen, die befragt werden sollen, alleine durch den kommunizierten Zweck der Evaluation motiviert sind, ihre Erfahrungen und Meinungen an das Evaluationsteam zu kommunizieren. Es gibt aber auch Fälle, in denen Incentives (ein in der Sozialforschung übliches Mittel der Honorierung bei der Teilnahme an Befragungen) in Form von Sachmitteln (z. B. Kinokarten oder Fahrscheine) oder Geld die Zielgruppe (zusätzlich) motivieren können.

## 4. Erhebungsform(en)

*Mit welcher Erhebungsform lässt sich die Forschungsfrage am besten beantworten?*

Es gibt eine Fülle an unterschiedlichen (Erhebungs-)Formen, die im Rahmen einer Evaluation angewendet werden können. Im Folgenden werden die – im Zusammenhang mit den spezifischen Themenfeldern der Sozialwirtschaft und unter Berücksichtigung von Ressourcen – sinnvollsten und am häufigsten verwendeten Methoden dargestellt. Für weitere Methoden empfehlen wir die Standardwerke für empirische Sozialforschung (▶ Literaturtipps zur Vertiefung).

**Tabelle 2.3** Qualitative und quantitative Erhebungsformen (Quelle: Eigene Darstellung)

| Quantitative Erhebungsformen | Qualitative Erhebungsformen |
|---|---|
| • Fragebogen<br>  ▪ mündlich<br>  ▪ schriftlich<br>  ▪ online<br>• telefonisch<br>• Beobachtung<br>• Dokumentenerhebung | • Leitfadeninterview<br>• Gruppendiskussion<br>• Fokusgruppe<br>• Beobachtung<br>• Dokumentenerhebung |

Die jeweilige Erhebungsform muss auch hier wieder – je nach methodischem Zugang – mit Blick auf die Untersuchungsgruppe, die Ressourcen und Angemessenheit im Zusammenhang mit dem Evaluationsgegenstand – gewählt werden.

**5. Untersuchungszeitraum**

*Wie oft sollen die Personen befragt werden?*

Hier sind grob zu unterscheiden, ob eine Querschnittstudie – also eine einmalige Untersuchung zu einem bestimmten Zeitpunkt oder Zeitraum stattfinden soll – oder eine Längsschnittstudie – also mehrmalige Befragungen über einen längeren Zeitraum hinweg. Als eine Möglichkeit sei hier das *Paneldesign* genannt: „Eine Stichprobe wird über einen längeren Zeitraum wiederholt interviewt, wobei in der Regel ein Grundstock von Fragen immer gleichbleibt oder zumindest regelmäßig wiederholt wird. Ziel ist vor allem die Untersuchung von Veränderungen auf der Individualebene" (ILMES 2016). Ein Paneldesign bietet sich vor allem im Zusammenhang mit formativen Evaluationen an, aber auch bei Wirkungsevaluationen kann ein Paneldesign sinnvoll sein, wenn z. B. überprüft werden soll, ob bestimmte Veränderungen (bezüglich eines Ziels) nachhaltig über einen festgesetzten Zeitraum hinweg stattfinden bzw. bestehen bleiben.

**6. Datenaufbereitung und Datenauswertung**

*Welche Auswertungsverfahren sollen eingesetzt werden?*

Je nach methodischem Zugang wird auch die Aufbereitungsart und Datenanalyse im Evaluationsdesign festgelegt.

## Erstellung des Evaluationsdesigns (Schritt 4)

**Qualitative Datenaufbereitung und Datenauswertung:** Wird ein qualitatives Design verwendet, so ist es zielführend, wenn die (idealerweise per Aufnahmegerät aufgenommenen) Interviews oder Gruppendiskussionen einer Transkription (Verschriftlichung) unterzogen werden. Allerdings sollte hierbei unbedingt der zeitliche und/oder finanzielle Aspekt berücksichtigt werden: Transkriptionen sind aufwendig! Verschiedene Transkriptionsverfahren und -modalitäten finden sich z. B. bei Dresing und Pehl (2017).

Sind die Ressourcen knapp, besteht die Möglichkeit, die Inhalte der geführten Interviews entweder zu dokumentieren (anhand eines Protokolls) oder die Analyse anhand der Audiodateien vorzunehmen. Hier ist allerdings zu berücksichtigen, dass der wissenschaftliche Anspruch stark reduziert wird.

> **WICHTIG:** Als Faustregel für die qualitative Auswertung gilt: Fundierte Auswertungen benötigen transkribierte Erhebungsinhalte.

Für die Auswertung bieten sich verschiedene Verfahren an, häufig angewendet werden inhaltsanalytische Verfahren, ein mögliches und gut durchführbares Verfahren hierbei ist die strukturierende Inhaltsanalyse (siehe zu den einzelnen Schritten der strukturierenden Inhaltsanalyse Kuckartz 2018).

Unterstützend können (kostenpflichtige) Software-Programme für die qualitative Auswertung herangezogen werden, z. B. MAXQDA (https://www.maxqda.de/) oder t4 (https://www.audiotranskription.de/f4-analyse).

**Quantitative Datenaufbereitung und Datenauswertung:** Wird ein quantitatives Design verwendet, so ist es zielführend, wenn zunächst – nach Überprüfung der Vollständigkeit der Fragebögen – ein Codeplan für die Daten und Variablen des Fragebogens erstellt wird. Daran anschließend können die Daten mithilfe von (kostenpflichtigen) Statistikprogrammen, z. B. SPSS (https://www.ibm.com/de-de/analytics/spss-statistics-software) deskriptiven und inferenzstatistischen Analysen unterzogen werden.

Für einfache Berechnungen und Auswertungen gibt es eine Reihe an Online-Tools, mithilfe derer sowohl die Befragung erstellt, online versendet als auch (deskriptive) Ergebnisse aufbereitet werden können (z. B. https://www.surveymonkey.de/, https://www.umfrageonline.com/, https://www.soscisurvey.de/, https://www.limesurvey.org/de/).

In Tab. 2.4 sind die zentralen Verfahren aufgelistet. Für eine Vertiefung der jeweiligen Aufbereitungs- und Auswertungsverfahren sei auf die jeweilige Fachliteratur verwiesen (▶ Literaturtipps zur Vertiefung).

**Tabelle 2.4** Qualitative und quantitative Datenaufbereitungs- sowie Auswertungsverfahren (Quelle: Eigene Darstellung)

|  | Quantitative Forschungsmethoden | Qualitative Forschungsmethoden |
|---|---|---|
| Datenaufbereitung | Codeplan | Transkription |
| Datenauswertung | Deskriptiv statistische und inferenzstatistische Verfahren | Inhaltsanalytische Verfahren |

### 7. Zeitliche Planung und Organisation:

Auf diesen Punkt soll hier nur kurz eingegangen werden, wiewohl die zeitliche und organisatorische Planung eine zentrale Rolle für einen gelingenden Verlauf einer jeden Evaluation spielen. Wichtige Aspekte im Zusammenhang mit der Planung sind:

- In welchen Zeiträumen sollen die jeweiligen Schritte, die im Design festgehalten sind, stattfinden? Wann soll die Rekrutierung erfolgen, wann die Erhebung, die Datenauswertung? Hier gilt es jeweils zu berücksichtigen, dass bestimmte Zeiträume ausgeklammert werden, so z. B. Urlaubszeiten oder bestimmte Zeiträume berücksichtigt werden, wie die Phase direkt nach Beendigung der zu evaluierenden sozialen Maßnahme als Erhebungszeitraum.
- Organisiert werden muss u. a., wer jeweils die Rekrutierung vornimmt, die Erhebungen durchführt, wo die Erhebungen durchgeführt werden sollen.
- Anvisiert werden sollte bei der Planung in jedem Fall eine ausreichende Anzahl an Treffen und Austauschgesprächen mit den Projektverantwortlichen, um jeweils den Status quo zu besprechen und ggf. Änderungen im Verlauf des Evaluationsprozesses vornehmen zu können.

**FALLBEISPIEL**

Für das Evaluationsdesign des Projekts ‚Betreuungsweisung Zwei' werden folgende Punkte für die Planung der methodischen Umsetzung der Untersuchung im Evaluationsdesign festgesetzt – und in einem sogenannten Evaluationsplan schriftlich fixiert:

# Erstellung des Evaluationsdesigns (Schritt 4)

## Evaluationsplan Projekt ‚Betreuungsweisung Zwei'

**Methodischer Zugang:** Die Evaluation soll anhand qualitativer Forschungsmethoden durchgeführt werden.

**Hintergrund für die Entscheidung:** *aufgrund des sensiblen Evaluationsgegenstands, der die Interaktion zwischen jugendlichen Straftäter\*innen und Sozialpädagog\*innen im Rahmen einer Betreuungsweisung hatte und in denen sehr persönliche Themen, die die Familie der Straftäter\*innen sowie deren Sicht auf persönliche Defizite und positive Entwicklungen sowie die Wahrnehmung von u. a. Kommunikationsstrukturen mit den jeweiligen Betreuer\*innen hatte, wurde der Einsatz von qualitativen Methoden aufgrund deren Fokus auf die subjektiven Wahrnehmungen und Deutungen von Subjekten gegenüber quantitativen Methoden vorgezogen.*

**Untersuchungsgruppe:** Die Untersuchungsgruppe soll aus Teilnehmenden des Programms ‚Betreuungsweisung Zwei' bestehen (Interventionsgruppe; anvisierte Anzahl der Befragten von ca. 15) und aus Nicht-Teilnehmenden (Kontrollgruppe; anvisierte Anzahl von ca. 15) sowie Fachkräfte, die im Rahmen der Betreuungsweisung (Zwei) die jugendlichen Straftäter\*innen betreuen (anvisierte Anzahl von ca. 12). Folgende Kriterien sollen die Befragten erfüllen:

- **Kriterien Interventionsgruppe:** Geschlecht: männlich und weiblich; Alter: zwischen 14 und 21 Jahre; Kriterien ‚Art/Anzahl der Straftaten' sowie soziodemografische Merkmale spielen keine Rolle.
- **Kriterien Kontrollgruppe:** Geschlecht: männlich und weiblich; Alter: zwischen 14 und 21 Jahre; Kriterien ‚Art/Anzahl der Straftaten' sowie soziodemografische Merkmale spielen keine Rolle.
- **Kriterien Fachkräfte:** Geschlecht: männlich und weiblich; Abschluss: Sozialpädagog\*in oder Psycholog\*in; Erfahrung mit der Durchführung der ‚Betreuungsweisung Zwei' und/oder Betreuungsweisung; Kriterien ‚Dauer der beruflichen Erfahrung sowie Alter' spielen keine Rolle.

**Hintergrund für die Entscheidung:** *Für die Durchführung der Evaluation erschien wichtig, dass die zentralen Prozessbeteiligten der Betreuungsweisung ihre subjektiven Erfahrungen und Wahrnehmungen mit Blick auf den Evaluationsgegenstand und die Erreichung der Ziele ausführlich thematisieren können. Als Fakten und auch weitere Einschätzung durch die Fachkräfte wurde festgelegt, dass sowohl die Gerichtsakte als Grundlage als auch zusätzlich Fallmaterial, das im Zuge der Betreuungsweisung erstellt wurde, als Untersuchungsmaterial herangezogen werden sollte.*

**Auswahl und Rekrutierung der Untersuchungsgruppe:** Die Auswahl der Befragten soll über die Mitarbeiter*innen des Trägers erfolgen. Diese erstellen eine Liste an potenziellen Befragten für die Interventionsgruppe und die Kontrollgruppe. Die ausgewählten Personen sollen vorab durch die Fachkräfte über das Evaluationsprojekt informiert und für eine Teilnahme angefragt werden und in einem nachfolgenden Schritt durch ein Schreiben des Evaluationsteams angesprochen werden. In diesem Schreiben soll auch auf die Anonymitätszusicherung im Rahmen der Befragung hingewiesen werden.

Für die potenziell Teilnehmenden der Gruppendiskussionen erhält das Evaluationsteam eine Liste der Mitarbeiter*innen des Trägers, die Betreuungsweisungen vornehmen und fragt diese per E-Mail an. Auch hier soll auf die Anonymitätszusicherung im Rahmen der Teilnahme an den Gruppendiskussionen verwiesen werden.

**Hintergrund für die Entscheidung:** *Dem Evaluationsteam ist es nicht möglich, eigenständig die Klient\*innen des Trägers zu kontaktieren, hierzu fehlt zum einen der Zugang, zum anderen ist dies auch aufgrund datenschutzrechtlicher Aspekte unmöglich. Um eine möglichst neutrale Auswahl an Klient\*innen sicherzustellen, wird an die Projektverantwortlichen kommuniziert, dass auf Heterogenität der Teilnehmenden zu achten ist.*

**Erhebungsform(en):** Mit den Teilnehmenden der Interventionsgruppe und der Kontrollgruppe werden Leitfadeninterviews durchgeführt (insgesamt ca. 30 Interviews). Mit den Fachkräften finden ein bis zwei Gruppendiskussionen statt. Die Anzahl der Gruppendiskussionen wird abhängig von der Teilnehmendenzahl festgelegt; eine Gruppendiskussion soll maximal 8 Teilnehmende enthalten.

Es werden – soweit zur Verfügung stehend – sämtliche für die Beurteilung des Evaluationsgegenstands relevanten Dokumente der Teilnehmenden der Interventionsgruppe und der Kontrollgruppe einer Dokumentenanalyse unterzogen (Gerichtsakten und weitere Dokumente im Rahmen der Einzelbetreuung der Klient*innen). Die Dokumente werden unter strenger Berücksichtigung des Datenschutzes von den Fachkräften ausgewählt und anonymisiert dem Evaluationsteam übergeben.

**Hintergrund für die Entscheidung:** *Für die jugendlichen Straftäter\*innen werden Einzelinterviews anhand eines Leitfadens geplant, um den Jugendlichen anhand eines strukturierten Fragerahmens genug Raum für freie Erzählungen hinsichtlich der Wahrnehmungen und Erfahrungen mit dem Programm zu ermöglichen. Für die Fachkräfte wird eine Gruppendiskussion geplant, um zum einen die zeitlichen Ressourcen zu bündeln und zum anderen Austausch und Diskussion der Fachkräfte un-*

# Erstellung des Evaluationsdesigns (Schritt 4)

*tereinander hinsichtlich der Wirkungen des zu evaluierenden Programms möglich zu machen.*

**Untersuchungszeitraum:** Die Untersuchung findet im festgelegten Zeitraum XY– YZ statt (Querschnittuntersuchung).

**Datenaufbereitung und Datenauswertung:** Es soll eine wortwörtliche Transkription der Leitfadeninterviews und der Gruppendiskussionen erfolgen sowie eine inhaltsanalytische Auswertung (strukturierende Inhaltsanalyse) der Leitfadeninterviews und Gruppendiskussionen unter Einsatz von MAXQDA. Zusätzlich wird eine Dokumentenanalyse bzw. Fallanalyse anhand der Daten aus den Akten und weiteren Dokumenten durchgeführt (mithilfe von Excel).

**Zeitliche Planung und Organisation:** Es ist darauf zu achten, dass die Interviews mit den jugendlichen Straftäter*innen zeitnah nach Beendigung der Betreuungsweisung und ‚Betreuungsweisung Zwei' stattfinden, da sonst das Risiko der Nichterreichbarkeit erhöht ist. Die Interviews mit den jugendlichen Straftäter*innen sollen in einem der Büroräume des Trägers oder im Büro des Evaluationsteams stattfinden. Die Gruppendiskussionen mit den Fachkräften sollen im Büro des Evaluationsteams stattfinden. Es sind Audioaufnahmen der Interviews und Gruppendiskussionen vorgesehen.

**Hintergrund für die Entscheidung:** *Es erscheint mit Bezug auf den sensiblen Themenbereich ‚Straftaten' und ‚Betreuungsweisung' zentral, dass die Interviews mit den jugendlichen Straftäter*innen in einem für die Jugendlichen geschützten Bereich stattfinden. Aus diesem Grund werden hierfür Räume des Jugendhilfeträgers eingeplant.*

## EMPFEHLUNGEN FÜR DIE PRAXIS DER SOZIALWIRTSCHAFT

- Ein detailliertes, durchdachtes Design stellt sicher, dass sich die Fragestellungen der Evaluation anhand der gesammelten Daten beantworten lassen und die Ergebnisse (möglichst) eindeutig interpretiert werden können.
- Haben Sie die Ressourcen im Blick! Es gilt abzuwägen: Was ist nötig, was ist möglich? Die Entscheidung, ob es möglich bzw. notwendig ist, z. B. noch weitere Befragte in die Planung der Evaluation miteinzubeziehen, ist tatsächlich manchmal unter Einbezug der geplanten Ressourcen nicht leicht.
- Machen Sie sich bewusst, dass Sie ggf. im Rahmen der Rekrutierung auf die Unterstützung der Projektverantwortlichen angewiesen sind. Versuchen Sie,

dass die Auswahl der Untersuchungsgruppe so wenig wie möglich ‚gesteuert' wird.
- Das Evaluationsdesign ist die *Planung;* innerhalb des Prozesses der Durchführung der Evaluation kann es gerade im Bereich der Sozialwirtschaft zu Änderungen aufgrund sich verändernden Rahmenbedingungen kommen – hierauf ist zu reagieren, denn es gilt, sich methodisch dem Evaluationsgegenstand – so weit wie möglich – anzupassen.

**WICHTIG:** Wägen Sie ab, versuchen Sie – unter den vorgegebenen Bedingungen – die bestmögliche adäquate Methodenwahl zu treffen und den wissenschaftlichen Anspruch zu erfüllen!

## 2.5 Entwicklung der Erhebungsinstrumente (Schritt 5)

**Abbildung 2.6** Schritte im Evaluationsprozess – Schritt 5 (Quelle: Eigene Darstellung)

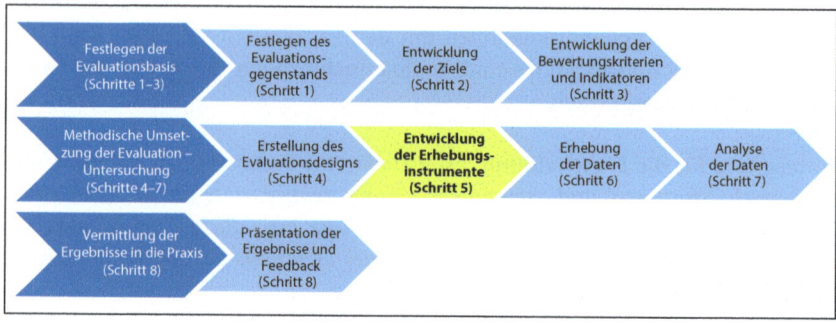

### DEFINITION: WAS IST DIE ENTWICKLUNG DER ERHEBUNGSINSTRUMENTE?

Steht das Evaluationsdesign, werden typischerweise (oder auch schon parallel zur Erstellung des Evaluationsdesigns) die Erhebungsinstrumente entwickelt. Je nach methodischem Zugang werden hier z. B. Fragebögen (quantitative Methoden) oder Leitfäden für Interviews und/oder Gruppendiskussionen (qualitative Methoden) entwickelt (▶ Kap. 2.4).

Für die Entwicklung der Fragen treten nun die in Schritt 3 entwickelten Bewertungskriterien und Indikatoren in den Fokus, denn mit Grundlage der Indikatoren werden nun jeweils Fragen entwickelt, das heißt, die Kriterien werden mithilfe der Indikatoren in Fragen ‚übersetzt' (= Operationalisierung). Dieser Schritt ist enorm wichtig, denn nur durch diesen Schritt der Operationalisierung besteht die Chance, dass die entwickelten Kriterien empirisch – anhand von Befragungen, Beobachtungen oder Dokumentenanalysen – überprüft werden können: Nur so ist am Ende der Evaluation eine Bewertung des Evaluationsgegenstands möglich.

## PRAKTISCHE DURCHFÜHRUNG: WIE ERFOLGT DIE ENTWICKLUNG DER ERHEBUNGSINSTRUMENTE?

Je nach Wahl des Erhebungsinstruments sind spezifische Regeln für den Aufbau und die Formulierung der Fragen einzuhalten. Hier sei nur kurz auf wenige elementare, zentrale Hinweise für die Erstellung eines Leitfadens (qualitative Forschung) und die Konstruktion eines Fragebogens (quantitative Forschung) hingewiesen.

**Leitfaden:** Grob orientiert sich der Aufbau eines Leitfadens an folgenden Fragekomplexen:

- *Einstiegsfrage:* diese sollte erzählgenerierend sein, also eine Erzählung ‚in Gang bringen'.
- *Leitfragen:* Fragen zu den wesentlichen Themenbereichen der Untersuchung; hier muss vor allem darauf geachtet werden, dass die in Schritt 3 entwickelten Indikatoren verarbeitet und integriert werden, damit anhand der Fragen zielgerichtete Informationen gesammelt werden können, die im Nachgang (anhand der Auswertung, siehe Schritt 7) für die Bewertung des Evaluationsgegenstands hilfreich sind. Zu jeder Leitfrage können Nachfragen formuliert werden: diese können die Leitfrage noch etwas aufgliedern (Detailfragen zur Leitfrage) und dann im Interview optional gestellt werden, falls bestimmte Aspekte der Leitfragen von den Befragten nicht thematisiert werden. Meist werden jeweils thematisch zueinander passende Leitfragen und Nachfragen in Themenblöcke (z. B. analog der Kriterien) eingeteilt.
- *Abschlussfrage:* die Befragten können z. B. noch Empfehlungen bzgl. mögliche Verbesserungen des Evaluationsgegenstands geben.

Generell sollte darauf geachtet werden, dass der Leitfaden nicht zu überladen ist und dass er aus verständlichen, klar formulierten Fragen besteht, die verwendete Sprache muss sich an der Zielgruppe (den Interviewpartner*innen) orientieren (zu wichtigen Regeln der Frageformulierung siehe z. B. Helfferich 2005). Oberstes Gebot ist stets, offene Fragen zu formulieren, d. h., geschlossene Fragen sind zu vermeiden, weil dies den Erzählfluss hemmen würde. Hilfreich für die Erstellung eines Leitfadens ist das Vorgehen von Helfferich (2005) anhand des sogenannten SPSS-Prinzips.

**Fragebogen:** Zentral für einen gelungenen Fragebogen ist neben der Formulierung der Fragen und einem sinnhaften Aufbau – mehr als beim Leitfaden – die Gestaltung, denn wird der Fragebogen zum Ausfüllen verteilt (oder erfolgt online), muss sichergestellt sein, dass alle Befragten (z. B. auf dem Titelblatt des Fragebogens) die Rahmeninformationen der Befragung erhalten und auch genau wissen, wie sie beim Ausfüllen vorgehen müssen.

Grob existieren beim Fragebogen drei verschiedene Frageformate:

- *Geschlossene Fragen:* Dies sind Fragen mit zwei (dichotom) oder mehreren (polytom) vorgegebenen Antwortkategorien (Multiple-Choice-Fragen). Hierbei ist es wichtig, dass die Antwortmöglichkeiten erschöpfend und nicht überlappend sind.
- *Halboffene Fragen:* Dies sind Fragen mit vorgegebenen Antwortkategorien und zusätzlicher offener Kategorie. Diese Form der Frage ist sehr häufig und oft auch empfehlenswert, weil nicht immer alle Antwortmöglichkeiten erschöpfend genannt sind.
- *Offene Fragen:* Dies sind Fragen, die keine Antwortkategorien vorgeben, sondern Platz für selbst definierte Antworten bieten.

Im Zusammenhang mit den Fragen im Fragebogen kommen verschiedene Skalen zum Einsatz (Nominalskala, Ordinalskala, Intervallskala, Ratioskala). Generell gilt: Je höher das Messniveau einer Skala, desto mehr mathematische Verfahren können auf die gewonnenen Daten angewendet werden.

Bei der Entwicklung des Fragebogens sollte darauf geachtet werden, dass die Fragen u. a. möglichst kurz, verständlich, konkret und eindeutig formuliert sind. Um spezifischen Effekten im Rahmen von Beantwortungsprozessen in Fragebögen vorzubeugen (z. B. Halo-Effekt, generelle Zustimmungstendenz in Befragungen), ist es zentral, ‚gegenzusteuern' und zum Beispiel Kontrollfragen an geeigneter Stelle einzubauen. Generell spielen Filterfragen in Fragebögen eine große Rolle, die dafür sorgen, dass die Befragten bei Nicht-Zutreffen von Merkmalen, einen Fragenkomplex überspringen können.

Zentral ist in beiden Fällen die Durchführung eines Pretests, um die Verständlichkeit der Fragen, den Aufbau und generell die Durchführbarkeit zu testen.

Selbstverständlich muss bei allen Evaluationsdurchführungen der Datenschutz berücksichtigt werden, das heißt: Es muss bei allen Befragten eine Einwilligung im Sinne des Datenschutzgesetzes eingeholt werden, in der auf die Einhaltung aller zentralen Aspekte in diesem Zusammenhang hingewiesen wird (siehe hierzu https://dsgvo-gesetz.de/).

**FALLBEISPIEL**

In unserem Fallbeispiel – dessen Untersuchung anhand eines qualitativen Vorgehens durchgeführt wird – werden folgende Erhebungsinstrumente erstellt:

- ein Leitfaden für die Interventions- und Kontrollgruppe der jugendlichen Straftäter*innen;
- ein Moderationsleitfaden für die Gruppendiskussionen mit den Fachkräften (hier erfolgt ein ähnliches Vorgehen wie bei der Entwicklung des Leitfadens für Einzelinterviews);
- ein Dokumentationsbogen für die Dokumentenanalyse der relevanten Materialien der jugendlichen Straftäter*innen (Akten etc.).

Anhand von Ziel 1 („Es findet ein Beziehungsaufbau zwischen Klient*in und Fachkraft statt") sowie einigen der hierzu entwickelten Bewertungskriterien und Indikatoren wird im Folgenden beispielhaft aufgezeigt, wie diese im Moderationsleitfaden für die Gruppendiskussion mit den Fachkräften als Fragen operationalisiert werden. Da es sich um ein qualitativ methodisches Vorgehen handelt, erfolgt die Operationalisierung der Kriterien – entsprechend der zentralen Prinzipien von qualitativer Forschung (▶ Kap. 2.4/1. Methodischer Zugang) relativ ‚weit' und ‚offen' (dies im Gegensatz zu einer Operationalisierung bei quantitativen Forschungsmethoden, bei denen die Kriterien anhand der Indikatoren direkt in Fragen umgesetzt werden können).

Für den Moderationsleitfaden für die Gruppendiskussionen werden – neben einer Eingangsfrage, allgemeinen Fragen und der Fragen mit Blick auf die Überprüfung der weiteren Ziele – folgende Fragen im Zusammenhang mit Ziel 1 sowie den dazu gehörenden Bewertungskriterien und Indikatoren (▶ Kap. 2.3/Tab. 2.1) entwickelt:

1) Ein zentraler Aspekt Ihrer Arbeit mit dem Klient*innen ist der *Beziehungsaufbau*.
   a) Wenn Sie jetzt ganz *allgemein* an Ihre Klient*innen denken: Welche zentralen Aspekte/Punkte/Entwicklungsstufen deuten für Sie persönlich (aus Ihrer Erfahrung) auf einen gelingenden/gelungenen Beziehungsaufbau hin? Wann sprechen Sie für sich (ganz subjektiv) von einem gelungenen Beziehungsaufbau (einem „Erfolg")?

b) Wann sprechen Sie von einem wenig gelungenen Beziehungsaufbau (einem „Misserfolg")?
c) Welche (positiven oder negativen) Rahmenbedingungen können Einfluss auf den Beziehungsaufbau nehmen? Welche Störfaktoren/Hemmnisse oder auch Potenziale kann es beim Beziehungsaufbau geben?
d) Wenn Sie jetzt *ausschließlich an die Arbeit mit Klient\*innen im Rahmen des Projekts ‚Betreuungsweisung Zwei'* denken: Welche/was sind ggf. die Unterschiede
   - in der Vorgehensweise?
   - im Ergebnis?
e) Welche (positiven oder negativen) Rahmenbedingungen können Einfluss auf den Beziehungsaufbau nehmen? Welche Störfaktoren/Hemmnisse oder auch Potenziale kann es bei der Motivation geben:
   - auf Seiten der Klient*innen?
   - auf Ihrer Seite?

## EMPFEHLUNGEN FÜR DIE PRAXIS DER SOZIALWIRTSCHAFT

- Achten Sie auf eine stimmige und sinnhafte ‚Übersetzung' (Operationalisierung) der Kriterien und Indikatoren in die Fragen Ihres Erhebungsinstruments. Je nachdem, ob Sie methodisch quantitativ oder qualitativ vorgehen, werden die Fragen die vorab erstellten Kriterien und Indikatoren direkter und konkreter (quantitatives Vorgehen) oder indirekter (qualitatives Vorgehen) widerspiegeln.
- Neben dem (zentralen) Inhalt der Erhebungsinstrumente sollten Sie auch auf die Gestaltung/Handhabung der Erhebungsinstrumente achten. Bei Fragebögen, die von den Befragten ausgefüllt werden sollen, muss darauf geachtet werden, dass die Befragten beim Ausfüllen des Fragebogens keinerlei Schwierigkeiten haben (und kein Abbruchrisiko des besteht). Bei einem Leitfaden sollten Sie vor allem mit Blick auf die Interviewer*innen darauf achten, dass der Leitfaden übersichtlich gestaltet ist und die Fragen wortwörtlich formuliert sind (auch wenn in der späteren Interviewsituation dann die Fragen im Sinne eines qualitativen Vorgehens nicht wortwörtlich abgelesen werden sollten).
- Überprüfen Sie Ihre Erhebungsinstrumente in mehreren Runden: zunächst innerhalb des Teams; im weiteren Verlauf ist es ratsam – je nach Ressourcen – einen Pretest durchzuführen. Passen Sie Ihre Erhebungsinstrumente dann gegebenenfalls an.

Nun ist die theoretisch-praktische Planung und Basis für die methodische Umsetzung – die Datenerhebung – finalisiert. Wichtig ist, dass Sie diese noch einmal abschließend mit den Auftraggeber*innen bzw. Verantwortlichen und Akteur*innen kommunizieren.

Nun geht es an die Untersuchung: Sie gehen ins Feld!

## 2.6 Erhebung der Daten (Schritt 6)

**Abbildung 2.7** Schritte im Evaluationsprozess – Schritt 6 (Quelle: Eigene Darstellung)

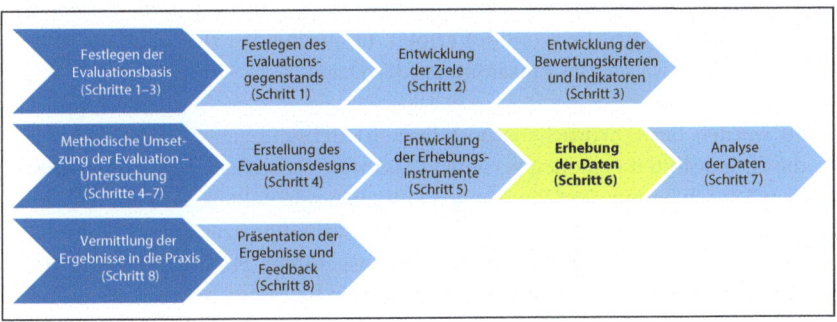

**DEFINITION: WAS IST DIE ERHEBUNG VON DATEN?**

Sind das Evaluationsdesign und auch die Entwicklung der Erhebungsinstrumente abgeschlossen, können Sie – je nach Zeitplan und Absprachen mit den Verantwortlichen – in die sogenannte Feldphase gehen. Das heißt, die Untersuchung im Rahmen der Evaluation beginnt jetzt.

Datenerhebung bedeutet, dass nun Daten – je nach gewählter Forschungsrichtung – quantitativ oder qualitativ (oder in kombinierter Form) erhoben werden, um die in Schritt 2 festgelegten Ziele überprüfen zu können. Bevor die Datenerhebung (sei es mit Fragebogen, Interviews, Fokusgruppen oder Beobachtungen) starten kann, müssen die (anhand des Evaluationsdesigns festgelegten) Personen der Untersuchungsgruppe rekrutiert werden (▶ Kap. 2.4/3. Auswahl und Rekrutierung der Untersuchungspersonen). Die im Design festgelegten Rekrutierungswege (Anschreiben, Anruf etc.) werden nun ‚in die Tat' umgesetzt.

## PRAKTISCHE DURCHFÜHRUNG: WIE ERFOLGT DIE DATENERHEBUNG?

Wir gehen hier davon aus, dass die Rekrutierung der Untersuchungsgruppe bzw. der Befragten, die in Schritt 4 festgelegt wurde, reibungslos funktioniert hat. Dies ist nicht immer der Fall, denn es können Rahmenbedingungen innerhalb des Prozesses auftauchen, die die einzelnen, im Forschungsdesign festgesetzten Planungsschritte der Untersuchung (z. B. die Untersuchungsgruppe und deren Rekrutierung) nicht mehr möglich machen, in welchem Fall das Vorgehen abgeändert werden muss.

**Quantitative Datenerhebung:** Klassischerweise spielt bei der quantitativen Datenerhebung der Fragebogen die zentrale Rolle. Je nachdem, wie die Datenerhebung (mündlich, schriftlich, online) erfolgt, unterscheiden sich auch die praktischen Vorgehensweisen des Einsammelns der Daten.

- So werden bei schriftlichen (postalischen) Befragungen die Fragebögen an die ausgewählten Personen verschickt. Zentrale zusätzliche Materialien, die in dem Umschlag mit dem Fragebogen enthalten sein sollten, sind ein Anschreiben, das alle Informationen rund um die Evaluation transparent kommuniziert sowie ein Rücksendedatum für den ausgefüllten Fragebogen nennt (und unbedingt eine Kontaktadresse, an die sich die Befragten bei Fragen und/oder Anmerkungen wenden können), die Einwilligungserklärung nach dem Datenschutzgesetz (https://dsgvo-gesetz.de/, ▶ Kap. 2.5), eine Anleitung zum Ausfüllen des Fragebogens und selbstverständlich ein frankierter Rückumschlag.
- Schriftliche Befragungen sind aber auch denkbar, indem die Fragebögen einer ausgewählten Untersuchungsgruppe (z. B. Teilnehmende eines Kurses) ausgeteilt werden und die Fragebögen dann vor Ort ausgefüllt und nach einer bestimmten Zeit wieder eingesammelt werden. Die oben genannten Informationen und Materialien können hier vor Ort kommuniziert bzw. ausgeteilt werden.
- Bei Online-Befragungen sollten die Informationen und Materialien genauso enthalten sein – sie werden üblicherweise in das Online-Tool eingepflegt. Generell stehen hier eine Reihe von Online-Tools zur Verfügung, die im Rahmen von quantitativen Befragungen genutzt werden können (z. B. https://de.surveymonkey.com/, https://www.umfrageonline.com/, https://www.soscisurvey.de/, https://www.limesurvey.org/de/).
- Werden mündliche Befragungen durchgeführt, so müssen Termine und Erhebungsorte mit den ausgewählten Befragten vereinbart werden. Die Kommunikation der Informationen zur Evaluation, zum Ablauf der Befragung sowie die Zusicherung des Datenschutzes kann hier mündlich erfolgen, die Einwilligung

wird vor Ort vom Befragten unterschrieben. Während der Befragung gilt es, dass diejenigen, die die Befragung per Fragebogen durchführen, keinerlei Einfluss auf die Befragten bzw. Befragungssituation nehmen (indem sie z. B. von ihrer eigenen Meinung hinsichtlich des Fortführens des evaluierten Projekts berichten) und sich neutral verhalten, um sicherzustellen, dass die von der Datenerhebung generierten Ergebnisse möglichst objektiv sind.

Die quantitative Datenerhebung – dies gilt vor allem für die postalische und Online-Befragung – birgt ein gewisses Risiko, dass die Personen, die den Fragebogen ausfüllen sollen, dies vergessen oder aus anderen Gründen nicht für die Befragung motiviert sind. Daher sollten Sie von Anfang an einplanen, dass Sie die Befragten (telefonisch, per E-Mail etc.) zu gewissen Zeitpunkten an die Befragung erinnern oder von Beginn an einen Motivationsfaktor wie ein Gewinnspiel in die Befragung integrieren.

**Qualitative Datenerhebung:** Bei qualitativen Datenerhebungen spielt klassischerweise die persönliche Begegnung zwischen Interviewer*in und Interviewten die zentrale Rolle. Insofern müssen hier in den meisten Fällen ein Termin und Ort für die Datenerhebung vereinbart werden. Sollen die qualitativen Daten wissenschaftlich bzw. detailliert ausgewertet werden, ist es wichtig, dass die Interviews (oder Gruppendiskussion, Fokusgruppe) aufgezeichnet werden (per Audio).

Für eine gelingende Interviewsituation (auch im Rahmen von Gruppendiskussionen, Fokusgruppen) beachten Sie bitte die folgenden Aspekte:

**Interviewvorbereitung:**
- Bereiten Sie die Materialien vor, die Sie für das Interview benötigen (zentral: Leitfaden, Einwilligungserklärung, Aufnahmegerät).
- Wählen Sie einen Interviewort, der für die Befragten angenehm ist (entweder befindet sich der Interviewort in der Lebenswelt der Befragten oder Sie bereiten eine angenehme Atmosphäre für das Interview – z. B. in Ihrem Büro – vor).

**Vor Interviewbeginn:**
In den meisten Fällen (ggf. nicht bei Selbstevaluationen) ist davon auszugehen, dass sich Interviewer*in und befragte Personen nicht kennen. Deshalb ist es wichtig, dass vor Beginn des Interviews vorhandene Barrieren, wie sie zwischen ‚Fremden' üblich sind, abgebaut werden (Honer und Hitzler 2011, S. 49). Dies gelingt vorrangig dadurch, dass Sie Transparenz schaffen – bzgl. des Evaluationsgegenstands, des Vorgehens der Evaluation und hinsichtlich des Interviewablaufs (auch dann, wenn dies schon im Vorfeld im Zusammenhang mit der Rekrutierung erfolgt sein sollte):

- Klären Sie (erneut) bzgl. des Datenschutzes auf, händigen Sie die Einwilligungserklärung aus und besprechen Sie diese ausführlich, weisen Sie in dem Zusammenhang auch auf die Aufnahme des Interviews hin.
- Informieren Sie die Befragten zu Thematik und Ablauf des Interviews (Sie können z. B. darauf hinweisen, dass die Befragten ganz offen erzählen können, was ihnen jeweils zur Frage einfällt) und weisen Sie darauf hin, wie lange das Interview in etwa dauern wird.

**Während des Interviews:**

Ziel des Leitfadeninterviews ist es, dass die Befragten möglichst offen antworten bzw. erzählen können – demgemäß wurde auch der Leitfaden konstruiert (▶ Kap. 2.5). In der Interviewsituation dient der Leitfaden somit als Gerüst bzw. Rahmung. Das bedeutet, dass die Reihenfolge und Ausformulierung der Fragen während des Interviews – je nach Reaktionen der Befragten – variieren kann. Während des Interviews werden auch sogenannte Ad-hoc-Fragen gestellt: diese sind nicht im Leitfaden verortet, sondern werden von den Interviewer*innen (spontan) formuliert – je nachdem, ob/welche neue Gesprächsimpulse bezüglich des Evaluationsgegenstands von den Interviewpartner*innen geäußert werden. Durch die Möglichkeit des freien, offenen Antwortens und Erzählens entsteht eine Vertrauenssituation zwischen Interviewer*in und Interviewpartner*in. Die Vertrauenssituation wird auch ermöglicht, wenn die Interviewten sich ernst genommen und nicht ausgehorcht fühlen. Nachfolgende Tipps lassen sich für das Verhalten der Interviewer*innen im Interview aufstellen (z. T. Helfferich 2005):

- Bleiben Sie offen: Richten Sie den Blick nicht streng auf die Reihenfolge der Leitfadenfragen nach dem Motto „diese Frage hatten wir schon", sonst entgehen Ihnen wichtige Informationen!
- Vermeiden Sie einen dominierenden Kommunikationsstil, stellen Sie keine suggestiven Fragen, bei bewertenden und kommentierenden Aussagen besteht Gefahr der Einflussnahme, daher ist dann die Neutralität nicht mehr gewahrt!
- Nehmen Sie sich generell als Interviewer*in zurück – die Befragten und deren Erfahrungen, Bewertungen und Deutungen stehen im Mittelpunkt!
- Zentral ist die Balance zwischen Zuhören und Nachfragen – versuchen Sie, Pausen auszuhalten! Haben Sie Geduld beim Zuhören. Erst, wenn spezifische Punkte von den Befragten nicht geschildert werden, die wichtig im Zusammenhang mit Ihrer Frage sind, wenden Sie die Nachfragen an (siehe ▶ Kap. 2.5)!
- Lassen Sie sich Begriffe, Vorgänge und Situationen erläutern. Fragen Sie nach scheinbar Verständlichem!

## FALLBEISPIEL

In unserem Fallbeispiel werden insgesamt 10 Teilnehmende des Programms ‚Betreuungsweisen Zwei' und 10 Nicht-Teilnehmende (als Kontrollgruppe) interviewt. Für die Gruppendiskussion können 14 Fachkräfte rekrutiert werden, sodass zwei Gruppendiskussionen mit jeweils sieben Teilnehmenden durchgeführt werden.

Wenn Sie die Anzahl der an der Gruppendiskussionen Teilnehmenden mit der geplanten Anzahl im Forschungsdesign vergleichen (▶ Kap. 2.4), fällt Ihnen sicher auf, dass diese nicht übereinstimmt. Hier wird ein typischer Fall im Zusammenhang mit der Durchführung von Evaluationen – und generell von empirischen Untersuchungen – deutlich. Es kann passieren, dass vorab im Evaluationsdesign festgelegte Planungen im späteren praktischen Untersuchungsprozess – aufgrund von sich ändernden Bedingungen – nicht eingehalten werden können. Im vorliegenden Fallbeispiel sind zum Beispiel vier angeschriebene Interviewpartner*innen nicht zum Interviewtermin erschienen und waren auch danach nicht mehr für die Teilnahme am Interview zu motivieren; bei den Fachkräften haben sich weitere zwei (die während der Planungszeit der Evaluation in Elternzeit waren) für eine Gruppendiskussion bereit erklärt.

**Rekrutierung – Klient*innen:** Die Durchführenden der Evaluation erstellen für die Teilnehmenden (und Nicht-Teilnehmenden) des Projekts ‚Betreuungsweisung Zwei' ein Infoblatt, auf dem sämtliche Aspekte bezüglich Evaluationsthematik, das geplante Vorgehen bezüglich des Interviews, den Datenschutz sowie eine Kontaktadresse mit der Bitte, sich zu melden. Als Incentive werden 10 Euro geboten.

Zusätzlich werden die Klient*innen von den Fachkräften mündlich bezüglich des Evaluationsvorgehens informiert (und motiviert, sich bei den Evaluationsdurchführenden zu melden).

Bei Kontaktaufnahme durch die Klient*innen werden diese nochmal im Rahmen eines Telefongesprächs ausführlich informiert, zudem wird ein Termin und Ort für das Interview vereinbart. Hierbei wird versucht, sich nach den Wünschen der Klient*innen zu richten.

**Datenerhebung – Klient*innen:** Die Interviews mit den jugendlichen Befragten finden – je nach Wunsch der Teilnehmenden – in den Büroräumen der Evaluationsdurchführenden oder in einem Besprechungsraum des Trägers statt. Die Interviews finden in einer vorbereiteten Sitzecke statt, es wird auf eine Sitzordnung geachtet, die einer ‚Verhörsituation' entgegenwirkt und eine entspannte Atmosphäre begünstigt. Es werden Kaffee, Wasser und Kekse gereicht.

Vor Beginn des Interviews wird nochmals ausführlich hinsichtlich des Datenschutzes aufgeklärt und die Einwilligungserklärung eingeholt sowie der Ablauf und die Interviewdauer besprochen. In manchen Fällen herrscht ein anfängliches Misstrauen aufgrund des Aufnahmegeräts, dies kann aber durch weitere Informationen abgebaut werden.

Die Dauer der Interviews beträgt zwischen 25 und 45 Minuten. Generell sind die Interviews mit den Jugendlichen geprägt von einer anfänglichen Zurückhaltung, die sich durch kurze Antworten auf die offenen Fragen des Leitfadens zeigt. Nach und nach – je mehr die Jugendlichen mit der Situation vertraut werden – verlängern sich die sogenannten narrativen Passagen im Interview. Die große Spanne der Interviewdauer zeigt, dass die Auskunfts- und Erzählmotivation der Interviewpartner*innen – und dies trifft generell für Befragte und vor allem für Jugendliche als Untersuchungsgruppe zu – variiert.

**Rekrutierung – Fachkräfte:** Die Fachkräfte werden per E-Mail und einem angehängten Informationsschreiben zu den Gruppendiskussionen eingeladen. Mit Blick auf die Terminierung erfolgt eine Abfrage per Doodle, um Termine zu finden, die für die potenziell Teilnehmenden geeignet sind. Die Teilnehmenden der Gruppendiskussion geben den Evaluationsdurchführenden Rückmeldung und melden sich zum jeweiligen Termin an.

**Datenerhebung – Fachkräfte:** Die mit den Fachkräften geführten Gruppendiskussionen finden in einem der Besprechungsräume des Trägers statt. Die Tische werden so zusammengestellt, dass sich die sieben Teilnehmenden und Moderatorin sowie Co-Moderatorin gleichverteilt in einer Runde zusammensetzen können. Es werden Kaffee und Kekse gereicht.

Vor Beginn der Gruppendiskussionen werden die Teilnehmenden – ähnlich wie bei den Einzelinterviews – nochmals hinsichtlich des Datenschutzes und des Ablaufs der Gruppendiskussion informiert. Zusätzlich werden die Teilnehmenden motiviert, dass sie während der Diskussion durchaus auch miteinander sprechen und diskutieren sollen sowie jederzeit Rückfragen stellen können.

Beide Gruppendiskussionen dauern rund 90 Minuten. Im Unterschied zu den Einzelinterviews, die auf die subjektiven Sichtweisen der Interviewten und ihre eigenen Interpretationslogiken fokussieren, berücksichtigen die Gruppendiskussionen zusätzlich die Interaktionsprozesse der Beteiligten und sind geprägt von einem lebendigen Austausch bezüglich der Themen des Moderationsleitfadens. Die Moderatorin führt anhand des Leitfadens durch die Diskussion und sorgt dafür, dass alle Teilnehmenden gleichermaßen zu Wort kommen; die Co-Moderatorin protokolliert zentrale Themen und kontrolliert die Behandlung aller zentralen Punkte; auch fertigt sie eine Skizze der Sitzanordnung der Diskussionsrunde an (mit prägnanten Aussagen), um die nachfolgende Transkription (▶ Kap. 2.7) zu erleichtern.

## EMPFEHLUNGEN FÜR DIE PRAXIS DER SOZIALWIRTSCHAFT

- Seien Sie – unabhängig von der Wahl der Erhebungsform – transparent! Geben Sie an die Befragten klare und detaillierte Informationen hinsichtlich des Vorgehens der Befragung, des Evaluationsgegenstands und vor allem hinsichtlich der Datenschutzaspekte weiter.
- Bleiben Sie in Ihrer Rolle als Interviewer*in stets neutral – berücksichtigen Sie, dass nie Ihre eigenen Meinungen oder Erfahrungen in eine Befragung einfließen dürfen.
- Vor allem für qualitative Befragungen gilt: Eine Vorbereitung der Datenerhebung ist äußerst wichtig – sowohl in Bezug auf die Verinnerlichung des Leitfadens (Sie sollten die Fragen auswendig beherrschen), die Technik (z. B. Prüfung des Aufnahmegeräts) als auch in Bezug auf die Schaffung einer angenehmen Atmosphäre des Interviewortes.

**WICHTIG:** Generell gilt für die Feldphase: Ein gut durchdachtes und dem Evaluationsgegenstand angepasstes Forschungsdesign mit konkreten und detaillierten Planungsschritten ist die Basis für eine gelingende Feld- und Untersuchungsphase! Aber: Die realen Rahmenbedingungen des Evaluationsfelds können Einfluss auf Schritte wie Rekrutierung und Datenerhebung nehmen – in diesem Fall muss das Vorgehen dem Feld angepasst werden.

## 2.7 Analyse der Daten (Schritt 7)

Abbildung 2.8 Schritte im Evaluationsprozess – Schritt 7 (Quelle: Eigene Darstellung)

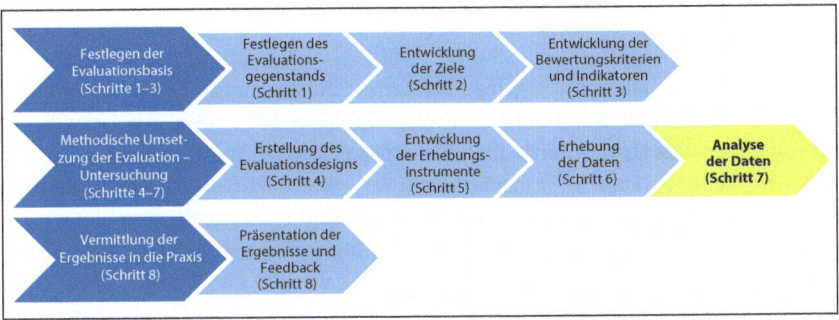

## DEFINITION: WAS IST DIE ANALYSE DER DATEN?

Nach der Datenerhebung erfolgt die Datenaufbereitung sowie daran anschließend die Datenanalyse.

Auch hier ist idealerweise im Evaluationsdesign (▶ Kap. 2.4) bereits festgesetzt, welche Art der Datenaufbereitung und welches Auswertungsverfahren gewählt wird – dies steht natürlich in zentralem Zusammenhang mit der gewählten Forschungsrichtung.

## PRAKTISCHE DURCHFÜHRUNG: WIE ERFOLGT DIE ANALYSE DER DATEN?

Je nach gewählter Forschungsrichtung werden auch die jeweiligen Datenaufbereitungsverfahren und Auswertungsverfahren gewählt.

> **Hinweis:** Einzelne Aspekte bezüglich der quantitativen und qualitativen Datenaufbereitungs- und -auswertungsverfahren sowie Hinweise bezüglich möglicher Verfahren zur Anwendung finden Sie in Kap. 2.4 – 6. *Datenaufbereitung und Datenauswertung.*

Generell sind mit Blick auf die Datenauswertung dringend die (finanziellen und personellen) Ressourcen sowie die methodische Kompetenz zu berücksichtigen – und sollten schon bei Erstellung des Evaluationsdesigns kalkuliert werden (▶ Kap. 2.4).

## FALLBEISPIEL

Wie im Forschungsdesign festgelegt, erfolgt die Auswertung der erhobenen Daten in unserem Fallbeispiel anhand von qualitativen Methoden. Als Grundlage für die Datenauswertung werden alle 20 aufgezeichneten Interviews und die beiden Gruppendiskussionen wortwörtlich transkribiert. Für die Dokumentenanalyse werden alle dafür vorgesehenen Materialien und Dokumente gesichtet.

Anhand der einzelnen Schritte der strukturierenden Inhaltsanalyse (Kuckartz 2018) – und unter Einsatz von MAXQDA – werden die Transkripte sowohl der Einzelinterviews als auch der beiden Gruppendiskussionen ausgewertet. Im Ergebnis entstehen zwei Kategoriensysteme, anhand derer die Ergebnisdarstellung und Interpretation erfolgt (▶ Schritt 8). Beispielhaft wird hier ein Ausschnitt aus dem Kategoriensystem *(Interviews Klient\*innen)* mit Fokus auf die Kategorie (Ziel 1) ‚Beziehung' (▶ Kap. 2.2) mit ihren Subkategorien und Ausprägungen aufgeführt:

**Tabelle 2.5** Ausschnitt Kategoriensystem (Interviews mit Klient\*innen) (Quelle: Eigene Darstellung)

**Perspektiven auf Beziehung**
- Unterstützung/Einsatz/Verlässlichkeit
- Kein Verständnis
- Verständnis
- Respekt
- „Mögen"
- „Wir"
- Empathie/Kulanz
- Anerkennung/wahres Interesse
- Vertrauen/offene, bereichernde Kommunikation

**Charakterisierung Betreuer\*in**
- Freund\*in
- Offen, cool
- Professionelle Person
- „Big Mama"
- Allgemeine positive Einschätzung
- Als zentraler/alleiniger „Anker"/Vertrauensperson
- Balance zwischen locker und ernst

**Verlässlichkeit bei der Wahrnehmung von Terminen**
- Termine werden eingehalten bzw. abgesagt
- Veränderung im Laufe der Zeit
- Gründe für Nichteinhalten von Terminen
- Gründe für fehlende Absagen von Terminen

**Kommunikationszeichen**

**Wertschätzung/Echtheit/Empathie**

**Grenzwahrung und Grenzüberschreitung**

**Professionelle Nähe und Distanz**

Beispielhaft wird hier auch ein Ausschnitt aus dem Kategoriensystem *(Gruppendiskussionen Fachkräfte)* mit Fokus auf die Kategorie ‚Beziehung' (Ziel 1) (▶ Kap. 2.2) mit ihren Subkategorien und Ausprägungen aufgeführt:

**Tabelle 2.6** Ausschnitt Kategoriensystem (Gruppendiskussionen mit Fachkräften) (Quelle: Eigene Darstellung)

| **Allgemeine Kennzeichen (gelungener) Beziehungsaufbau** |
|---|
| Rahmenfaktoren des Beziehungsaufbaus |
| Förderliche Faktoren: Verstehen der Maßnahme |
| Förderliche Faktoren: Transparenz |
| Vertrauen |
| Verbindlichkeit |
| Positive Gefühle auf beiden Seiten |
| Langanhaltender Kontakt/Wunsch danach |
| Reflektion/„Auseinandersetzung" findet statt |
| Freiwilligkeit/Wunsch nach häufigem Kontakt |

*Mit Blick auf die Ausschnitte der Kategoriensysteme sei darauf hingewiesen: Die Ausschnitte sollen veranschaulichen, wie ein Kategoriensystem aussehen kann – eine darüberhinausgehende inhaltliche Erläuterung der Kategorien steht hier nicht im Fokus.*

Im Rahmen der Dokumentenanalyse – anhand von Excel – werden verschiedene relevante Unterlagen (Akten sowie Dokumentationen der Betreuer*innen) der insgesamt 20 Befragten ausgewertet. Die Analyse erfolgt anhand von vorab erstellten und parallel zur Datenanalyse erweiterbaren Analyserastern. Die daraus entstandenen Ergebnisse werden als zusätzliche, unterstützende Kategorien zu den anhand der Inhaltanalyse der Einzelinterviews und Gruppendiskussionen herangezogen.

Anhand der jeweiligen Kategorien und Subkategorien kann in Konsequenz jedes aufgestellte Ziel analytisch betrachtet werden und auf dessen ‚Erreichen' bzw. die damit verbundenen Potenziale (positive Aspekte) und Risiken (negative Aspekte) beurteilt werden.

**EMPFEHLUNGEN FÜR DIE PRAXIS DER SOZIALWIRTSCHAFT**

- Die Auswertung nimmt – vor allem, wenn man mit qualitativen Auswertungsverfahren arbeitet – viel Zeit in Anspruch. Dies sollten Sie unbedingt schon bei der Planung berücksichtigen. Denn es ist erforderlich, bei der Auswertung methodisch detailliert und gewissenhaft vorzugehen. Denn nur wissenschaftlich fundierte Ergebnisse können im Rahmen einer Evaluation Aufschluss über den Evaluationsgegenstand geben.
- In diesem Zusammenhang sei ein wiederholter Verweis auf die Notwendigkeit von methodischer Kompetenz im Hinblick auf die Anwendung von quantitativen und qualitativen Auswertungsverfahren gegeben: Sollten Sie wenig Erfahrung und Wissen mit Blick auf die Anwendung von Forschungsmethoden und damit zusammenhängenden Auswertungsverfahren verfügen, sollten Sie sich unbedingt mit methodischer Fachliteratur vertraut machen, eine methodische Fortbildung im Vorfeld der Evaluation besuchen oder externe Unterstützung in Anspruch nehmen.

## 2.8 Präsentation der Ergebnisse und Feedback (Schritt 8)

Abbildung 2.9   Schritte im Evaluationsprozess – Schritt 8 (Quelle: Eigene Darstellung)

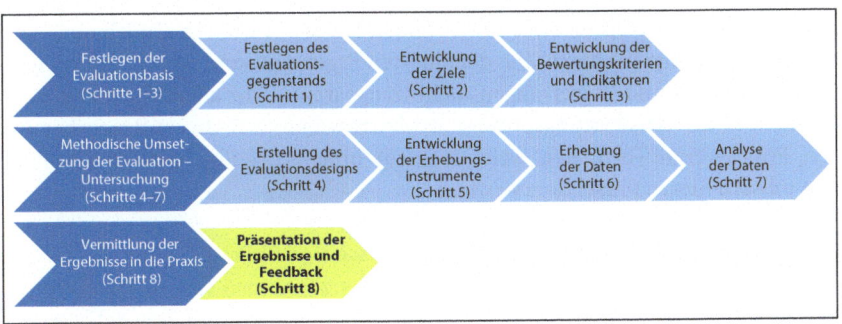

**DEFINITION: WAS IST DIE PRÄSENTATION DER ERGEBNISSE UND FEEDBACK?**

Anhand der Ergebnisse der Datenauswertung lassen sich nun die zu Beginn entwickelten Ziele (mithilfe der damit einhergehenden Kriterien und Indikatoren) überprüfen und bewerten. Dabei ist zentral: Nur wenn eindeutige und passgenaue

Kriterien aufgestellt wurden, kann eine fundierte, dem Evaluationsgegenstand angemessene und in Konsequenz für die Praxis brauchbare Bewertung stattfinden: „Es ist wichtig, dass die Bewertungen aus den empirischen Daten unter Rückgriff auf die zuvor festgelegten Kriterien begründet werden" (Balzer und Beywl 2016, S. 3). Ist dies nicht der Fall, dann fällt die Bewertung relativ beliebig aus und es kann streng genommen auch kein Rückschluss für die Praxis anhand der Ergebnisse gefolgert werden.

Sie sind nun beim letzten Schritt des Evaluationsprozesses angelangt und es wird – spätestens hier – grundlegend deutlich, dass alle Schritte des Evaluationsprozesses unabdinglich sind und jeder Schritt für sich präzise sowie methodisch fundiert bearbeitet werden muss. Jeder Schritt baut auf den vorherigen auf. Wurde reflektiert und methodisch gewissenhaft gearbeitet, dann spiegeln die Ergebnisse der Analyse nun auch die Bewertungskriterien (die in Schritt 3 entwickelt wurden) wider und es können wertvolle Konsequenzen für Ihr evaluiertes Programm bzw. Projekt gezogen werden.

## PRAKTISCHE DURCHFÜHRUNG: WIE ERFOLGT DIE PRÄSENTATION DER ERGEBNISSE UND DAS FEEDBACK?

Die Ergebnisse der Evaluation müssen nun aufbereitet werden, denn die ausschließliche Auswertung der Daten (z. B. anhand verschiedener SPSS-Outputs im Falle von quantitativen Analysen oder anhand eines MAXQDA-Codebaums bei qualitativen Analysen) macht die detaillierten Ergebnisse und damit verbundene Interpretationen und Bewertungen nicht transparent – vor allem für diejenigen, die nicht in den Auswertungsprozess involviert waren (z. B. die Auftraggeber*innen, Projektverantwortlichen, weitere Akteur*innen). Die Ergebnisse der Evaluation müssen hierzu präsentiert werden.

### Welche Formen der Präsentation der Ergebnisse sind üblich?
Zumeist wird ein Evaluationsbericht erstellt, der zum einen den Ausgangspunkt (oder Auftrag) der Evaluation darlegt, transparent die methodischen Schritte der Evaluation darlegt und – zentral – die Ergebnisse der Evaluation präsentiert, sinnvollerweise entlang der aufgestellten Ziele bzw. Bewertungskriterien. In einem Fazit werden üblicherweise die Ergebnisse und Bewertungen nochmals zusammengefasst und – je nach Vereinbarung mit den Projektverantwortlichen – einige Hinweis oder Empfehlungen für praktische Implikationen der Ergebnisse kommuniziert.

Der Umfang des Berichts unterscheidet sich hier – je nach Vereinbarungen und je nach Verwendungsbedarfen des Berichts. Es kann sinnvoll sein, neben einer ausführlichen Version des Evaluationsberichts (die auch Erhebungsinstrumente sowie Auswertungstabellen etc. enthält), auch eine Kurzversion zu erstellen, die dann ggf. allen Akteur*innen zur Verfügung gestellt wird.

Liegt die Einwilligung der Projektverantwortlichen vor, so ist es auch möglich, dass die Ergebnisse der Evaluation (oder das methodische Vorgehen) auf relevanten Fachtagungen oder im Rahmen von Fachpublikationen präsentiert werden.

**Wer erhält die Evaluationsergebnisse?**

Wem die Ergebnisse der Evaluation zugänglich gemacht werden, ist typischerweise festgelegt (anhand der Ausschreibung, eines Vertrags oder Absprachen zwischen Evaluierenden und Projektverantwortlichen). So kann es sein, dass vereinbart ist, dass ein Evaluationsbericht erstellt wird, der ausschließlich intern den Auftraggeber*innen bzw. Projektverantwortlichen zur Verfügung gestellt werden darf. Es kann aber auch sein, dass die Ergebnisse im Rahmen einer Fachveranstaltung (meist zusätzlich zum Evaluationsbericht) allen oder einem Teil der Beteiligten präsentiert werden.

Zwischen diesen beiden Extremen – die Ergebnisse sind nur intern zugänglich für einen kleinen, exklusiven Kreis oder die Ergebnisse sind offen zugänglich für alle Beteiligten, die mit dem evaluierten Programm zu tun haben – gibt es Abstufungen. Die Zugänglichkeit der Ergebnisse für alle Beteiligten und Betroffenen entspricht in diesem Zusammenhang einem der Standards für Evaluation (▶ Kap. 1.4/F5).

**FALLBEISPIEL**

In unserem Fallbeispiel gehen wir davon aus, dass ein etwa 45 Seiten umfassender Evaluationsbericht erstellt wird, der den Projektverantwortlichen zur Verfügung gestellt und von diesen auch an alle Fachkräfte des Trägers weitergeleitet wird.

**Das Inhaltsverzeichnis ist folgendermaßen aufgebaut:**

| | | |
|---|---|---:|
| 1 | Auftrag und Ziele der Evaluation | 2 |
| | 1.1 Das Programm ‚Betreuungsweisung Zwei' | 4 |
| | 1.2 Gegenstand der Evaluation | 5 |
| | 1.3 Untersuchte Ziele, Bewertungskriterien und Indikatoren | 6 |
| 2 | Methodisches Vorgehen | 8 |
| 3 | Ergebnisse der Evaluation | 12 |
| | 3.1 Beziehungsaufbau zwischen Klient*in und Betreuer*in | 13 |
| | 3.1.1 Verlässlichkeit/Verbindlichkeit | 14 |

| | | |
|---|---|---|
| | 3.1.2 Vertrauen | 16 |
| | 3.1.3 Gefühl der Unterstützung | 18 |
| | 3.1.4 Reflexion/Perspektiven auf Beziehung zwischen Klient*in und Betreuer*in | 19 |
| 3.2 | Entwicklung von Zukunftsperspektiven | 21 |
| | 3.2.1 *Bewertungskriterium 1* | 21 |
| | 3.2.2 *Bewertungskriterium 2* | 23 |
| | 3.2.3 *Bewertungskriterium 3* | 25 |
| 3.3 | Überprüfung und Änderung familiärer Interaktions- und Kommunikationsstrukturen | 26 |
| | 3.3.1 *Bewertungskriterium 1* | 28 |
| | 3.3.2 *Bewertungskriterium 2* | 28 |
| | 3.3.3 *Bewertungskriterium 3* | 29 |
| | 3.3.4 *Bewertungskriterium 4* | 31 |
| 4 | Zusammenfassung und Zielerreichung | 33 |
| 4.1 | Zielerreichung des Programms ‚Betreuungsweisung Zwei' | 35 |
| 4.2 | Die Rolle des erhöhten Zeitbudgets im Rahmen der Betreuung | 38 |
| 4.3 | Ausblick | 40 |

Auch Vorträge im Rahmen von Fachtagen, Kongressen und Publikationen im Zusammenhang mit den Evaluationsergebnissen werden von den Projektverantwortlichen und dem Evaluationsteam gemeinsam getätigt.

## EMPFEHLUNGEN FÜR DIE PRAXIS DER SOZIALWIRTSCHAFT

- Achten Sie bei der Aufbereitung der Ergebnisse auf eine zielgruppenspezifische Präsentation. Für eine erfolgreiche Vermittlung der Ergebnisse ist es wichtig, dass diese auch verstanden werden. So haben z. B. Wissenschaftler*innen, Projektverantwortliche und Klient*innen einer Maßnahme ggf. unterschiedliche Bedarfe hinsichtlich der Präsentationsschwerpunkte und -vermittlung.

- Sie haben alle Schritte im Evaluationsprozess bearbeitet und anhand der Ergebnisse der Evaluation können Sie mit Blick auf die zugrunde gelegten Kriterien bewerten, wie „gut" oder „schlecht" die Ziele erreicht wurden. Ob Sie in diesem Zusammenhang auch Empfehlungen mit Blick auf die Praxis formulieren oder die Umsetzung der Ergebnisse alleine den Projektverantwortlichen obliegt, sollte in jedem Fall vor Beginn der Evaluation im Austausch zwischen Evaluierenden und Projektverantwortlichen bzw. Auftraggeber*innen vereinbart werden (▶ Kap. 3).

## UND DANN?

Ein zentraler Schritt, der mit Beendigung des Evaluationsprozesses in den Fokus rückt, ist die Frage der Umsetzung der Evaluationsergebnisse in der Praxis: Was folgt den Ergebnissen? Welche Veränderungen werden angestoßen, um den überprüften Evaluationsgegenstand gegebenenfalls zu verbessern? Wird eine Pilotmaßnahme als Regelmaßnahme installiert? Werden neue Stellen eingerichtet? Werden Stellen gestrichen? Passiert überhaupt etwas auf Grundlage der Evaluationsergebnisse?

Dieser letzte Schritt des Evaluationsprozesses und die damit verbundenen Entscheidungen obliegen – zumindest im Fall von externen Evaluationen – alleine den Auftraggeber*innen bzw. Projektverantwortlichen. Das Evaluationsteam hat den Evaluationsbericht (► Schritt 8) übergeben und ggf. die Ergebnisse der Evaluation (und somit auch Hinweise hinsichtlich des Erreichens der zu Evaluationsbeginn formulierten Ziele) in weiteren Austauschgesprächen vermittelt.

Auf die Umsetzung der Evaluationsergebnisse hat das Evaluationsteam keinen Einfluss. Hier sind nun die Projektverantwortlichen gefragt und es gibt verschiedene Möglichkeiten, auf die Ergebnisse zu reagieren (► Kap. 6.2).

# Anhang

### Übungsaufgaben zur praktischen Auseinandersetzung und persönlichen Vertiefung

**A 2.1:** Im Zusammenhang mit dem Pilotprojekt ‚Gesundheit stärken' werden unterschiedliche Maßnahmen im Rahmen des Unterrichts an städtischen Grundschulen installiert. Nun soll das Projekt evaluiert werden. Folgendes Ziel wurde im Rahmen des Pilotprojekts aufgestellt: Verbesserung des Körperbewusstseins bei den Grundschüler*innen. Entwickeln Sie für dieses Ziel zwei Bewertungskriterien und dazu passende Indikatoren.

**A 2.2:** Welche typischen Merkmale weisen qualitative und quantitative Forschungsmethoden auf? Nennen Sie bitte einige zentrale Merkmale.

**A 2.3:** Entwickeln Sie anhand der in Aufgabe 2.1 entwickelten Kriterien und Indikatoren zwei Fragen für ein Leitfadeninterview.

**A 2.4:** Wir gehen davon aus, dass Sie im Rahmen der oben genannten Evaluation (Pilotprojekt ‚Gesundheit stärken') eine Befragung mit Grundschüler*innen und

Sportlehrer*innen im Forschungsdesign geplant haben. Für welche Befragungsart entscheiden Sie sich mit Blick auf die beiden Untersuchungsgruppen und warum?

Lösungen: siehe Beispiellösungen für die Übungsaufgaben am Ende des Buchs

## Literatur

Arnold, Eva. 2005. Evaluation in Bildungsinstitutionen: Skript. Zugegriffen: 2. Mai 2020.

Balzer, Lars, und Wolfgang Beywl. 2016. In zehn Schritten zu einer guten Evaluation. http://www.lars-balzer.info/publications/pub-balzer_2016-04_panorama 2016-30(3)de_balzer-beywl.pdf. Zugegriffen: 2. Mai 2020.

Balzer, Lars, und Wolfgang Beywl. 2018. *evaluiert (E-Book): Erweitertes Planungsbuch für Evaluationen im Bildungsbereich*, 2. Aufl. Bern: hep verlag.

Böttcher, Wolfgang (Hrsg.). 2014. *Evaluation in Deutschland und Österreich: Stand und Entwicklungsperspektiven in den Arbeitsfeldern der DeGEval – Gesellschaft für Evaluation*. Münster: Waxmann.

Böttcher, Wolfgang, Jan Nikolas Dicke, und Nina Hogrebe (Hrsg.). 2010. *Evaluation, Bildung und Gesellschaft: Steuerungsinstrumente zwischen Anspruch und Wirklichkeit*. Münster u.a: Waxmann.

Bundesamt für Gesundheit. 1997. Leitfaden für die Planung von Projekt- und Programmevaluation. https://www.degeval.org/fileadmin/user_upload/Sonstiges/leitfaden.pdf. Zugegriffen: 25. April 2020.

Bundesministerium für Ernährung und Landwirtschaft. 2017. Leitfaden Evaluation IN FORM. https://www.in-form.de/fileadmin/Dokumente/Materialien/IN_FORM_Leitfaden_Evaluation.pdf. Zugegriffen: 2. Mai 2020.

Bundesministerium für Familie, Frauen, Senioren und Jugend. 2000. Zielgeführte Evaluation von Programmen in der Kinder- und Jugendhilfe. https://www.univation.org/download/QS_29.pdf. Zugegriffen: 2. Mai 2020.

DeGEval – Gesellschaft für Evaluation. 2014. Komplexität und Evaluation: Positionspapier des Vorstandes der DeGEval Gesellschaft für Evaluation. https://www.degeval.org/fileadmin/user_upload/Sonstiges/Komplexitaet_und_Evaluation_Positionspapier_061.pdf. Zugegriffen: 2. Mai 2020.

DeGEval – Gesellschaft für Evaluation. 2015b. Methoden der Evaluation: Positionspapier der DeGEval – Gesellschaft für Evaluation. https://www.degeval.org/fileadmin/Publikationen/Positionspapiere/DeGEval_Positionspapier03-Methoden.pdf. Zugegriffen: 2. Mai 2020.

Deutsches Institut für Sozialwirtschaft. 2019. Evaluation der Kontaktverbotsverordnung in St. Georg. https://www.institut-sozialwirtschaft.de/evaluation-der-kontaktverbotsverordnung-in-st-georg/. Zugegriffen: 2. Mai 2020.

Döring, Nicola, und Jürgen Bortz. 2016. *Forschungsmethoden und Evaluation in den Sozial- und Humanwissenschaften*, 5. Aufl. Berlin, Heidelberg: Springer.

Dresing, Thorsten, und Thorsten Pehl (Hrsg.). 2017. *Praxisbuch Interview, Transkription & Analyse: Anleitungen und Regelsysteme für qualitativ Forschende*, 7. Aufl. Marburg: Eigenverlag.

Farrokhzad, Schahrzad, und Susanne Mäder. 2014. *Nutzenorientierte Evaluation: Ein Leitfaden für die Arbeitsfelder Integration, Vielfalt und Toleranz*. Münster, Westf.: Waxmann.

Gollwitzer, Mario, und Reinhold S. Jäger. 2009. *Evaluation kompakt*. Weinheim: Beltz.

Haubrich, Karin, Bernd Holthusen, und Gerlinde Struhkamp. 2005. Evaluation – einige Sortierungen zu einem schillernden Begriff. *DJI Bulletin Plus* (72).

Heil, Karolus, Maja Heiner, und Ursula Feldmann (Hrsg.). 2001. *Evaluation sozialer Arbeit: Eine Arbeitshilfe mit Beispielen zur Evaluation und Selbstevaluation*. Frankfurt am Main: Dt. Verein für Öffentliche und Private Fürsorge.

Helfferich, Cornelia. 2005. *Die Qualität qualitativer Daten: Manual für die Durchführung qualitativer Interviews*, 2. Aufl. Wiesbaden: VS Verl. für Sozialwiss.

Hense, Jan. 2020. Online-Wörterbuch Evaluation.: In: evoluation.de – Evaluation und Qualitätssicherung im Bildungswesen. http://www.evoluation.de/glossary#e. Zugegriffen: 22. April 2020.

Honer, Anne, und Ronald Hitzler. 2011. *Kleine Leiblichkeiten: Erkundungen in Lebenswelten*. Wiesbaden: VS Verlag für Sozialwissenschaften/Springer Fachmedien Wiesbaden GmbH Wiesbaden.

ILMES. 2016. Internet-Lexikon der Methoden der empirischen Sozialforschung: Panel: Paneluntersuchung, Panelstudie. http://wlm.userweb.mwn.de/Ilmes/ilm_p7.htm. Zugegriffen: 2. Mai 2020.

Institut für Sozialforschung und Sozialwirtschaft e. V. 2014. Evaluation von Pflegestützpunkten in Deutschland. https://www.iso-institut.de/projekt_evaluation-von-pflegestuetzpunkten/. Zugegriffen: 2. Mai 2020.

Kuckartz, Udo. 2018. *Qualitative Inhaltsanalyse. Methoden, Praxis, Computerunterstützung*, 4. Aufl. Weinheim, Basel: Beltz Juventa.

Kuckartz, Udo, Thorsten Dresing, Stefan Rädiker, und Claus Stefer. 2008. *Qualitative Evaluation: Der Einstieg in die Praxis*, 2. Aufl. Wiesbaden: VS Verlag für Sozialwissenschaften/GWV Fachverlage GmbH Wiesbaden.

Lieb, Lisa, und Tanja Sczepanski. 2016. *Praxisleitfaden interne Evaluation in der Kita: Schritt für Schritt zu mehr Qualität*. Köln, Kronach: Carl Link.

Stegmann, Michael, und Jürgen Schwab. 2012. *Evaluieren und Forschen für die Soziale Arbeit: Ein Arbeits- und Studienbuch – Reihe Hand- und Arbeitsbücher (H 4)*. Freiburg: Lambertus-Verlag.

Stockmann, Reinhard, und Wolfgang Meyer. 2014. *Evaluation: Eine Einführung*, 2. Aufl. Opladen, Stuttgart: Budrich; UTB.

Systemblick. 2020. Evaluation und Erfolgskontrolle im Zuwendungsbereich: Eine Evaluation planen. https://systemblick.de/fileadmin/_migrated/content_uploads/Evaluation-und-Erfolgskontrolle_systemblick.pdf. Zugegriffen: 2. Mai 2020.

Univation – Institut für Evaluation. 2016a. Eval-Wiki: Glossar der Evaluation: Ziele (eines Programms). https://eval-wiki.org/glossar/Ziele_(eines_Programms). Zugegriffen: 22. April 2020.

Univation – Institut für Evaluation. 2016b. Programmbaum. https://www.univation.org/programmbaum. Zugegriffen: 22. April 2020.

Univation – Institut für Evaluation. 2018. Eval-Wiki: Glossar der Evaluation: Checkliste Evaluation. https://eval-wiki.org/glossar/Checklisten. Zugegriffen: 22. April 2020.

Univation – Institut für Evaluation. 2019. Eval-Wiki: Glossar der Evaluation: Evaluationsplan. https://eval-wiki.org/glossar/Evaluationsplan. Zugegriffen: 22. April 2020.

Univation – Institut für Evaluation. 2020. Eval-Wiki: Glossar der Evaluation: Evaluationsgegenstand. https://eval-wiki.org/glossar/Evaluationsgegenstand. Zugegriffen: 22. April 2020.

**Literaturtipps zur Vertiefung**

Balzer, Lars, und Wolfgang Beywl. 2018. *evaluiert (E-Book): Erweitertes Planungsbuch für Evaluationen im Bildungsbereich.* 2. Aufl. Bern: hep.

Giel, Susanne, Katharina Klockgether, und Susanne Mäder, Hrsg. 2016. *Evaluationspraxis: Professionalisierung – Ansätze – Methoden,* 2. Aufl. Münster, New York: Waxmann.

Helfferich, Cornelia. 2005. *Die Qualität qualitativer Daten: Manual für die Durchführung qualitativer Interviews,* 2. Aufl. Wiesbaden: VS Verlag für Sozialwiss.

Hussy, Walter, Margrit Schreier, und Gerald Echterhoff. 2013. *Forschungsmethoden in Psychologie und Sozialwissenschaften für Bachelor,* 2. Aufl. Berlin, Heidelberg: Springer.

Kuckartz, Udo. 2018. *Qualitative Inhaltsanalyse. Methoden, Praxis, Computerunterstützung,* 4. Aufl. Weinheim, Basel: Beltz Juventa.

Stockmann, Reinhard, und Wolfgang Meyer. 2014. *Evaluation: Eine Einführung,* 2. Aufl. Opladen, Stuttgart: Budrich; UTB.

# Teil III:

# Evaluation aus Sicht von Auftraggeber*innen: Planung, Steuerung und Verwertung

In den vorangehenden Kapiteln haben Sie erfahren, wie eine Evaluation aufgebaut ist und wie sie schrittweise durchgeführt wird. Dieses Wissen hilft Ihnen auch, um eine Evaluation zu planen und in Auftrag zu geben, auch wenn Sie die Evaluation nicht selbst durchführen. Oftmals besteht in der Sozialwirtschaft nur wenig Kenntnis darüber, was eine Evaluation eigentlich genau ist und wie sie sich umsetzen lässt. Der Begriff Evaluation wird gleichgesetzt mit Bewertung, Begutachtung sowie Einschätzung. Doch hinter dem Begriff und der Anforderung an eine Evaluation verbirgt sich eine wissenschaftlich angelegte methodische Untersuchung, deren Ausführung die Durchführenden kennen sollten. Im diesem dritten Teil des Buchs steht das Evaluationsprojekt als Ganzes im Vordergrund. In einem Evaluationsprojekt innerhalb der Sozialwirtschaft gilt es, Evaluationen zu planen, steuern und zu verwerten. Evaluation wird dabei als Instrument der Unternehmensführung verstanden, welches die Steuerung sozialer Dienstleistungen, Projekte und Prozesse unterstützt.

Gegenstand des Kapitels sind die verschiedenen Aufgaben eines Evaluationsprojekts, die Auftraggeber*innen bedenken müssen. Der Kapitelaufbau orientiert sich an den wesentlichen Phasen eines Evaluationsprojekts: Planung und Vorbereitung, Steuerung und Verwertung, also an den Anforderungen, die sich an Fach- und Führungskräfte der Sozialwirtschaft stellen, wenn sie Evaluationen verantworten müssen.

Für die Verantwortlichen einer Evaluation stehen nicht die Modelle und Methoden im Vordergrund, sondern die Frage nach den Ergebnissen und dem Nutzen der Evaluation. Auftraggeber*innen oder Geldgeber*innen möchten wissen, welche Wirkungen ihre oft kostenintensiven Maßnahmen und Projekte auf das Klientel, die angesprochenen Zielgruppen haben. Besteht vielfach in Kommunen, Wohlfahrtsverbänden oder anderen Trägern ein projekt- oder programmspezifisches Interesse an Erkenntnissen und Entscheidung für eine Evaluation, ist in vielen Fällen eine (Programm-)Evaluation bereits unumgänglich. Die Förderrichtlinien von Bund, Ländern oder der Europäischen Kommission (z. B. ESF-Projekte) sehen begleitende oder abschließende Evaluationen inzwischen als selbstverständliche Bestandteile an.

Für die Verantwortlichen der Sozialwirtschaft bedeutet dies, sich auf diese Aufgabe nicht nur einzustellen und die Evaluation zu vergeben, sondern auch Evaluationen sinnvoll und effektiv durchzuführen bzw. durchführen zu lassen. Die Verantwortlichen müssen also nicht Expert*innen für Evaluationen sein, sie sollten aber ein Verständnis über den Ablauf und das Vorgehen einer Evaluation (▶ Teil II) erwerben. Darüber hinaus müssen sie als Auftraggeber*innen und/oder Projektmanager*innen Evaluationen verantworten. Für Fach- und Führungskräfte der Sozialwirtschaft, die für durchführende und steuernde Aufgaben verantwortlich sind, ist eine Evaluation oftmals nicht als Instrument bekannt, das einer genauen Planung und Steuerung bedarf, um Qualität zu sichern und einen Nutzen für die eigene Arbeit zu erzielen. Begreifen wir aber Evaluation als Instrument, das datengestützt und passgenau auf eine Fragestellung, einen Gegenstand angewendet wird, kann es ein mächtiges Instrument sein. Evaluationsergebnisse können Aussagen darüber treffen, ob sich Maßnahmen bewähren, ob Konzepte erfolgreich umgesetzt werden, ob sich Verfahren eignen, ob Projekte inhaltlich wirksam und wirtschaftlich effektiv sind. Diese unterschiedlichen Zielsetzungen rund um die Möglichkeiten einer Evaluation erfordern aber von denjenigen, die eine Evaluation planen und beauftragen, im Vorfeld einige grundlegende Entscheidungen:

*WOZU* soll die Evaluation durchgeführt werden (Zweck der Evaluation)? *WAS* soll damit erreicht werden (Nutzen der Evaluation)? Daraus ableiten lässt sich die Frage, *WANN* die Evaluation durchgeführt werden soll: vor, während oder nach dem Projekt, der Maßnahme, dem Programm?

> **Hinweis:** Verzichtet werden soll hier explizit auf den Begriff des Ziels, denn die Verwendung des Begriffs Ziels wird in der Evaluationsforschung und -praxis in unterschiedlicher Form genutzt (Evaluationsziele, Ziele der Evaluation, Programmziele etc., ▶ Kap. 2.2). Die Deutsche Gesellschaft für Evaluation (DeGEval) schlägt deshalb vor, den Begriff Evaluationsziel durch Evaluationszweck zu ersetzen.

Die Beantwortung dieser Fragen ist mit Entscheidungen verbunden, zusammengenommen lässt sich dies unter dem Begriff der *Auftragsklärung* fassen.

Neben den Vorstellungen darüber, was eine Evaluation ‚bringen' soll, sind auch die nötigen *Ressourcen, Beteiligten* und weitere *Planungsschritte* bis hin zu den *Ergebnissen* und deren *Umsetzung* mitzudenken und das Vorhaben zu *steuern*. Ein wesentlicher Bestandteil dessen ist es, Evaluationen *auszuschreiben* und zu *beauftragen*. Diese Anforderungen stehen in einem engen Zusammenhang miteinander, auch die Ergebnisse sind nicht unabhängig von der Durchführung zu betrachten.

Für Auftraggeber*innen ohne Evaluationserfahrungen ist es schwierig zu wissen, was sie von einer Evaluation erwarten können und welche Anforderungen sie an eine Evaluation stellen können. Auch die Kompetenz, über die die durchführenden Evaluator*innen verfügen sollen, ist oft unklar. Die in der Praxis anzutreffende Vorstellung, dass sich das weitere Vorgehen schon klären, sobald man eine Evaluation beauftragt hat, ist nur selten erfolgreich. Ebenso ist der Verzicht auf eine Steuerung der Evaluation nur unter Einbußen bei der Durchführungsqualität zu haben. Umgekehrt kann eine gute Planung und Begleitung, eine erfolgreiche und vor allem nutzenbringende Evaluation begünstigen.

Für die systematische Evaluation lassen sich damit verschiedene Aufgabenbereiche benennen, die Auftraggeber*innen (aber auch diejenigen, die mit der

Durchführung betraut werden) idealtypisch vollziehen: Planung und Vorbereitung, Beauftragung, Steuerung sowie Verwertung. Dabei ist darauf hinzuweisen, dass Evaluation zwar einem systematischen Ablauf folgt und zum besseren Verständnis in einer schritthaften Weise dargestellt wird, in der Praxis aber einen ineinandergreifenden Prozess mit einer Vielzahl von Aufgaben und Akteur*innen darstellt. Das Kapitel orientiert sich damit an den Anforderungen, die sich an Fach- und Führungskräfte der Sozialwirtschaft stellen, wenn sie Evaluationen verantworten müssen.

## ZUM AUFBAU DES DRITTEN TEILS:

Die zentralen Phasen und Aufgabenfelder der Evaluation aus der Perspektive der Auftraggeber*innen werden in den nächsten Kapiteln vorgestellt. Das heißt, dieser Teil richtet sich nicht vorrangig an diejenigen, die eine Evaluation durchführen (müssen), sondern soll dazu befähigen, ein Evaluationsprojekt aufzusetzen und zu begleiten, etwas, das gerade auch (angehende) Sozialwirt*innen und Fach- und Führungskräfte in Verwaltungen und Verbänden als Aufgabe haben.

Zunächst geht es um die *Vorbereitung und Planung* einer Evaluation (Kap. 3). In dieser ersten Phase eines Evaluationsprozesses wird nicht nur geklärt, welchen Zweck die Evaluation verfolgt, welcher Nutzen erwartet werden kann und welche Ziele mit der Evaluation verbunden sind, sondern auch wer beteiligt werden muss. Ebenso werden die Rahmenbedingungen eines Evaluationsauftrags festgelegt. In Kap. 4 wird die *Ausschreibung und Beauftragung* einer Evaluation besprochen. Um das Gelingen einer Evaluation zu sichern, ist die *Steuerung* ein zentraler Faktor im *Evaluationsprozess*. Evaluationen passieren nicht einfach, sie erfordern die Kommunikation der Aufgaben und die Inanspruchnahme von internen Mitarbeiter*innen oder externen Dienstleister*innen. Ungeachtet dessen, wer die Evaluation durchführt, benötigt sie einen Überblick und die formale und organisationsbezogene Begleitung durch die beauftragende und verantwortende Person, sie fordert somit Projektmanagementkompetenzen. Dies ist Gegenstand des Kapitels Steuerung von Evaluationen (Kap. 5). Jede Evaluation produziert Ergebnisse. Die *Verwertung der Evaluationsergebnisse* ist abhängig vom zuvor definierten Evaluationszweck. Die Implementierung der Ergebnisse in bestehende Programme oder Qualitätsprozesse, eine Veränderung von Abläufen oder Projekten sowie die Bestätigung bisheriger Arbeitsweisen definiert den *Nutzen von Evaluationen* für die Sozialwirtschaft (Kap. 6).

Die folgende Grafik zeigt eine ineinandergreifende Struktur der verschiedenen Phasen des Evaluationsprozesses und weist darauf hin, dass eine Evaluation bestimmte Arbeitsschritte benötigt, um zielführend sein zu können.

**Abbildung 3.1** Phasen der Evaluation aus Auftraggeber*innensicht im Überblick (Quelle: Eigene Darstellung)

Jede dieser idealtypischen Phasen ist mit verschiedenen Aufgaben verbunden, die sich wiederum in verschiedene Arbeitsschritte gliedern lassen. Dabei ist immer darauf hinzuweisen, dass jedes Evaluationsprojekt individuell zu betrachten ist, weil der Gegenstand der Evaluation, seine Rahmenbedingungen, Kontextfaktoren, Anforderungen und Beteiligten nicht vergleichbar sind. Das folgende Schema stellt also den idealtypischen Evaluationsplan für Auftraggeber*innen dar.

**Tabelle 3.1** Evaluationsplan aus Auftraggeber*innensicht (Quelle: Eigene Darstellung)

| Phase | Aufgabe | Arbeitsschritt |
|---|---|---|
| Planungsphase | Interne Auftragsklärung | • Bestimmung des Evaluationsgegenstands<br>• Klärung des Evaluationszwecks<br>• Nutzungsabsichten<br>• Fragestellungen |
| | Einbindung relevanter Akteur*innen | • Identifizierung von Stakeholdern<br>• Einbindung von Stakeholdern, Beteiligten und Betroffenen |
| | Ressourcenplanung | • Festlegung des Evaluationsumfangs<br>• Zeitplanung |
| Vorbereitungsphase | Ausschreibung | • Auswahl Teilnehmer*innenkreis<br>• Festlegung Bewertungskriterien<br>• Erstellung der Ausschreibung und Angebotseinholung |
| | Beauftragung | • Bewertung der Angebote<br>• Verhandlungen und Auftragsklärung mit Auftragnehmer*in<br>• Auftragserteilung |
| Steuerungsphase | Kick-off | • Beginn der Evaluation<br>• Kennenlernen der relevanten Akteur*innen |
| | Begleitung und Steuerung | • Bestimmung von Ansprechpartner*in<br>• Zeitplanung<br>• Rückkopplung mit dem/der Auftragnehmer*in |
| | Prüfung der Ergebnisse | • Erhalt der Evaluationsergebnisse<br>• Bewertung der Ergebnisse |
| | Rückmeldung der Ergebnisse | • Rückmeldung der Ergebnisse an Stakeholder |
| Verwertungsphase | Nutzung der Ergebnisse | • Prüfung von Empfehlungen<br>• Umsetzung von Empfehlungen<br>• Nutzung der Ergebnisse zur Weiterentwicklung/Veränderung von Programmen/Maßnahmen<br>• Publikation der Ergebnisse |

# Planung von Evaluationen: Auftrags- und Ressourcenklärung 3

### Zusammenfassung

In diesem Kapitel werden die Grundlagen für die Planung eines Evaluationsprojekts gelegt. Zentrale Aspekte sind die interne Auftragsklärung, d. h. das Verständnis und die Klärung dessen, was mit der Evaluation erreicht werden soll. Darüber hinaus werden die Punkte angesprochen, die es im Vorfeld einer Evaluation zu beachten gilt. So müssen relevante Akteur*innen identifiziert und einbezogen werden und die finanziellen wie zeitlichen Ressourcen, die für die Umsetzung des Evaluationsprojekts benötigt werden oder zur Verfügung stehen, geklärt werden.

### Lernziele

- In diesem Kapitel lernen Sie, was Sie wissen müssen, um ein Evaluationsprojekt sinnvoll beginnen zu können.
- Was ist der Gegenstand einer sozialwirtschaftlichen Evaluation?
- Welchen Zweck verfolgt die Evaluation und welches Ziel ist mit der Evaluation verbunden?
- Welche Ressourcen benötigt eine Evaluation und wer ist zu beteiligen?
- Schließlich werden Empfehlungen für die Praxis gegeben.

### Keywords

Evaluationsgegenstand, Evaluationszweck, Nutzen, Evaluationsziel, Evaluationsfragestellungen, Auftragsklärung, Ressourcen, Beteiligte, Stakeholder

© Springer Fachmedien Wiesbaden GmbH, ein Teil von Springer Nature 2020
P. Pfeil und M. Müller, *Evaluation in der Sozialwirtschaft*,
Basiswissen Sozialwirtschaft und Sozialmanagement,
https://doi.org/10.1007/978-3-658-26322-5_3

Die Planung und Vorbereitung einer Evaluation beginnen mit einem Auftrag oder einem Interesse. Das kann der Auftrag seitens des Trägers, der Vorgesetzten oder des Fördermittelgebers sein, die eine qualifizierte Rückmeldung oder Bewertung eines Projekts, einer Maßnahme oder eines neu eingeführten (oder auch langjährig verwendeten) Prozesses wünschen. Es können Maßnahmen sein, die auf dem Prüfstand stehen, weil unklar ist, ob sie sich rentieren, die Effekte nachzuweisen sind (zum Beispiel, ob ein höherer Zeiteinsatz in der Jugendhilfe auch eine schnellere Beendigung der Maßnahme zur Folge hat). Es können die Wirkungen sein, die mit einem Programm erreicht werden sollen, wie z. B. einem „Demokratie stärken"-Programm, das verschiedene einzelne Bausteine enthält und die in der Summe dazu beitragen sollen, dass sich mehr Menschen vor Ort einbringen. Es kann aber auch die Überprüfung von Organisationsstrukturen (wie beispielsweise die internen Abläufe zur schnelleren Hilfe bei Gefährdungsfällen in der Jugendhilfe) sein. Beispiele gibt es zahlreiche, gleich sind jedoch immer zwei Aspekte: Es geht um explizit aus einem konkreten Gegenstand bedingte Fragestellungen und es geht immer um eine Bewertung, die damit vorgenommen werden soll.

Zu Beginn jeder Evaluation steht die Frage, wozu und warum eigentlich evaluiert werden soll. In der Vorbereitung der Evaluation geht es also vor allem darum, Klarheit darüber zu gewinnen, was mit der Evaluation erreicht werden soll. Was ist der Evaluationsgegenstand? Wozu soll eine Evaluation durchgeführt werden? Wenn sich diese Frage beantworten und eine Aussage treffen lässt, ist der Evaluationszweck geklärt. Für die Verantwortlichen stellt sich eine weitere Frage: Was will ich mit der Evaluation erreichen, was ist der Nutzen der Evaluation? Diese Festlegung ist nötig, um die Evaluation planen und vorbereiten zu können, Ressourcen einschätzen und bereitstellen zu können.

**Abbildung 3.2** Planung einer Evaluation (Quelle: Eigene Darstellung)

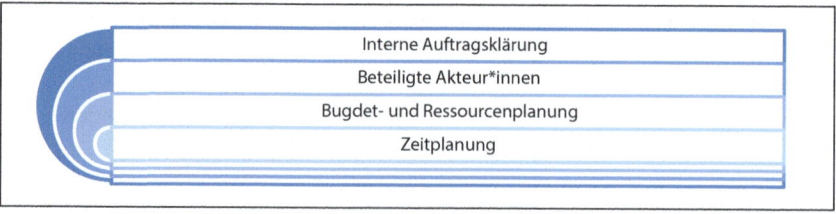

Eine Evaluation zu beauftragen, heißt also, zunächst Klarheit darüber zu gewinnen, was mit ihr erreicht werden soll. Das ist insbesondere deshalb wichtig, weil es sich bei Evaluationen, wie sie typischerweise in den Feldern der Sozialwirtschaft zu finden sind, in der Regel nicht um Standardaufgaben handelt, sondern – ähnlich wie Balzer und Beywl (2018, S. 28) das für den Bildungssektor beschreiben, „Einzelanfertigungen" sind, die den Anforderungen an den jeweiligen Gegenstand, Zweck und Nutzen gerecht werden müssen.

Planung kann dabei als vorausschauender Prozess betrachtet werden oder verstanden werden als „die Analyse zukünftiger Entwicklungen bezüglich bestimmter Ziele und – im Falle einer Differenz zwischen der prognostizierten Entwicklung und der vom Entscheidungsträger gewünschten Entwicklung – der zur Realisierung der eigenen Ziele möglichen und/oder erforderlichen Maßnahmen und/oder notwendigen Instrumente" (Wirtschaftslexikon 2017). In jedem Fall heißt das Bestimmen der Planung, wie mit welchem Einsatz von welchen Mitteln bestimmte Ziele erreicht werden können und wie diese Zielerreichung sichergestellt werden kann. Im Hinblick auf eine Evaluation geht es um eine Planung, die neben den Phasen der Zweck- und Nutzenfestlegung auch den Einsatz finanzieller Mittel, die Durchführung der Evaluation und die Ergebnisverwertung umfasst.[1] Die Planung einer Evaluation ist also die gedankliche Vorwegnahme aller in der Durchführung und den Auswirkungen der Evaluation auftretenden Aspekte. Bestandteil der Planung ist die Vorbereitung der Durchführung der Evaluation.

> **Hinweis:** Um ein Evaluationsprojekt zu planen, helfen typische W-Fragen: Was soll wie durch wen in welcher Weise und mit welchem Ziel überprüft werden? Wozu soll evaluiert werden? Wem nutzt die Evaluation? Wer ist von der Evaluation betroffen, wer zu beteiligen? Welche Ressourcen sind nötig, welche stehen zur Verfügung? Wen muss ich einbeziehen?

## NUTZENORIENTIERTE EVALUATION

Die konsequente Wahrnehmung von Evaluation durch die Brille von Auftraggeber*innen führt fast zwingend zur Frage des Sinns und Zwecks einer Evaluation. Entsprechend verfolgt diese Einführung auch konsequent die Perspektive der Auftraggeber*innen und stellt den Nutzen der Evaluation in den Vordergrund. Die Ausführungen folgen dem Gedanken einer „Utilization-focused Evaluation" von (Patton 2008). Patton fordert, dass Evaluationen in Planung und Umsetzung so gestaltet sind, dass der Nutzen aus der Evaluation möglichst hoch ist. Entspre-

---

1 Beywl (2008, S. 7) definiert drei Phasen und Leistungsschritte der Evaluation: die Phase der Gegenstandsbestimmung, die Phase der Informationsgewinnung und die Phase der Ergebnisvermittlung.

chend müssen Voraussetzungen für die Evaluation möglichst gut geklärt sein. So sollten die Akteur*innen im Vorfeld eingebunden werden, um das Evaluationsinteresse zu klären, das dann auch Gegenstand der Evaluation ist und in ein Evaluationskonzept umgesetzt wird. Die Klärung und Konkretisierung des Evaluationsgegenstands (▶ Kap. 3.2) erfordert einen relativ hohen Aufwand, minimiert aber dann die Gefahr, an den Stakeholdern und Akteur*innen vorbei zu agieren. Bevor aber die Einzelfragestellungen in Ziele konkretisiert werden (▶ Teil II), sollten unbedingt die Nutzenerwartungen der Beteiligten (▶ Kap. 3.4) und die Evaluationszwecke (▶ Kap. 3.3) als auch die Zielsetzungen der Evaluation (▶ Kap. 3.5) geklärt werden. Die Durchführung wie auch die Ergebnisvermittlung (▶ Teil II) folgt ebenfalls der Prämisse der Nutzenorientierung. Grundsätzliches Ziel einer nutzenorientierten Evaluation ist es, dass die Ergebnisse nützlich für die Praxis sein müssen.

## 3.1 Interne Auftragsklärung

Weit vor der internen oder externen Beauftragung einer Evaluation stellt sich die Frage, warum eine Evaluation durchgeführt werden soll. Wem nutzt sie und wozu kann sie helfen? Für die Sozialwirtschaft und ihre Verantwortlichen ist diese Frage zentral, da jede Evaluation mit Kosten und Aufwand verbunden ist. Besteht eine Entscheidung darüber, eine Evaluation durchzuführen, kann eine Evaluation als Instrument zur Unternehmensteuerung verstanden werden, allerdings als ein Instrument, das – anders als gängige betriebswirtschaftlich orientierte Qualitätsmanagementinstrumente – keine oder nicht regelhaft standardisierte Kennwerte liefert. Eine Evaluation ist deutlich mehr als Benchmarking, die Auditierung einer ISO-Norm oder die Erstellung von SWOT-Analysen, denn eine Evaluation will nicht nur Daten sammeln oder Kundenzufriedenheit erheben. Datengestützt geben Evaluationen vielmehr Antworten auf Fragen, die sich aus dem spezifischen Gegenstand heraus ergeben und einer Beantwortung bedürfen. An dieser Stelle sei nochmal kurz auf die Bedeutung von Evaluation in der Sozialwirtschaft hingewiesen (▶ Kap. 1.2). Eine Evaluation kann etwa Antworten geben und Bewertungen vornehmen, um damit eine Basis für die weitere Arbeit an einem Programm, zur Bewertung einer Maßnahme oder eines Prozesses zu legen. Gerade in der Sozialwirtschaft, deren ‚Produkte' Dienstleistungen sind und deren Kund*innen zugleich Ko-Produzent*innen oder „Teilzeit-Mitarbeitende" (Kortendieck 2017) sind, die diese Leistung mehr oder weniger freiwillig in Anspruch nehmen bzw. diese als Leistungserbringer verantworten, stellen sich häufig Fragen der Qualität und Weiterentwicklung. Ohne ein Ziel dessen, was erreicht werden soll und welcher Aufwand, Kosten, Ideen, Vorstellung hinter dieser Leistung stehen, ist dies schwer zu verstehen. Das mag vielleicht einen Hinweis auf die Problematik standardisierter Evaluationsangebote in einem bedingt standardisierten Feld geben.

Eine gute Planung einer Evaluation bedeutet für die Auftraggeber*innen und Verantwortlichen zunächst, Vorarbeit und Klärung zu leisten. Dabei geht es in einem ersten Schritt um die *Auftragsklärung*. Auftragsklärung heißt, sich damit zu beschäftigen, welchen Zweck die Evaluation erfüllen und wozu soll die Evaluation durchgeführt werden soll, was damit erreicht werden soll und welcher Nutzen sich daraus für das Unternehmen, die Programmverantwortlichen, den Kostenträger oder Zielgruppen ergibt. Grundlegend dafür ist die Bestimmung des Evaluationsgegenstands, also kurz, worum es in der Evaluation eigentlich geht, was betrachtet, begutachtet, beurteilt werden soll.

**Abbildung 3.3** Inhalt der Auftragsklärung (Quelle: Eigene Darstellung)

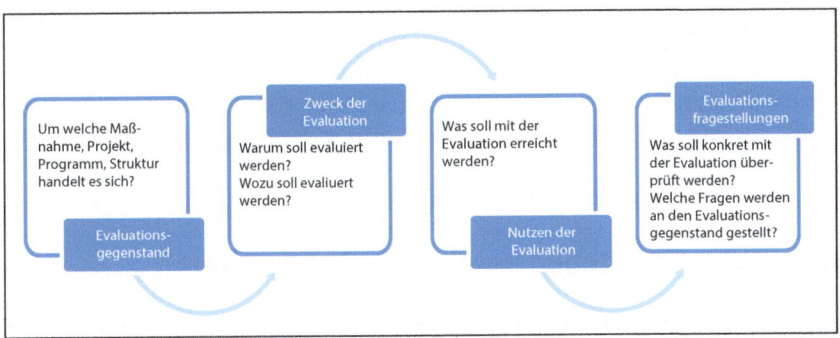

Diese Aspekte und Fragen sind eng miteinander verbunden und müssen parallel oder nacheinander bearbeitet werden, um dann schließlich zu dem Punkt zu gelangen, die Evaluation ausschreiben oder als Selbstevaluation (▶ Teil I) durchführen zu können. Dies klingt vielleicht trivial, ist aber ein entscheidender Aspekt! Nur die, die wissen, aus welchem Grund evaluiert wird, werden ein zufriedenstellendes Ergebnis erhalten!

**WICHTIG:** *Auftragsklärung* einer Evaluation meint die Bestimmung des Gegenstands, Zwecks und Ziels einer Evaluation. Eine Evaluation zu *planen* meint, diese Punkte unter Berücksichtigung von Ressourcen und organisationalen und institutionellen Rahmenbedingungen in ein Evaluationsvorhaben umzusetzen.

Um deutlich zu machen, was die eigene *Auftragsklärung* konkret bedeuten kann, greifen wir an dieser Stelle noch einmal auf das bereits in Teil II zugrunde gelegte Fallbeispiel zurück.

**Beispiel:** Ein freier Träger der Jugendhilfe als Leistungserbringer hat eine Vielzahl von Einrichtungen, unter anderem auch im Bereich der Gefährdetenhilfe. Dort werden Leistungen wie die Betreuungsweisung angeboten. Die Betreuungsweisung ist eine Maßnahme nach § 10 JGG, wird durch die örtlichen Träger der Jugendhilfe finanziert und folgt deren Standards. Im Laufe der Zeit ergibt sich aufgrund veränderter gesellschaftlicher Bedingungen und zunehmender Multiproblemlagen bei den Klient*innen ein Veränderungsbedarf an der Durchführung der Maßnahme, um weiterhin effektiv zu arbeiten und die Leistung professionell zu erbringen, so die Einschätzung der Fachkräfte. In der Folge entsteht eine Konzeption für eine Maßnahme ‚Betreuungsweisung Zwei', mit der „eine erprobte und bewährte Maßnahme" bedarfsgerecht verbessert werden soll.

Anhand dieses bereits bekannten, aber auch anderen Beispielen soll im Weiteren auf die verschiedenen Elemente, die eine Auftragsklärung umfasst, eingegangen werden.

## 3.2 Evaluationsgegenstand: Was wird evaluiert?

### WAS IST DER EVALUATIONSGEGENSTAND?

Der Evaluationsgegenstand war bereits Thema in Kap. 2.1. Ein Evaluationsgegenstand ist der „Bestandteil der sozialen Welt, zu dem eine Evaluation, Beschreibungen und Bewertungen erstellt" (Beywl und Niestroj 2009; Univation – Institut für Evaluation 2010). Die Durchführung einer Evaluation ist nur möglich, wenn der Evaluationsgegenstand klar umrissen ist und somit sowohl die Grundlage als auch der erste zentrale Schritt jeder Evaluation. Entsprechend ist die Bestimmung des Evaluationsgegenstands auch zentrales Element der Planung einer Evaluation und Bestandteil der Auftragsklärung.

Die möglichen Evaluationsgegenstände sind vielfältig. Hense (2020a) beispielsweise listet in seinem *Wörterbuch Evaluation* auf: Programme bzw. Projekte, Produkte, Personal, Politische Strategien, Institutionen bzw. Organisationseinheiten, Pläne und Anträge, und Evaluationen selbst (Metaevaluation). Letztlich kann praktisch fast alles Gegenstand einer Evaluation sein und einer Bewertung unterzogen werden: einzelne Projekte wie z. B. eine Ferienmaßnahme mit benachteiligten Jugendlichen, typische Leistungen wie die Vermittlung an Arbeit in einem Jobcenter, ganze Programme wie z. B. das im Rahmen des Städtebauförderungsprogramms aufgelegte „Jugend stärken im Quartier"; Modellprojekte wie das immer wieder genannte Bespiel der ‚Betreuungsweisung Zwei', Projektabläufe, Konzepte, die einem Projekt oder Einrichtung zugrunde liegen, aber auch Organisationsstrukturen. In der Sozialwirtschaft hat sich in vielen Leistungsbereichen eine Kultur der begrenzten Projektförderung entwickelt. Es entstehen viele temporäre Projekte, deren Bestand ungesichert ist. Insbesondere neu entwickelte (Modell-)Projekte werden auf den Prüfstand gestellt. Einen kursorischen Überblick zu Evaluationsgegenständen in der Sozialen Arbeit findet sich bei Merchel (2010, S. 24–25).

Evaluationsgegenstände wie Programme, Projekte, Maßnahmen werden in der Evaluationsliteratur unter dem Begriff des „Programms" geführt (Beywl und Niestroj 2009). Die Evaluationstheorie versteht darunter ein „intentional aufeinander bezogenes Bündel von Aktivitäten, mit dem bei den Zielgruppen Veränderungen und Stabilisierungen ausgelöst werden sollen" (Farrokhzad und Mäder 2014, S. 15). In der Sozialwirtschaft liegt der Evaluationsschwerpunkt auf der Evaluierung von Programmen und Projekten. Weniger häufig, aber immer wieder werden Organisationen oder Organisationseinheiten evaluiert, manchmal formativ als wissenschaftliche Begleitung in Organisationsentwicklung.

Idealtypisch besteht ein Programm aus einem Konzept und dessen Umsetzung in der Praxis, manchmal steht diese Umsetzung erst bevor. Im Konzept sind in der Regel die Aufgaben (z. B. Betreuung und Bildung von Kleinkindern), Ziele (z. B. Förderung von Selbstständigkeit oder demokratische Partizipation) und Handlungsweisen (z. B. die Ausgestaltung von Elternkooperationen oder Eingewöhnung in Kindertagesstätten), aber auch die Zielgruppen oder Qualifikationen der Beschäftigten beschrieben. Die Programmumsetzung verfolgt dann – ebenfalls idealtypisch – die Verwirklichung der genannten Aufgaben und Ziele des Konzepts. Die Umsetzung ist abhängig von Ressourcen, Strukturen, Zeit, politischen und rechtlichen Rahmenbedingungen – diese können sich ändern. Gerade in der Sozialwirtschaft spielen diese veränderten Kontextbedingungen in der alltäglichen Arbeit und Umsetzung eine große Rolle und nehmen Einfluss auf die Arbeit. Überprüfen lassen sich die Art und Weise der Umsetzung oder die Produkte oder Ergebnisse der Umsetzung. Darüber hinaus lassen sich nicht nur Konzept, Umsetzung und Ergebnis eines Programms zum Gegenstand einer Evaluation machen, sondern auch Bedarfe, Zielgruppenerreichung oder die Programmeffizienz.

Im Folgenden werden also immer wieder Maßnahmen, (Modell-)Projekte oder Programme erwähnt – der dahinterliegende Ansatz ist der der Programmevaluation.

Die unterschiedlichen Dimensionen eines Programms lassen sich nach verschiedenen Aspekten und Kriterien untersuchen. Allerdings sind diese nicht immer einfach zu differenzieren, weil Wirkungen und Ressourcen (was mit dem Programm erreicht werden soll, wer angesprochen wird usw.) eng miteinander verknüpft werden. Im Rahmen einer Programmevaluation lassen sich verschiedene Evaluationsmodelle verwenden (Gollwitzer und Jäger 2009; Stockmann und Meyer 2014) – ein in jüngster Zeit häufig publiziertes und angewandtes Modell, der Programmbaum, stammt von Univation (Bartsch et al. 2016; Univation – Institut für Evaluation 2016d; Farrokhzad und Mäder 2014).

> **WICHTIG:** In der Sozialwirtschaft werden überwiegend Projekte, Maßnahmen und Programme evaluiert. Diese werden unter dem Begriff der Programmevaluation gefasst.

## WIE LEGT MAN DEN EVALUATIONSGEGENSTAND FEST?

Evaluationsgegenstände werden „oft nicht bereits klar abgegrenzt und beschrieben vorgefunden, sondern in der ersten Hauptphase der Evaluation, der Gegenstandsbestimmung, gemeinsam durch Evaluierende und Beteiligte definiert" (Univation – Institut für Evaluation 2020a). Aus dieser Aussage lässt sich eine zentrale Aufgabe für Auftraggeber*innen ableiten: Die konkrete Bestimmung des Evaluationsgegenstands als Voraussetzung einer sinnvollen Planung des Evaluationsprojekts. Wie bereits festgehalten wurde, kann praktisch alles Gegenstand der Evaluation werden, aber in der Praxis der Sozialwirtschaft wird es vor allem um Wirkungen, um Effizienz und um professionelles Handeln gehen.

Eine inhaltliche Unterscheidung von Programmen nehmen Stockmann und Meyer (2014, S. 76) vor, indem sie deren instrumentelle und organisatorische Funktion trennen. Instrumentell lässt sich ein Programm als „Maßnahmenbündel zur Erreichung festgelegter Planziele, mit deren Hilfe Innovationen innerhalb sozialer Systeme eingeleitet werden sollen", charakterisieren. Organisatorisch sind sie „Einheiten, die mit materiellen und personellen Ressourcen ausgestattet und in eine Organisation (bzw. Träger) eingebettet sind, die wiederum Bestandteil eines größeren Systemzusammenhangs sind" (Stockmann und Meyer 2014, S. 76).

Diese Unterscheidung kann hilfreich sein bei der Festlegung des Evaluationsgegenstands. Wenig erklärungsbedürftig scheint die Festlegung eines Projekts als Evaluationsgegenstand – wie das Modellprojekt ‚Betreuungsweisung Zwei'. Nachdem dieses Modellprojekt verschiedene Funktionen erfüllt, muss entschieden werden, was *genau* zum Objekt der Bewertung werden soll. Also ist zunächst zu überlegen, welche Programmbestandteile (vorrangig) untersucht werden sollen.

Worum geht es konkret? Was soll Objekt der Betrachtung sein? Beispielhaft könnten das sein:

- die Teilnehmenden der Maßnahme/die erfolgreichen Teilnehmenden der Maßnahme/die Abbrecher*innen eines Projekts;
- der Aufbau eines Programms;
- die Durchführung einer Maßnahme;
- die Organisation des Programms;
- die Wirkung einer Maßnahme;
- die Umsetzung eines Konzepts;
- die Mitarbeiter*innen und ihre Handlungsweisen.

Um ein Evaluationsprojekt zu planen, ist eine Eingrenzung nötig. Je nachdem, welches Interesse mit der Evaluation verbunden ist (▶ Kap. 3.3 Zweck der Evaluation), wird der konkret zu betrachtende Evaluationsgegenstand variieren, obwohl im Vordergrund die Maßnahme, das Projekt oder gar das Programm steht.

Greifen wir wieder auf unser Beispiel zurück, können wir festhalten, dass der Evaluationsgegenstand das Programm ‚Betreuungsweisung Zwei' ist. Konkret wäre es möglich, den Blick auf die *Durchführung der Maßnahme* zu richten und zu fragen, ob sich hier Veränderungen ergeben. Möglich wäre auch eine Untersuchung der *internen Organisation des Fachbereichs*, denn die neue Zeitstruktur und Herangehensweise fordert eine neue Organisation der Fachkräfte. Ein anderer Blick richtet sich auf die *Umsetzung des neuen Konzepts und die Wirksamkeit* dessen. Werden die Ziele der Betreuungsweisung erreicht? Es lässt sich auch nach der Effizienz der Maßnahme fragen: Werden die Ziele besser, schneller, dauerhafter erreicht als zuvor? Mit Fragen wie diesen gelingt es, den Evaluationsgegenstand einzugrenzen und zu konkretisieren.

> **WICHTIG:** Die Bestimmung des Evaluationsgegenstands ist mit dem Interesse an der Evaluation verbunden, sie fordert zugleich eine Konkretisierung des Evaluationsinteresses (▶ Kap. 3.3)

## WAS IST ZU BEACHTEN BEI DER FESTLEGUNG DES EVALUATIONSGEGENSTANDS?

Zu beachten ist gar nicht so viel, umso wichtiger ist es aber, diese wenigen Punkte zu berücksichtigen:

- Evaluationsgegenstand und Evaluationszweck (▶ Kap. 3.3) müssen korrespondieren.
- Evaluationsgegenstände müssen konkret, d. h. bewertbar sein. Das trifft auf ein Konzept oder eine durchzuführende Maßnahme zu.
- Evaluationsgegenstände müssen realistisch und dem Evaluationsprojekt angemessen sein (▶ Kap. 3.7 Ressourcenplanung).

Um es hier erneut zu erwähnen: Es kann fast alles evaluiert werden. *Alles* ist in der Regel aber nicht zielführend und sinnvoll. Entsprechend bedarf es einer Eingrenzung auf zentrale Aspekte oder Themen und somit einer Reduzierung des Gegenstands.

**EMPFEHLUNGEN FÜR DIE PRAXIS DER SOZIALWIRTSCHAFT**

- Nachdem in der Regel die Ressourcen für eine Evaluation in der Verwaltung oder den Organisationen der Sozialwirtschaft begrenzt sind, ist eine Beschränkung auf einen klar umrissenen Evaluationsgegenstand sinnvoll.
- Die Präzisierung und Feinabstimmung erfolgt mit den Evaluierenden auf Basis von logischen Evaluationsmodellen als erster Schritt der Evaluationsdurchführung.

## 3.3 Evaluationszwecke

Den *Zweck der Evaluation* zu klären, ist grundlegender Baustein der Auftragsklärung und folglich Grundlage jeder Evaluationsplanung, in der sozialwirtschaftlichen Praxis aber oft eher Nebenprodukt als gezielte Ausformulierung. Dabei ist es gerade aus Perspektive der Auftraggeber*innen wichtig, dass die Evaluation die Ergebnisse liefern kann, die benötigt werden. Damit ist nicht gemeint, dass Evaluationsergebnisse im Sinne der Auftraggeber*innen ausfallen, sondern dass die entsprechenden Fragen an den Evaluationsgegenstand gestellt werden können.

Der Evaluationszweck meint die „intendierte Verwendung der Ergebnisse" (Haubrich et al. 2005) und bestimmt dadurch im Weiteren sowohl den Verlauf als auch den Einsatz von Mitteln für die Evaluation. Eine Evaluation steht also nicht für sich, es gibt nicht die *eine* Evaluation, die sich mit einem Gegenstand beschäftigt, sondern Fragen und Interessen für die Verwertung – Zwecke, die damit verbunden sind: Soll eine abschließende Bewertung gegeben werden? Soll das Projekt und seine Kosten gegenüber den Auftraggeber*innen legitimiert werden? Oder soll das Konzept modifiziert werden, um eine höhere Effektivität zu erreichen?

Zu berücksichtigen ist dabei, dass Evaluationen wie die zu evaluierenden Projekte, Programme, Maßnahmen, Vorgehensweisen etc. in organisatorische, politische, förderlogische Strukturen eingebunden sind. Entsprechend haben auch unterschiedliche Akteur*innen in ihren unterschiedlichen Rollen (▶ Kap. 3.6) verschiedene Interessen an die Evaluation und verbinden unterschiedliche Zwecke damit.

Hense sieht die „aus der Praxis heraus motivierte Zweckgebundenheit" von Evaluationen als zentralen Unterschied zu einer Grundlagenforschung (2020a), die sich vor allem wissenschaftlichen Fragestellungen und Interessen verbunden sieht. Evaluation hat einen Zweck, ein Interesse, das einen praktischen Nutzen (▶ Kap. 3.4) generieren soll.

> **WICHTIG:** Evaluationszwecke sind aus den Anforderungen der Praxis und ihrer Akteur*innen heraus bestimmt. Sie lassen sich bestimmten Kategorien zuordnen.

## WAS IST DER EVALUATIONSZWECK?

Der Evaluationszweck ist eine „als Aussagesatz formulierte Bestimmung, was die Evaluation in Bezug auf den Evaluationsgegenstand und seine veränderbaren Bedingungen auslösen soll. Der Evaluationszweck wird von Auftraggebenden und/oder anderen Stakeholdern festgelegt und bezeichnet, was diese mit der Evaluation und den erzeugten Evaluationsergebnissen erreichen wollen. Der Evaluationszweck bestimmt die Richtung der Evaluation: Jeder Evaluationsschritt ist so anzulegen, dass er dem jeweiligen Evaluationszweck dient" (Univation – Institut für Evaluation 2014).

Ein Evaluationszweck soll also eindeutig sein, einen Auftrag und eine Richtung haben und deutlich machen, was mit der Evaluation erreicht werden soll. Die Festlegung des Zwecks ist nötig, soll doch die Evaluation zielgerichtet stattfinden und die Interessen der Auftraggeber*innen oder Verantwortlichen widerspiegeln.

> **WICHTIG:** Der Evaluationszweck sagt aus, welches Interesse der Evaluation zugrunde liegt und wozu sie durchgeführt wird bzw. werden soll.

Das klingt banal, lässt sich aber in der Evaluationspraxis und Evaluationsforschung als wesentlicher Baustein gelingender Evaluationen festhalten (Balzer und Beywl 2018, S. 57). Klassische Evaluationszwecke sind die Bewertung eines Evaluationsgegenstands (also z. B. einer Maßnahme) im Hinblick auf die Einordnung, Verbesserung, Entscheidungsfindung über den Bestand oder die Einführung, die

(Weiter-)Entwicklung und Modifikation, Rechenschaftslegung, Kosten-Nutzen-Abschätzung, Gewinnung neuer Erkenntnisse und der sozialwirtschaftlichen Praxis nicht zu selten: die Legitimation.

In der Evaluationsliteratur finden sich ähnlich wie bei der Ausformulierung der anderen Begriffe ausführliche und unterschiedliche Systematiken von Evaluationszwecken. Gut geeignet und auch für nicht wissenschaftliche Evaluierende geeignet ist die Einordung von Evaluationen nach Hense (2006) sowie Hense und Mandl (2003). Sie benennen – wie viele andere Autor*innen – Primärfunktionen von Evaluationen, denen sich Evaluationszwecke zuordnen lassen[2]: Evaluation als Entscheidungshilfe, Verbesserung von Design oder Implementierung des Evaluationsgegenstands, Legitimation aus Perspektive der Programmverantwortlichen bzw. Kontrolle im Hinblick auf den Evaluationsgegenstand, sowie Lernen bzw. Verbreiterung der Wissensbasis (Hense 2020a). Stockmann und Meyer (2014, S. 26) sprechen umfassend von einer dreifachen, auf Politik, Gesellschaft und Umsetzung bezogenen Zweckbestimmung der Evaluation, die der Steuerung, Legitimität und Aufklärung dienen. Allerdings ist der Begriff der Legitimität in der Literatur durchaus umstritten (Univation – Institut für Evaluation 2014). In Bezug auf Beywl (2008) wird der Begriff der Rechenschaftslegung verwendet, weitere Zwecke von Evaluation sind Optimierung, Entscheidungsfindung, Wissensmanagement und Wissensgenerierung. Akademisch mag diese Diskussion berechtigt sein, aus Perspektive der Sozialwirtschaft stellt sie sich nicht. Die Legitimation von Programmen und Projekten sind grundlegende Zweckbestimmungen von Evaluationen in der Praxis und erfüllen eine wichtige Funktion in Fragen von Finanzierung und Organisationsgestaltung. Ergänzen lässt sich – im Hinblick auf die Sozialwirtschaft –, den expliziten Zweck einer Evaluation als Steuerungselement zu begreifen und dafür wissensbasierte Grundlagen zu legen.

Eine andere Systematik zur Erfassung des Evaluationszwecks wird von Balzer und Beywl (2018, S. 64–65) für den Bildungsbereich vorgeschlagen. Sie unterscheiden Evaluationszwecke nach Verwendungsabsichten und Funktionen. Evaluationen werden, ähnlich, wie sich das auch bei Hense oder anderen Autor*innen findet, dazu verwendet, Maßnahmen und Programme zu verbessern, Rechenschaftslegung, Entscheidungen über das Programm oder seine künftige (Aus-)Richtung, sein Bestehen zu treffen oder Wissen zu generieren In Anlehnung an Owen (2007) zeigen sie fünf *Evaluationsfunktionen* auf (Balzer und Beywl 2018, S. 60–62): proaktiv, klärend, interaktiv, dokumentierend und wirkungsfeststel-

---

2  Neben den primären Evaluationsfunktionen weisen Hense (2006) und Hense und Mandl (2003) auch darauf hin, dass es „kennzeichnend für sekundäre Evaluationsfunktionen ist, dass es zu ihnen funktionale Äquivalente gibt, dass sie also auch durch andere Maßnahmen als Evaluation verfolgt werden können" (Hense 2020a).

**Tabelle 3.2** Evaluationszwecke im Überblick (Quelle: Eigene Darstellung)

| Evaluationszweck | Wozu wird evaluiert? |
|---|---|
| Entscheidungsfindung | Die Evaluation soll eine Entscheidungshilfe über die Einführung, Fortführung oder Einstellung des Evaluationsgegenstands (also der Maßnahme, des Projekts) geben (Hense 2020). Der Zweck der Evaluation ist also bilanzierend, summativ ausgelegt. |
| Programmmodifikation | Ziel ist die Verbesserung oder Veränderung des Evaluationsgegenstands, also des Programms oder Teile des Programms. Im Vordergrund stehen demnach Modifikationen an einem bestehenden Evaluationsgegenstand. Wird ein laufendes Projekt oder Programm untersucht, ist die Evaluation formativ. |
| Legitimation | Die Evaluation dient der Legitimation des Programms aus Sicht der Programmverantwortlichen gegenüber den Auftraggeber*innen bzw. Geldgeber*innen über die (effiziente) Zielerreichung. Verbunden ist damit eine Kontrollfunktion gegenüber den Programmverantwortlichen. Hier geht es um eine Bewertung, die weniger den Evaluationsgegenstand als solches in den Vordergrund stellt, sondern seine institutionelle Einordnung. Die Evaluation ist eher summativ angelegt. |
| Wissensmanagement | Neues und vorhandenes Wissen soll für die zielgerichtete Steuerung von Programmen aufbereitet werden. Es sollen Erkenntnisse über prozedurale Abläufe und Zusammenhänge des Programms, z. B. über Schnittstellen, Optimierung von Abläufen etc. gewonnen werden. Diese Evaluationen sind eher formativ ausgerichtet (Farrokhzad und Mäder 2014, S. 16; Beywl 2008). |
| Erkenntnisgewinn | Der Zweck ist ein Wissenszuwachs und im Hinblick auf den Evaluationsgegenstand nicht über Ziele definiert. Dies stellt den offensten Zweck einer Evaluation dar. Hier geht es darum, Einflussfaktoren, Erfolgsfaktoren oder Hindernisse zu identifizieren. Diese Evaluation kann formativ wie summativ angelegt sein, sie ist nicht zu verwechseln mit einer „ziellosen" Evaluation, wie sie Scriven (1972, 1996) (▶ Teil II) fordert. |

lend. Insbesondere der Aspekt der proaktiven Evaluation soll hier noch einmal hervorgehoben werden, weil diese Systematik auch für die sozialwirtschaftliche Steuerung einen sinnvollen Zugang bietet. Proaktive Evaluationen klären bereits im Vorfeld oder Prozess entstehender Projekte oder Programme deren Umsetzbarkeit und Erfolgsaussichten. Daraus lassen sich entsprechende Fragen ableiten: Kann eine anvisierte Zielgruppe überhaupt erreicht werden? Ist die Maßnahme mit den geplanten Ressourcen durchführbar? Ist geeignetes Personal vorhanden? Der Evaluationszweck ist hier mehr als eine Marktanalyse und stellt einen Evaluationsgegenstand in den Mittelpunkt. Mit einer Evaluation kann überprüft werden, ob ein Projekt überhaupt sinnvoll gestartet werden soll, ob Konzept, Ziele und Durchführungsvorstellungen konsistent sind.[3]

---

3   Im Bereich der wissenschaftlichen Forschungsförderung ist dieses Vorgehen selbstverständlich. Anträge werden geprüft, bevor sie starten. Nur Anträge, die den Bewertungskriterien genügen, werden gefördert.

**Beispiel – Proaktive Evaluation:** Sie sind Geschäftsführerin eines kleinen Trägers der Suchthilfe, des „Leben mit und ohne Sucht e. V.". Sie wissen aus Ihrer langjährigen Praxis heraus, dass völlige Abstinenz zwar die ideale, bei einem Teil Ihrer Klientel aber eine unrealistische Zielvorstellung ist. Trotzdem möchten Sie eine Unterstützung für diejenigen bieten, die versuchen möchten, ihren problematischen Konsum zu verändern. Dazu haben Sie mit Ihrem Team ein Konzept des „Kleinen Konsums" entwickelt, ein kombiniertes Trainings- und Beratungsangebot, das die Einzelne*n dazu befähigen soll, das eigene Suchtverhalten schrittweise zu verändern, um die individuelle soziale und gesundheitliche Lebenssituation zu verbessern. Als Geschäftsführerin eines kleinen Trägers, der nicht über die Möglichkeiten eines großen Wohlfahrtsverbands verfügt, sind Sie sich des Risikos bewusst, ein Projekt zu installieren, Personal einzustellen, möglicherweise aber damit zu scheitern, da die Finanzierung nicht als gesichert gelten kann. Aus diesem Grund beauftragen Sie ein Evaluationsbüro gezielt damit, im Vorfeld zu klären, ob das Projekt eine Chance hat, angenommen zu werden und ob das Konzept in seiner Ausformung (regelmäßige Treffen, aktive Mitarbeit, hohes Commitment der Teilnehmenden, Krisendienst etc.) überhaupt tragfähig sein kann.

## DIE ANDEREN ZWECKE

Als „sekundäre" (Hense 2006) oder „verdeckte" (Balzer und Beywl 2018) Zwecke lassen sich diejenigen Zwecke benennen, die nicht direkt mit dem Evaluationsgegenstand verbunden sind. Das können Organisationsinteressen sein oder das Interesse an Einsparungen, die Sicherung von Arbeitsplätzen usw. Gerade unter Berücksichtigung einer Unternehmensführung in der Sozialwirtschaft, in der Mittel an konkrete Leistungserbringung gebunden oder abhängig von begrenzter Projektfinanzierung sind, ist damit zu rechnen, dass es Akteur*innen gibt, die den Zweck der Evaluation darin sehen, wo er nicht direkt mit dem Evaluationsgegenstand verknüpft ist.

**Beispiel – Verdeckte Ziele:** Der Träger DiCaRo hat verschiedene Einrichtungen, die Leistungen im Bereich der Jugendhilfe anbieten. Eine der Einrichtungen, das Jugendhaus „Laut und Leise", soll nun mit seinem Konzept evaluiert werden. Die Nutzer*innen der Jugendeinrichtung reduzieren sich immer weiter, außerdem betreibt DiCaRo in Laufweite ein weiteres Jugendhaus. Neben der angegebenen Zwecksetzung, mit der Evaluation gegebenenfalls Anpassungen im Konzept vornehmen zu wollen, um die Zielgruppe besser zu erreichen, hoffen die Verantwortlichen auf Ergebnisse, die zeigen, dass die konzeptionellen Ziele des Jugendhauses durch die Mitarbeiter*innen nicht erreicht wird und die Besucher*innenzahlen im „Laut und Leise" deshalb zurückgehen. Dies würde ihnen die Möglichkeit geben, die Einrichtung zu schließen und die Mitarbeiter\*innen, deren Verträge mit dem Träger DiCaRo, nicht dem Jugendhaus „Laut und Leise" bestehen, in anderen Einrichtungen mit hohem, dringendem Personalbedarf zu beschäftigen.

Wie deutlich wird, geht es vordergründig um die Konzeptionsüberprüfung, um an dieser ggf. Modifikationen vornehmen zu können, um dadurch die Besucher\*innenzahlen zu erhöhen. De facto aber wird ein ganz anderer Zweck mit der Evaluation verbunden. Diese soll dazu beitragen, „schlechte Ergebnisse" zu dokumentieren und einen Grund zu liefern, die Einrichtung zu schließen. Damit kann sich der Träger nicht nur von einem relativ unrentablen Angebot wie dem Jugendhaus „Laut und Leise" trennen, sondern die Mitarbeiter\*innen dort einsetzen, wo dringend Bedarf besteht.

Die verdeckten Ziele stehen häufig neben den kommunizierten Verwendungszwecken. Als Auftraggeber\*innen sollten diese identifiziert werden, um die Auftragsklärung sinnvoll führen zu können. Nur wenn klar ist, was der Evaluationszweck ist, kann eine Auftragsklärung vorgenommen werden.

**WICHTIG:** Neben den artikulierten Verwendungszwecken gibt es häufig verdeckte Zwecke. Diese sind im Unterschied zu den offiziellen Evaluationszwecken nicht direkt mit dem Evaluationsgegenstand verknüpft. Für die Evaluation ist es aber wichtig, diese zu (er-)kennen.

## WIE LÄSST SICH DER EVALUATIONSZWECK BESTIMMEN?

In der Praxis wird immer wieder deutlich, dass es nicht immer einfach ist, festzustellen, was der Evaluationszweck sein soll. Wird sie dazu verwendet, eine Entscheidung (hinsichtlich eines Projekts, Programms) zu treffen oder geht es darum, das Ergebnis (oder doch die Organisation oder die Durchführung) zu verbessern? Oder ist der Zweck, nur bei einer positiven Entscheidung Verbesserungen durchzuführen? Oder das Programm zu legitimieren und darauf zu hoffen, die Verbesserungsmöglichkeiten ‚mitzuliefern'?

Der Zweck also, der mit einer Evaluation verbunden ist, ist nicht immer eindeutig zu bestimmen. Hierbei ist es wichtig, dass eine Evaluation nicht nur einen, sondern unterschiedliche Zwecke verfolgen kann – und dies in der Praxis auch häufig der Fall ist. Wichtig dabei ist, dass der oder die zu verfolgenden Zwecke benannt werden und ein Verständnis darüber besteht, ob und was damit erreicht werden kann.

Eine Einordnung, welche Zwecke umsetzbar sind, nehmen Balzer und Beywl (2018, S. 65) vor, indem sie Evaluationsfunktion, Evaluationszweck bzw. Verwendung und Evaluationsrolle in Verbindung setzen. So lässt sich durch die Phase, in der sich das Projekt befindet („Programmreife"), eine Zuordnung treffen: Projekte, die beendet sind, ermöglichen eine Wirkungsfeststellung und Entscheidungsfindung (über ein Programm, Projekt), nicht aber ein laufendes Projekt.

Diese Zuordnung ist ein analytisch hilfreiches Instrument, in der sozialwirtschaftlichen Praxis ist es für die verantwortlichen Akteur*innen darüber hinaus wichtig, den Evaluationszweck nicht nur einem Verwendungszweck oder einer Funktion zuzuordnen, sondern praktisch fassen zu können. Die Klärung des Evaluationszwecks erfordert die Kommunikation mit den zentralen Stakeholdern der Evaluation (▶ Kap. 6). Diese sind zu identifizieren und mit diesen gilt es zu klären, welches Interesse, ggf. auch welcher Auftrag mit der Evaluation verbunden ist und welche Richtung die Evaluation nehmen soll. Zentrale Stakeholder sind im Hinblick auf den Evaluationszweck weder die Teilnehmenden noch die weiteren Beteiligten, sondern insbesondere diejenigen, die eine Evaluation veranlassen, finanzieren oder ein spezifisches Interesse haben, das sie durchsetzen können. Neben den Stakeholdern sind es vor allem die strukturellen Voraussetzungen und

**Tabelle 3.3** Evaluationszwecke (Quelle: Eigene Darstellung)

| Zweck | Wer | Umsetzungsbeispiel |
|---|---|---|
| Entscheidungsfindung | Auftraggeber*innen | (Modell-)Projekt ‚Betreuungsweisung Zwei' wurde erprobt, nun soll über die Weiterführung des Projekts entschieden werden, es besteht ein Interesse an dem Wissen, ob das Projekt effizient und effektiv ist (summative Evaluation). |
| Modifikation | Programmverantwortliche | Ein Jugendzentrum verliert insgesamt Besucher*innen, zu einzelnen Terminen ist das Haus voll, jetzt soll die Konzeption überprüft werden, um das Haus und die Mitarbeitenden auszulasten (formative Evaluation). |
| Legitimation | Fördermittelgeber*innen | Partizipatives Jugendprojekt, das durch ESF-Gelder (EU-Förderung) finanziert wird, hat nachzuweisen, ob die angegebenen Ziele verfolgt und erreicht wurden (summative Evaluation). |
| Wissensmanagement | Programmverantwortliche, Auftraggeber*innen | Im Rahmen der ESF-Förderung sind verschiedene Projekte mit unterschiedlichen Trägern und Mitarbeitenden installiert. Es soll untersucht werden, wie diese zusammenwirken, ob Strukturen parallel aufgebaut wurden und wo Synergien möglich sind, um die Effektivität zu steigern (formative Evaluation). |
| Erkenntnisgewinn | Programmverantwortliche, Auftraggeber*innen | Mit der Programmevaluation der ESF-Projekte wird erfasst, welche Rahmenbedingungen besonders förderlich sind, welche Zielgruppen angesprochen werden, welche Kooperationen funktionieren. |

die Einordnung der Evaluation. Sie stellen eine zentrale Entscheidungsgrundlage dafür dar, was eine Evaluation erreichen soll und wozu ihre Ergebnisse verwendet werden sollen.

In der Praxis lässt sich der Zweck auf verschiedene Weise bestimmen. Wenn der Zweck nicht eindeutig ist („Klären Sie, ob das Projekt sich finanzieren kann, sonst wird es beendet") und damit die Frage nach der Entscheidung über ein Projekt auf der Hand liegt, sollten Sie die Grundfrage klären: Was will wer mit der Evaluation erreichen? Denken Sie hierbei auch an Zwecke, die weniger offensichtlich und auch nicht zwingend an den Evaluationsgegenstand gerichtet sind: Soll das Projekt möglicherweise gestrichen werden (Entscheidungsfindung), geht es um eine Veränderung oder die Verbesserung eines Projekts (Modifikation) oder geht es darum, nachzuweisen, dass mit dem Geld effektiv gearbeitet wurde (Legitimation)?

## WAS IST ZU BEACHTEN BEI DER FESTLEGUNG DES EVALUATIONSZWECKS?

In der Praxis steht ein Evaluationszweck im Vordergrund, das heißt aber nicht, dass eine Evaluation nicht mehrere Zwecke haben kann. Ebenso muss der Evaluationszweck keine Verwendungsfunktion haben, sondern kann unterschiedlich motiviert sein. Wichtig für sowohl die Auftraggeber*innen als auch die Evaluierenden ist es, dies offen zu legen. Nur wenn klar ist, welche Intention mit der Evaluation verbunden ist (verbessern, verändern, dokumentieren, rechtfertigen, legitimieren etc.), lassen sich weitere Aspekte der Auftragsklärung ableiten: Festlegung der Evaluationsziele, Feststellung des zu erwartenden Nutzens.

Wird von der Evaluation beispielsweise erwartet, dass sie dazu beiträgt, als summative Evaluation eine Aussage über den Fortbestand einer Jugendhilfeeinrichtung zu geben, dann bedeutet das nicht, dass sie diesen bestätigt. Sie wird vielleicht eine Grundlage zur Entscheidung bieten, indem sie Auskunft darüber gibt, welche positiven Effekte für die Klient*innen erkennbar ist oder welche Effekte zu erwarten sind, wenn die Region künftig dieses Angebot nicht mehr zur Verfügung hat. Ein Ergebnis könnte aber auch sein, dass die Angebote vor Ort gut durchgeführt werden, diese aber nicht mehr angenommen werden.

## EMPFEHLUNGEN FÜR DIE PRAXIS DER SOZIALWIRTSCHAFT

Evaluationen brauchen einen Zweck, der mit der Evaluation verbunden ist und verfolgt werden kann. Ohne Zweck ist es nicht möglich, einen sinnvollen Evaluationsplan zu entwickeln.

Vorrangige Evaluationszwecke sind im Hinblick auf Programme oder Projekte in der Sozialwirtschaft:

- Treffen einer Entscheidung hinsichtlich Einführung oder Fortbestehen eines Projekts/einer Maßnahme.
- Vornehmen von Modifizierungen an bestehenden Programmen, Projekten, Maßnahmen, die zu einer Verbesserung oder Veränderung führen.
- Legitimationsaufgaben oder Rechenschaftslegung.

Die meisten Evaluationen haben neben formal definierten Zwecken auch verdeckte Zwecke. Diese sollten Sie identifizieren und in die Evaluation einbinden.

## 3.4 Nutzungsabsichten

Neben dem Zweck ist es in der Regel auch ein Nutzen bzw. die Erwartung eines Nutzens, den die Evaluation erbringen soll. Das mag zunächst definitorisch klingen, hat aber Auswirkung auf die Planung und Umsetzung der Evaluation. Relevante Stakeholder (▶ Kap. 3.6) haben Interessen an einer Evaluation und meist auch Erwartungen darüber, welchen Nutzen die Evaluation hat oder erbringen soll. In der Evaluationsforschung gibt es verschiedene Konzepte und Modelle, die diesen Nutzen oder die Evaluationsergebnisse beschreiben.

Die Frage der Nutzung ist für die Evaluationsforschung mindestens so relevant wie für die Auftraggeber*innen. Insbesondere Patton (2008) gilt mit seinem Werk *Utilization-focused evaluation* als zentraler Vertreter der Nutzenorientierung in der Evaluation und richtet sich damit an die Evaluierenden. Alle Entscheidungen, die im weiteren Evaluationsprozess getroffen werden, sind unter dem Fokus der wahrscheinlichen Nutzung der Evaluationsergebnisse zu betrachten (Patton 2008).[4] Dieser recht programmatischen Haltung steht die Anwendung in der Evaluationspraxis entgegen. Die Frage der anvisierten Nutzung ist für die Planung der Evaluation zwar von hoher, aber eben nicht von ausschließlicher Bedeutung.

---

4 Einen interessanten Hinweis gibt hier wiederum Hense, der festhält, dass Patton im Unterschied zu anderen zentralen Figuren im Feld nicht mehr forscht und lehrt, sondern als freier Berater in den Bereichen Organisationsentwicklung und Evaluation tätig ist (2020a).

## WAS IST DER NUTZEN EINER EVALUATION?

Abgesehen davon, dass der zu erwartende Nutzen konkret mit dem Evaluationsgegenstand und dem Evaluationszweck abzugleichen ist, lassen sich aus der Evaluationsforschung heraus verschiedene Arten von Nutzen benennen, die den Nutzen, den eine Evaluation erbringen kann, kategorisieren. Gebräuchlich und immer wieder verwendet wird die Unterscheidung nach Alkin (1985): instrumenteller, konzeptioneller, symbolischer und schließlich ein missbräuchlicher Nutzen, der sich aus der Evaluation ergibt.

Die Beschreibung dieser Kategorien stellt eine analytische Zuordnung möglicher Effekte einer Evaluation dar und soll eine Idee geben, wozu eine Evaluation dienen kann.

**Instrumenteller Nutzen:** Die Ergebnisse der Evaluation ermöglichen eine praktische Umsetzung der Ergebnisse in die Praxis. So können entweder am Programm Modifikationen vorgenommen, ein Projekt durch Änderungen in der Durchführung verbessert oder Maßnahmen gefunden werden, um die Kosten einer Maßnahme zu senken. Auch die Schließung einer Einrichtung könnte eine unmittelbare Folge einer Evaluation sein. Verbunden ist mit diesem Nutzen ein grundlegendes Interesse am Evaluationsgegenstand. In den meisten Fällen von Programm- oder Projektevaluationen wird genau diese Möglichkeit erwartet.

**Konzeptioneller Nutzen:** Hier geht es nicht um die Möglichkeit, konkrete Handlungen vorzunehmen, sondern darum, den Evaluationsgegenstand unter einer neuen Perspektive wahrzunehmen und neue Aspekte zu erkennen.

**Symbolischer Nutzen:** Es besteht kein oder kein zentrales Interesse am Evaluationsgegenstand. Der Nutzen ist normativ und liegt in der Darstellung von Qualitätsbewusstsein durch die Durchführung einer Evaluation. Wichtig sind die Außenwirkung, nicht der Evaluationsgegenstand. Der Zweck der Evaluation liegt damit weder darin, eine Entscheidungsgrundlage oder Verbesserungsmöglichkeit zu erhalten, sondern dient der Rechtfertigung und Legitimation gegenüber Geldgeber*innen, der Öffentlichkeit oder anderen. Ein Qualitätsanspruch soll gezeigt werden. Entsprechend besteht meist eine Bereitschaft, eine Evaluation durchzuführen, diese soll aber möglichst geräuschlos ablaufen.

**Missbrauch der Evaluation:** Die Evaluation soll bereits getroffene Entscheidungen bestätigen, Aussagen treffen, die dazu führen, Handlungsweisen zu legitimieren, Ziele so formulieren, dass sie erfüllt werden können. Die Evaluation ist daher nicht mehr ergebnisoffen.

Tabelle 3.4  Beispiele: Nutzen der Evaluation (Quelle: Eigene Darstellung)

| Nutzen | Beispiel |
|---|---|
| Instrumenteller Nutzen | Die Evaluation der Umsetzung der Maßnahme ‚Betreuungsweisung Zwei' und ihrer Wirkung dient dazu, eine Entscheidung über die Finanzierung des Projekts zu treffen. |
| Konzeptioneller Nutzen | Durch die Evaluation des Konzepts des geplanten Projekts „Kleiner Konsum" ergeben sich neue Einsichten über die Klientel und ihre Bedarfe. Diese kommen der Ausrichtung des Projekts zugute. |
| Symbolischer Nutzen | Die Fördermittel des „Soziale Stadt"-Projekts in der Mittelstadt wurden unter Vorbehalt einer Evaluation der Maßnahmen zugesprochen. Die Maßnahmen sind beendet, eine Fortsetzung ist nicht geplant, aber eine Evaluation nötig, um den Fördermittelgeber zufriedenzustellen. Die Ergebnisse werden nicht weiter für die Fortführung oder Änderung des Forschungsgegenstands benutzt. |
| Missbräuchlicher Nutzen | Die Schließung des Jugendhauses „Laut und Leise" steht bereits fest, der Träger hat die Mittel für das nächste Haushaltsjahr bereits anderweitig verplant, das Haus dient künftig als Beratungsstelle. Die Evaluation soll nachweisen, dass die Zielgruppe das Jugendhaus nicht mehr annimmt, es also keinen Bedarf mehr gibt. |

Evaluationen können mehrere Nutzenerwartungen haben: von derselben Person oder unterschiedliche Nutzenerwartungen von verschiedenen Personen. Ein häufiger erwarteter Nutzen von Programmevaluationen ist es, wenn die Evaluation dazu beitragen soll, ein Projekt zu verbessern und dafür klare Hinweise über mögliche Probleme oder daraus entwickelte Handlungsempfehlungen erwachsen. Dieser instrumentelle Nutzen ist ein zentraler Anlass für Evaluationen. Es ist aber weder verwerflich noch verwunderlich, wenn die Evaluation auch dazu dient, Entscheidungen über ein Projekt und deren Bestand zu treffen. Es ist konsistent, wenn dann von einer Evaluation Entscheidungsgrundlagen erwartet werden. Es ist auch durchaus legitim, wenn zudem die Beauftragung und Durchführung einer Evaluation symbolisch genutzt wird und auf ein Interesse an der eigenen Dienstleistungsqualität hingewiesen wird. Wichtig erscheint dabei, dass Zweck als intendierte Verwendung und der mit der Verwendung verbundene Ertrag (Nutzen) nicht widersprüchlich sind.

## EMPFEHLUNGEN FÜR DIE PRAXIS DER SOZIALWIRTSCHAFT

- Zweck und Nutzen sollten korrespondieren.
- Eine Evaluation, die einen instrumentellen oder konzeptionellen Nutzen haben soll, ist im Hinblick auf den Evaluationsgegenstand gewinnbringender als Evaluationen, die nur dazu dienen, zu zeigen, dass evaluiert wurde.

- Evaluationen sind ergebnisoffen und sollten als solche begrüßt werden. Deshalb darf ungeachtet dessen, welcher Nutzen mit der Evaluation verbunden wird, kein bestimmtes Ergebnis erwartet werden.
- Der Nutzen einer Evaluation liegt nicht in den Ergebnissen, sondern darin, wie sie genutzt werden.

## 3.5 Ziele und Fragestellungen einer Evaluation

Mit der Frage nach dem Ziel kommen wir vermutlich zum schwierigsten Begriff, den der Evaluationsprozess zu bieten hat: Programmziele, Evaluationsziel, Ziele der Evaluation, um nur die gebräuchlichsten Begriffe zu nennen. Nachdem bereits geklärt wurde, dass jede Evaluation einen Zweck hat und dieser mit einem Nutzen einhergeht, soll daher noch auf die Frage des Evaluationsziels eingegangen werden. Was ist ein Evaluationsziel und warum braucht es das?

Aus der Perspektive Evaluierender lässt sich die Frage leicht beantworten: Nur dort, wo Ziele und Fragestellungen bestehen, können diese auch überprüft werden. Fehlen diese, müssen sie (gemeinsam) entwickelt werden. Sind sie entwickelt und festgelegt, wird evaluiert (▶ Kap. 2.2). Aus der Perspektive der Auftraggeber*innen bedarf es jedoch weitergehender Überlegungen. Mit der Zielfestlegung wird die Leitplanke der Evaluation gelegt, die Ergebnisse und der Output der Evaluation lassen sich nur an diesen Zielvorgaben messen. Entsprechend können die Auftraggeber*innen immer auf die Durchführenden zurückgreifen, diese helfen dann dabei, Ziele so zu formulieren (z. B. durch Ziele-Workshops, ▶ Kap. 2.2), dass sie evaluierbar sind. Die grundlegenden Fragestellungen und das Interesse im Zusammenhang mit der Evaluation und darüber, worüber diese Auskunft geben soll, ist Aufgabe der Auftraggeber*innen. Die Identifizierung und Ausführung von Zielen ist zentral für die Evaluation und soll deshalb nochmal genau besprochen werden:

**BEGRIFFLICHE ABGRENZUNG – PROGRAMMZIEL**

Der Begriff Programm umfasst in der Evaluationsforschung Projekte, Maßnahmen, Programme – also die Formen, innerhalb derer in der Sozialwirtschaft soziale Dienstleistungen erbracht werden. Die Träger dieser Maßnahmen haben einen Versorgungsauftrag und müssen diesen erfüllen, der Ausgestaltung der sozialen Dienstleistungen oder Programme liegt in der Regel ein Konzept zugrunde. Im Konzept ist ein Ziel festgeschrieben, das beschreibt, was – und im Idealfall auch, wie diese „in der Zukunft liegende, erwünschte Zustände" (Univation – Institut für Evaluation 2016c) – erreicht werden soll (▶ Kap. 2.2). Ein Programmziel ist also das, was inhaltlich mit dem Projekt, der Maßnahme, dem Programm erwirkt werden soll.

## WAS VERSTEHT MAN UNTER EVALUATIONSZIEL BZW. EVALUATIONSFRAGESTELLUNG?

Hense (2020a) folgt in seinen Ausführungen der Empfehlung der Deutschen Gesellschaft für Evaluation, den Begriff Evaluations*zweck* statt Evaluations*ziel* zu verwenden, um Verwechslungen mit den Zielen des Evaluationsgegenstands zu vermeiden. Auch im Glossar von Univation wird auf den Begriff des Evaluationsziels verzichtet (Univation – Institut für Evaluation 2010). Dieser Vermeidungsversuch greift zu kurz, insbesondere, wenn man eine Evaluation als *Evaluationsprojekt* begreift, das es systematisch zu planen gilt. Eine definitorische Festlegung auf den Zweck ergibt nur vor dem Hintergrund einer Verwendungslogik Sinn.

Das Evaluationsziel bzw. die Evaluationsziele ergeben sich aus den Fragen, die mit dem Evaluationsprojekt verbunden sind. Das Ziel der Evaluation ist anders als die eher in abstrakte Kategorien fassbaren und dann zu konkretisierenden Zwecke einer Evaluation, denn es ist eher konkret und inhaltlich orientiert. Es ergibt sich aus konkreten Fragen, die an den Evaluationsgegenstand gestellt werden. Entsprechend schlagen wir vor, in der Praxis mit dem Begriff der *Evaluationsfragestellungen* zu arbeiten. Das Ziel einer Evaluation bezieht sich damit auf inhaltliche Aspekte und wird durch Fragestellungen konkretisiert (▶ Kap. 2.2).

**Beispiel:** Im Fall des Modellprojekts ‚Betreuungsweisung Zwei' ließe sich zum Beispiel das Programmziel die Erreichbarkeit der jugendlichen Delinquent*innen, ihre persönliche und berufliche Weiterentwicklung sowie die Verminderung der Rückfallwahrscheinlichkeit beschreiben.

Der Evaluationsgegenstand ist das Konzept der ‚Betreuungsweisung Zwei'; der Zweck, durch die Evaluation zu überprüfen, ob das Konzept unverändert beibehalten werden soll oder welche sinnvollen Modifikationen vorgenommen werden sollten, damit ein instrumenteller Nutzen verbunden ist.

Ziel der Evaluation wäre dann z. B. die Frage, ob das neue Konzept von den Klient*innen angenommen wird oder ob sich die Dauer der Betreuungszeit durch die Umsetzung des neuen Konzepts verringert.

Evaluationsziele bzw. -fragestellungen könnten ganz konkret sein, ob es den Betreuer*innen gelingt, durch mehr Zeit und einen engeren Kontakt einen Beziehungsaufbau mit den Jugendlichen zu erreichen oder diese dazu zu befähigen, neue Umgangsformen mit Konflikten zu finden.

## ZIEL IST UNGLEICH ZIEL

Die Evaluationsziele bzw. -fragestellungen werden dann in überprüfbare Ziele der Evaluation gefasst, mit den Evaluierenden festgelegt und im weiteren Prozess der Evaluation operationalisiert (▶ Teil II). Das Evaluationsziel, demnach die Richtung und das Evaluationsinteresse, die Fragen, die an eine Evaluation gestellt werden, sind also zu unterscheiden von den Zielen, die in der Evaluation überprüft werden! Diese „Übersetzungsleistung" ist, wie wir im vorgehenden Kapitel (▶ Kap. 2.2) gesehen haben, eine gemeinsame inhaltliche wie methodische Leistung von Auftraggeber*innen und Evaluierenden.

## EMPFEHLUNGEN FÜR DIE PRAXIS DER SOZIALWIRTSCHAFT

Fragestellungen an den Evaluationsgegenstand müssen konkret benannt sein, sie lassen sich nicht abstrakt bestimmen. Im Unterschied zu den Evaluationsfragestellungen sind die Ziele der Evaluation also die Aspekte, die im Rahmen der Evaluation überprüft werden sollen.

## ZUSAMMENFASSUNG: AUFTRAGSKLÄRUNG

Wir haben zu Beginn vorgestellt, dass die Auftragsklärung ein zentraler Teil der Planung eines Evaluationsprojekts ist. Das heißt, die Auftragsklärung vorzunehmen, heißt nicht nur formal bestimmen zu können, was Evaluationsgegenstand, Zweck, Nutzen und Evaluationsziel sind, sondern dies für den spezifischen Fall abzuklären.

## 3.6 Einbindung relevanter Akteur*innen des Evaluationsprojekts

Eine Evaluation findet nicht nur einzig zwischen Auftraggeber*innen und Durchführenden statt. Eine Evaluation berührt in der Regel unterschiedliche Akteursgruppen und bedingt die Berücksichtigung relevanter Stakeholder. Bei der Planung eines Evaluationsprojekts ist es deshalb nötig, die verschiedenen von der Evaluation betroffenen Beteiligten einzubeziehen. Dabei geht es weniger um die Benennung individueller Personen, sondern um verschiedene Akteursgruppen, deren Rollen und damit verbundenen Interessen im Evaluationsprojekt. Balzer und Beywl (2018, S. 45) unterscheiden mit Fitzpatrick et al. (2012, S. 260) zwei

Ebenen des Interesses von Akteur\*innen: auf der einen Seite den Evaluationsgegenstand und auf der anderen Seite die Evaluation an sich. Während die erste Gruppe ein Interesse an dem Evaluationsgegenstand hat, geht es zweiteren um die Ergebnisse und deren Verwertbarkeit (▸ Kap. 6). Darüber hinaus gibt es noch eine dritte Ebene des Interesses, das Akteursgruppen an den Tag legen: Die Evaluation als Produkt, das Interesse an der Evaluation ist weder inhaltlich noch gegenstandsbezogen, sondern funktional und symbolisch einzuordnen. Diese Einteilung ist vor allem analytischer Natur, sie kann helfen, zu erkennen, wer welches Interesse mit der Evaluation verbindet und vor diesem Hintergrund in die Evaluation einbezogen werden muss.

Grundsätzlich sollte in der Vorbereitungsphase überlegt werden, wer im Kontext dieser Evaluation relevant ist – und wer nicht. Bleiben relevante Akteure, Stakeholder unberücksichtigt, kann dies zu Störungen, im schlimmsten Fall Behinderungen der Evaluation führen. Greene (1988) definiert Stakeholder als „people whose lives are affected by the program and people whose decisions can affect the future of the program".

Das *Wiki der Evaluation* bezeichnet Stakeholder eines Programms als

> „Personen, Personengruppen oder Organisationen (wiederum vertreten durch Personen), die, je nachdem wie ein Programm konzipiert und umgesetzt wird, etwas zu verlieren oder zu gewinnen haben: Für sie steht etwas auf dem Spiel, sie halten Einsätze (*engl.* stakes). Es können aktiv am Evaluationsgegenstand Beteiligte von passiv Betroffenen unterschieden werden. Die Trennlinie zwischen Stakeholdern einerseits und Evaluationsinteressierten bzw. Adressierten der Evaluation andererseits kann nicht immer scharf gezogen werden; eine Person kann gleichzeitig mehrere dieser Rollen einnehmen." (Univation – Institut für Evaluation 2015b)

Prägnant wird der Begriff der Stakeholder und seiner Implikationen der Autorengruppe von betterevaluation.org ausgeführt:

> „Stakeholders are individuals or organizations that will be affected in some significant way by the outcome of the evaluation process or that are affected by the performance of the intervention, or both." Sie weisen auf die hohe Relevanz und Notwendigkeit, die unterschiedlichen Akteur\*innen einzubeziehen hin: „Normally, those who have an interest in the success or failure of the project also have an interest in how the evaluation is carried out, its findings, and how these findings affect the future of the project." (Betterevaluation 2014)

Als Stakeholder\*innen werden von uns alle Personen gefasst, die Einfluss und Gestaltungsmöglichkeiten im Hinblick auf den Evaluationsgegenstand haben. Stake-

Einbindung relevanter Akteur*innen des Evaluationsprojekts

holder sind aber auch diejenigen Akteur*innen, die eine Rolle im Hinblick auf das Gelingen eines Evaluationsprojekt spielen. Einen Überblick gibt das folgende Schaubild (Abb. 3.4) und die einzelnen Akteur*innen sollen im Folgenden kurz dargestellt werden.

**Abbildung 3.4** Relevante Akteursgruppen im Evaluationsprozess (Quelle: Eigene Darstellung)

Eine zentrale Rolle spielen die *Auftraggeber*innen* bzw. *Geldgeber*innen* eines Evaluationsprojekts. Mit Auftraggeber*innen ist zunächst die Person bzw. Organisation gemeint, die möchte, dass ein Projekt, ein Programm, eine Maßnahme evaluiert wird. Das ist nicht zwingend die Person, die verantwortlich für die Evaluation ist und die Evaluation extern oder intern (▶ Kap. 1) beauftragt und damit für die Evaluierenden als Auftraggeber*in fungiert. Wir sprechen hier von Auftraggeber*innen, von denjenigen, die ein grundlegendes Erkenntnisinteresse im Hinblick auf die Evaluation haben und eine Evaluation verlangen können. Das kann inhaltlicher wie finanzieller Natur sein oder auch schlicht formal geprägt sein (z. B. durch die Förderrichtlinien bei der Vergabe von Mitteln wird pauschal eine Evaluierung gefordert). Eine Evaluation kann aber auch dann beauftragt werden, weil z. B. Zweifel am Projekterfolg bzw. der Finanzierungsgrundlage besteht.

> **WICHTIG:** Auftraggeber*innen können sowohl auf das Evaluationsprojekt als auch auf die Evaluation bezogen sein. Diese können, müssen aber nicht identisch sein. Aus Sicht der Evaluierenden sind Auftraggeber*innen diejenigen, die sie beauftragt haben und von denen sie finanziert, gesteuert und in Verantwortung genommen werden.

Geldgeber*innen der Evaluation können die Geldgeber*innen des Programms, der Maßnahme oder des Projekts sein. Sie fordern mit der Zuwendung oder Leistung eine Überprüfung dieser ein. Geldgeber*in kann aber auch der Träger einer Einrichtung sein, die eine Maßnahme durchführt. Im Einzelfall können auch Stiftungen oder andere Geldgeber*innen gefunden werden, in der Regel sind sie öffentliche Verwaltungen oder Trägerverbände der Sozialwirtschaft. Entsprechend unterschiedlich ist ihr Interesse an dem Evaluationsprojekt. Die Geldgeber*innen haben unter Umständen ein Interesse an den Evaluationsergebnissen, um ihre Mittel besser einsetzen zu können, sie können aber auch ein inhaltliches Interesse am Evaluationsgegenstand haben.

Weitere Stakeholder können zum Teil *Projektbeirät*innen* sein, die eingesetzt wurden, um ein Projekt zu begleiten oder auch Arbeitsgemeinschaften, die eine beratende, aufsichtführende, weisende Funktion im Hinblick auf den Evaluationsgegenstand haben. Ein Beispiel hierfür wäre etwa der örtliche Kinder- und Jugendausschuss, der das Jugendamt beauftragt, ein bestimmtes Projekt zu evaluieren.

Als Beteiligte können also einmal alle relevanten und in das Evaluationsprojekt einbezogenen Akteur*innen bezeichnet werden. Im engeren Sinn sind unter Beteiligten diejenigen zu verstehen, die mit dem Evaluationsgegenstand direkt befasst sind, also z. B. eine Maßnahme wie unser Beispielprojekt ‚Betreuungsweisung Zwei' durchführen oder das Konzept eines Programms entwickelt haben. Auch Vorgesetzte der Durchführenden können Beteiligte sein, auch sie sind als Teammitglieder ebenfalls ‚beteiligt'. Als Betroffene werden zumeist Klient*innen, Teilnehmer*innen oder Kund*innen der Sozialwirtschaft bezeichnet, also diejenigen, deren Verhalten oder Leben durch die Maßnahme, das Projekt verändert, verbessert oder in einer anderen Weise berührt worden ist.

Ebenso wenig wie die Durchführenden und damit originär Beteiligten sollten auch andere wichtige Akteur*innen innerhalb des Unternehmens nicht vergessen werden. Die Nutzung von Daten erfordert die Zustimmung der Datenschutzbeauftragten, die Gleichstellung unterschiedlicher Beschäftigungsgruppen könnte auch im Hinblick auf die Evaluation eine Rolle spielen. Werden beispielsweise Mitarbeiter*innenbefragungen durchgeführt, ist es sinnvoll den Personalrat einzubeziehen. Auch die jeweilige Bereichs- oder Abteilungsleitung sollte informiert werden, wenn eine Evaluation in ihrem Bereich oder Abteilung stattfindet.

Über diejenigen hinaus, die aufgrund ihrer Funktion oder als relevante Akteur*innen im Kontext des Forschungsgegenstands Beteiligte der Evaluation sind, gibt es häufig weitere Akteursgruppen außerhalb der Organisation. Das sind etwa externe Kooperationspartner*innen, beispielsweise könnten das Jugendamt, Schulen, Gesundheitsbereich, Arbeitsagentur usw. sein. Weitere mögliche relevante Akteursgruppen sind zum Beispiel Fachkolleg*innen, Wissenschaftler*innen oder Praxispartner*innen. Manchmal sind das auch die Öffentlichkeit oder – ganz anders – Nachbar*innen, die darauf hoffen, dass ein Projekt scheitert, um die unliebsame Nachbarschaft los zu werden und dieses Scheitern gerne dokumentiert sehen wollen.

## NICHT ZU VERNACHLÄSSIGEN: DIE EVALUIERENDEN

Die beauftragten Evaluierenden, intern wie extern, sind ein wesentlicher Teil der Evaluation. Sie sind diejenigen, die über die Fachkenntnis zur Durchführung verfügen und für die Umsetzung der in der Auftragsklärung vorgenommenen Fragestellungen sorgen. Im Evaluationsgeschehen können sie eine Vielzahl an Aufgaben und Rollen übernehmen. In erster Linie sollten Evaluierende über methodische und spezifisch Evaluationskompetenz verfügen. D. h., sie sollten die in ▶ Kap. 2 beschriebenen Schritte des Evaluationsprozesses strukturiert anleiten, vorantreiben und umsetzen können. Diese Aufgaben können interne wie externe Evaluierende übernehmen, verbunden sind damit unterschiedliche Gewichtungen und vor allem eine unterschiedliche Haltung zu der auftraggebenden Organisation und dem Evaluationsgegenstand (Widmer 2000, S. 85).

Interne Evaluierende sind stärker an die Organisation gebunden, während externe Evaluierende eine größere Distanz zu dieser aufweisen. Entsprechend ist der Blick externer Evaluierender objektiver und weniger von kollegialen Erfahrungen, Abhängigkeiten, Loyalitäten geprägt (vielleicht aber von einer Dienstleistungsmentalität, die den Auftraggeber*innen in den Fokus nimmt). Diese müssen kein Manko sein, können aber im Verhältnis zwischen den Beschäftigtengruppen in Evaluationen, deren Ziel beispielsweise die Entscheidung über eine Weiterführung eines Projekts ist, zur Belastung werden. Anders als externe Evaluierende agieren interne immer auch als Vermittler*innen zwischen den unterschiedlichen Beteiligten, als Vertrauenspersonen und nehmen eine Stellvertreterposition ein.

Darüber hinaus erbringen Evaluierende aber noch eine Reihe weiterer Aufgaben, die von Relevanz für das Gelingen der Evaluation sind: ein fragender Blick auf den Evaluationsgegenstand, die Steuerung der Evaluation, die Gewinnung relevanter Daten, die Bewertung dieser Daten, die Entwicklung von Empfehlungen, die Kommunikation mit Untersuchungspersonen, Mitarbeiter*innen, Auftraggeber*innen und die Vermittlung der Ergebnisse – unabhängig von deren Inhalten. Entsprechend sind die Evaluierenden eine zentrale Akteursgruppe im Geschehen und sollten sorgfältig ausgewählt werden (▶ vgl. Kap. 4).

## AUSWAHL DER BETEILIGTEN

Das Spektrum potenzieller Stakeholder ist groß – um handlungsfähig zu sein, oft zu groß. Balzer und Beywl (2018, S. 46 ff.) bieten für den Bereich Bildungsevaluationen eine Checkliste der unterschiedlichen Rollen in der Evaluation an und stellen dar, in welchem Grad Interesse an der Evaluation bzw. des Programms bestehen könnte. Eine solche Beschreibung kann erste Hinweise geben. Sie fordert aber von den Verantwortlichen trotzdem immer wieder fallbezogene Entscheidungen über den Einbezug relevanter Akteur*innen. Nachdem in der Praxis gerade diese Offenheit Probleme macht, können folgende Fragen als Entscheidungshilfe für die Auswahl nützlich sein:

**Abbildung 3.5** Identifizierung der Stakeholder (Quelle: Eigene Darstellung)

---

Erstellen Sie eine Liste mit für Ihr Evaluationsprojekt (möglicherweise) relevanten Stakeholdern und beantworten Sie dazu folgende Fragen:

Wer hat welches Interesse an der Evaluation und ist deshalb zu berücksichtigen?
- Wer hat ein berechtigtes Interesse an dem Evaluationsgegenstand?
- Wer hat ein berechtigtes Interesse an den Ergebnissen der Evaluation?
- Wer hat ein berechtigtes Interesse am Evaluationsprojekt (z. B. Datenschutzbeauftragte*r)?
- Wer wird von der Evaluation und deren Ergebnissen betroffen sein?

Wer kann Einfluss auf das Evaluationsprojekt nehmen?
- Wer kann das Evaluationsprojekt befördern?
- Wer kann das Evaluationsprojekt behindern?

Gehen Sie diese Liste durch und entscheiden Sie, wer im Vorfeld zur Auftragsklärung zu berücksichtigen ist, wer über das Evaluationsprojekt zu informieren ist und wer erst später oder zu Einzelfragen involviert werden muss.

Diese beiden Fragen können leitend sein für die Berücksichtigung der unterschiedlichen Akteursgruppen am Evaluationsprojekt. Zu entscheiden gilt es dann, auf welcher Ebene die Beteiligung erfolgen soll.

Wie dem Schaubild oben und der Auflistung zu entnehmen ist, gibt es eine Vielzahl an Akteur*innen, die im Kontext des Programms oder Projekts sowie der Evaluation von Bedeutung sind, diese sind jedoch nicht in gleicher Weise am Evaluationsprojekt zu beteiligen. Das folgende Modell gibt Auskunft über die verschiedenen Einbindungsebenen:

**Abbildung 3.6** Ebenen der Einbindung (Quelle: Eigene Darstellung)

Das Schaubild zeigt, dass die Beteiligung nicht einzig von unterschiedlichen Rollen und Interessen abhängt, sondern im Kontext der verschiedenen Phasen des Evaluationsprojekts zu entscheiden ist. Das heißt, für jede Ebene des Evaluationsprojekts gibt es unterschiedliche Beteiligte, die auf unterschiedliche Weise involviert sind. Das heißt, es gilt zu entscheiden:

- Wer muss am Evaluationsprojekt und der Auftragsklärung beteiligt werden?
- Wen braucht es für die Vorbereitung der Evaluation?
- Wer ist bei der Durchführung der Evaluation zu beteiligen?
- Wer ist an der Vermittlung und Umsetzung der Ergebnisse zu beteiligen?

In der Auftragsklärung sind die Akteur*innen zu berücksichtigen, die die Evaluation des Programms bzw. Projekts beauftragen, finanzieren und verantworten. Weiter ist an diejenigen zu denken, die über die Inhalte der Evaluation (mit-)

entscheiden, und auch diejenigen, die darüber entscheiden, wer die Evaluation durchführen wird. In der Phase der Evaluationsvorbereitung sind auch die Akteur*innen aus der Organisation zu beteiligen, die für die Durchführung einer Evaluation aufgrund ihrer Funktion als Datenschutzbeauftragte etc. ihre Zustimmung geben müssen. Darüber hinaus sind noch weitere relevante Akteur*innen zu benennen. Das sind etwa Mitarbeiter*innen am Programm bzw. Projekt, externe Projektpartner*innen oder auch die direkten Betroffenen. Hier ist dabei zu beachten, in welcher Form diese an der Evaluation zu beteiligen sind: Information, Träger*innen von Expert*innenwissen, Beteiligung in der Ausgestaltung, Untersuchungsgegenstand. Als Gegenstand der Vorbereitung und Planung des Evaluationsprojekts ist die (spätere) Berücksichtigung dieser Akteur*innen deshalb nötig, weil uninformierte, verärgerte Mitarbeiter*innen eine Evaluation erschweren oder behindern können. Der Einbindungsgrad variiert bei den verschiedenen Beteiligten.

Schon in der Planung eines Evaluationsprojekts ist sowohl zu überlegen, wer über die Ergebnisse der Evaluation zu informieren ist, als auch, wer für die Umsetzung der Ergebnisse verantwortlich ist. Auftraggeber*innen, Geldgeber*innen sind eindeutig, darüber hinaus sind sinnvollerweise die beteiligten Mitarbeiter*innen zu informieren, ebenso wie diejenigen, die den Evaluationsgegenstand verantworten. Relevant können je nach Zielsetzung und Nutzengedanken auch Fachöffentlichkeit, Medien oder externe Projektpartner*innen sein.

> **WICHTIG:** Zentrale Beteiligte an sich sind die Evaluierenden. Sie helfen im ersten Schritt, die interne Auftragsklärung in ein Evaluationskonzept zu übersetzen. Die Evaluation an sich wird von den Evaluierende verantwortlich durchgeführt. Allerdings sind diese in der Regel als Externe nicht an der Auftragsklärung beteiligt.

Grundsätzlich kann als praktische Regel gelten: Alle Stakeholder, die in ihrer Rolle ein begründetes (!) Interesse an der Evaluation haben, sind in das Evaluationsprojekt an geeigneter Stelle (!) einzubeziehen. Balzer und Beywl (2018, S. 55) schreiben dazu:

> „Allerdings ist der Einbezug der Beteiligten und Betroffenen leichter beschrieben als realisiert. Sämtliche Personen(-gruppen) zu identifizieren, ist in der Praxis, besonders bei größeren Projekten, selbst bei guten Voraussetzungen unmöglich bzw. würde kaum noch Zeit für die anderen […] Evaluationsaufgaben lassen."

Kriterien können z. B. die Größe und der Umfang eines Evaluationsprojekts sein (ist das Volumen klein und kommt aus einer einzelnen Abteilung, so dürfte es reichen, das Einverständnis der Geschäftsführung oder des Vorstands zu erhalten, man muss diese aber nicht in alle Prozesse einbeziehen) und der Gegenstand der Evaluation (werden Wirkungen einer Maßnahme betrachtet, sind die Teilnehmer*innen dieser Maßnahme aller Wahrscheinlichkeit nach Untersuchungspersonen, nicht aber zwingend Stakeholder für die Planung des Evaluationsprojekts, sie haben somit eine andere Rolle). Diese Klärung ist im Vorfeld zu treffen, um die richtigen und relevanten Akteursgruppen einzubeziehen, das Evaluationsprojekt aber nicht zu überfrachten.

**Beispiel:** Im Modellprojekt ‚Betreuungsweisung Zwei' steht die Ausdehnung des Zeitbudgets zur Erreichung der vorgegebenen Ziele (Prävention, individuelle Reifung der Jugendlichen etc.) im Fokus. Sie sind in ihrer Rolle als QM-Beauftragte des Trägers verantwortlich für das Evaluationsprojekt. Sie gehen die Aufzählung an möglichen relevanten Akteur*innen durch, um zu klären, wer im Rahmen der Auftragsklärung in die Planung des Evaluationsprojekt einbezogen werden muss und wer gegebenenfalls im weiteren Verlauf zu berücksichtigen ist.

Relevant ist der Auftraggeber des Projekts, Herr H., der Geschäftsführer des Trägers. Er signalisiert Ihnen aber, dass sein Interesse nur darin liegt, zu hören, ob das Projekt erfolgreich ist, ob es eine Empfehlung seitens der Evaluierenden gibt, das Projekt fortzuführen, und um dann um eine Förderung durch den Kostenträger zu kämpfen (▶ Information und Umsetzung).

Auftraggeber und Geldgeber der Evaluation ist zugleich der Kostenträger des Projekts, der ohne Nachweis keine Förderung vorsieht, zuständig als Vertreterin der Kommune ist die Mitarbeiterin Frau Z. Sie will in der Ausformulierung des Evaluationsauftrags beteiligt werden (▶ Auftragsklärung, Vorbereitung, Information und Umsetzung).

Relevant für das Geben von Auskunft sind die Verantwortlichen für die Projektgestaltung_ Das ist u. a. der Abteilungsleiter Jugendhilfe, Herr G., dem das Projekt zugeordnet ist. Er empfiehlt, die Mitarbeiter*innen, die das Modell ausgeführt haben, einzubeziehen, ebenso deren Kolleg*innen, die das alte Modell verfolgen. Sie selbst überlegen sich jetzt, ob das nötig ist. Allerdings wird Ihnen schnell klar, dass nur durch Einbezug der Mitarbeiter*innen ein Zugang zu den Klient*innen sowie der Auskünfte über deren Erfahrungen möglich sind (▶ Vorbereitung, Durchführung der Evaluation, Information).

Die Jugendlichen als diejenigen, um die es geht, wollen Sie in der Evaluation berücksichtigen, nicht aber im Vorfeld in die Planung einbeziehen. Ebenfalls sollen auch die Kooperationspartner*innen nicht einbezogen werden (▶ Durchführung der Evaluation).

Die künftigen Evaluierenden sehen Sie als planungsrelevant an. Allerdings gibt es diese noch nicht, denn die Ausschreibung soll erst nach der Auftragsklärung und Vorbereitung stattfinden. Danach aber sind sie zentral für die Umsetzung der Evaluation und sollen frühzeitig in die Bewertung der Fragestellungen der Evaluation einbezogen werden (▶ Vorbereitung, Durchführung der Evaluation).

Weitere relevante Akteur*innen erachten Sie nicht als nötig. Im Laufe der Zeit stellt sich heraus, dass sowohl der Datenschutzbeauftragte als auch der Personalrat zu beteiligen sind, denn ersterer mahnt die Zustimmung zur Nutzung von (anonymisierter) Klient*innenakten, letzterer einen Freizeitausgleich mitwirkender Mitarbeiter*innen an der Evaluation an (▶ Vorbereitung, Durchführung der Evaluation).

**EMPFEHLUNGEN FÜR DIE PRAXIS DER SOZIALWIRTSCHAFT**

- Sie sollten schon zu Beginn überlegen, wer in das Projekt involviert werden muss – und wer nicht.
- Als Faustregel im Umgang mit den Beteiligten kann gelten, dass sie umfassende Informationen über die Zielsetzung des Evaluationsprojekts sowie den Zweck und Nutzen, die damit verbunden sind, erhalten sollten. Diese Informationen sollten der Rolle im Evaluationsprojekt angepasst sein.

### 3.7 Ressourcen- und Kostenplanung

Eine Evaluation kostet: Geld, Zeit und Personal. In einem Sektor wie der Sozialwirtschaft, die zu einem Großteil über die Leistungserbringung sozialer Dienstleistungen und von begrenzten Projektmitteln lebt, stellt sich also schnell die Frage, die von einem „Wie viel Evaluation hätten Sie denn gerne?" zu einem „Wie viel Evaluation ist unbedingt nötig?" geht. Kurz: Evaluiert werden kann zwar nicht alles, aber vieles. Aus diesem Grund ist die Frage nach dem Zweck (▶ Kap. 3.3) und dem Nutzen (▶ Kap. 3.4) der Evaluation immer vorrangig. Damit einhergeht die Frage nach Qualität und Tiefe der Evaluation, wobei es nicht zwingend einen Zusammenhang zwischen hohen Ausgaben und einer gewinnbringenden Evaluation gibt. Vielmehr stellt sich die Frage, was mit der Evaluation erreicht werden soll (Auftragsklärung) und welchen Mitteleinsatz dafür benötigt wird (Ressourcenklärung).

**Abbildung 3.7** Ressourcen im Evaluationsprojekt (Quelle: Eigene Darstellung)

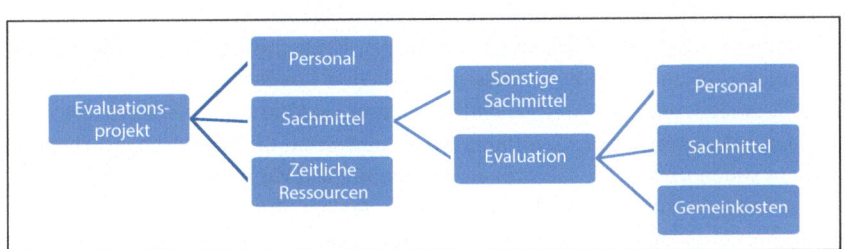

## RESSOURCEN FÜR DIE DURCHFÜHRUNG DES EVALUATIONSPROJEKTS

Nicht nur die Durchführung der Evaluation, sondern auch die Planung und Steuerung des Evaluationsprojekts benötigt Ressourcen.

**Personelle Ressourcen im Evaluationsprojekt:** Die Verantwortung für das gesamte Evaluationsprojekt liegt innerhalb der Organisation oder Organisationseinheit, die die Evaluation beauftragt. Als Projekt angelegt, benötigt es eine Projektleitung. Diese muss mit Ihrer Arbeitszeit kalkuliert werden.

Darüber hinaus sind die Einbindung von Mitarbeiter*innen als Beteiligte bei der Evaluation zu kalkulieren: Die Teilnahme an Befragungen, die Rekrutierung von Maßnahmenteilnehmer*innen oder die Funktion als Stakeholder, die Datenanonymisierung etc. sind Aufgaben, die für Einzelne in der Regel machbar sind, dennoch Personalressourcen beanspruchen. Die organisationsinternen Stakeholder wenden ebenfalls Arbeitszeit für die Evaluation auf, z. B. im Rahmen der Auftragsklärung, eines Kick-offs oder im Rahmen der Ergebnisumsetzung.

**Finanzielle Ressourcen im Evaluationsprojekt:** Finanzielle Ressourcen umfassen über die Durchführung der Evaluation hinaus beispielsweise Kosten für die Veröffentlichung von Ausschreibungen für die Evaluationsvergabe, Druck von Ergebnisberichten, Layout von Berichten oder die Veranstaltungsdurchführung zur Information über die Ergebnisse.

## BENÖTIGTE RESSOURCEN FÜR DIE DURCHFÜHRUNG DER EVALUATION

Wie also lassen sich die Kosten einer Evaluation planen? Für Verantwortliche, die in der Regel keine Expert*innen in Durchführung von Evaluationen sind, wenig methodische Erfahrung und Kenntnisse haben – wie das in kleineren Organisationen oder Organisationseinheiten der Sozialwirtschaft der Fall ist –, ist die Kalkulation einer Evaluation oft mit vielen Fragezeichen versehen.

Die erste Möglichkeit orientiert sich an den Evaluationsfragestellungen, dem Evaluationsziel und folgt einer wissenschaftlichen Logik. Der Zweck ist geklärt, die Fragestellungen sind (weitgehend) bestimmt und daraus wird abgeleitet, welche Methoden zum Einsatz kommen, wie umfangreich die empirischen Erhebungen sein sollen und welcher Personaleinsatz nötig ist (Variante 1).

Im anderen Fall wird ein festes Budget festgelegt, das für die Evaluation eingesetzt werden kann. Innerhalb dieses Rahmens ist die Evaluation zu planen und zu kalkulieren. In der Praxis zeigt sich häufig, dass die Ziele und Fragestellungen, die mit der Evaluation bearbeitet werden sollen, ein zu hohes Budget verlangen. In diesem Fall muss ein Kompromiss zwischen Evaluationsinteressen, Mitteleinsatz, Qualität und Tiefe der Evaluation gefunden werden. Auflösen sollen dieses Problem dann oft die potenziellen Evaluierenden, die diese Einschätzung geben können, aber damit wiederum nicht zwingend die Erwartungen der Verantwortlichen erfüllen (können) (Variante 2).

**Tabelle 3.5** Varianten der Ressourcenplanung (Quelle: Eigene Darstellung)

|  | Variante 1 | Variante 2 |
| --- | --- | --- |
| Vorteile | Passgenaue Evaluation, Bearbeitung, entsprechend der internen Auftragsklärung | Kostenkontrolle |
| Nachteile | Ggf. hoher Mitteleinsatz, um Evaluationsfragestellungen zu beantworten | Ggf. können nicht alle Evaluationsfragestellungen umfassend beantwortet werden, Qualitätsabstriche bei zu umfangreichen Fragestellungen |

Beide Varianten sind gleichermaßen vertretbar, denn Evaluationen sollten dem Nützlichkeitsprinzip folgen. Die Standards der ) und andere internationale Fachgesellschaften sehen vor, dass eine Evaluation sich immer auch an wirtschaftlichen Kriterien zu orientieren und Leistungen zu erbringen hat, die zielführend und nötig sind (▶ Kap. 1). Insbesondere mit den Standards zur Durchführbarkeit (D1, D3) wird hervorgehoben, dass Evaluationsverfahren nicht nur professionell umgesetzt werden sollen, sondern der Aufwand in einem angemessenen Verhältnis zum erwarteten Nutzen der Evaluation steht (DeGEval – Gesellschaft für Evaluation 2017, S. 19–20). Diese Einschränkung hat nicht nur einen wirtschaftlichen Aspekt, sondern dient auch dazu, die Beteiligten nicht über Gebühr in Anspruch zu nehmen.

Die Durchführung der Evaluation kann extern vergeben oder intern (▶ Teil 1) durchgeführt werden. Ist Letzteres der Fall, sind entsprechend Personal- und

# Ressourcen- und Kostenplanung

Sachkosten zu kalkulieren. Mit der Vergabe der Evaluation durch externe Evaluierende wird ein Vertrag über eine Leistungserbringung geschlossen, diese Leistung ist erwartbar und kann eingefordert werden. Damit diese Leistung erbracht werden kann, muss Klarheit über den Umfang der erwartbaren Leistungen bestehen. Soweit zumindest die Theorie. In der Praxis besteht oft Unklarheit darüber, welche Leistungen denn welchen Aufwand fordern und welche finanziellen Ressourcen eine Evaluation braucht.

> **WICHTIG:** Ganz allgemein kann festgehalten werden, dass eine extern vergebene Evaluation wie jede Fremdleistung Vollkosten kalkulieren muss: Neben anfallenden Personalkosten und Sachmitteln (Reisekosten, Raummieten, Incentives, Unteraufträge) müssen anfallende Gemeinkosten (Büromiete, Anschaffung und Nutzung von PCs, Telefon, Software, Aufnahmegeräte, Büromaterial, Verwaltung etc.) anteilig kalkuliert werden.

## PERSONALKOSTEN UND ANDERE EINFLUSSFAKTOREN AUF DIE KOSTEN EINER EVALUATION

Wie bei allen Dienstleistungen sind vor allem die Personalkosten ein zentraler Kostenfaktor. Dabei ist nicht alleine der Umfang des Evaluationsprojekts, sondern die benötigte Zeit für die Durchführung verantwortlich für die entstehenden Kosten. Der Faktor Zeit wiederum setzt sich aus verschiedenen Faktoren zusammen und kann entsprechend gesteuert werden.

**Abbildung 3.8** Einflussfaktoren auf die Kosten einer Evaluation (Quelle: Eigene Darstellung)

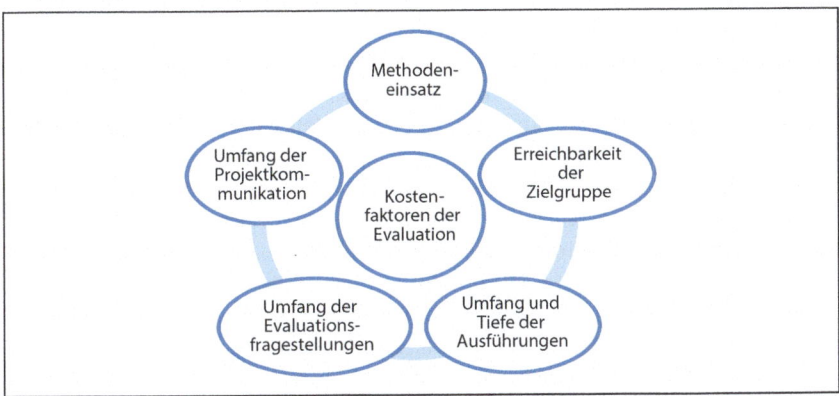

Im Folgenden soll kurz auf die einzelnen Kostenfaktoren, die Einfluss auf den Umfang einer Evaluation und damit deren Kosten haben, eingegangen werden.

**Umfang und Art und Weise der Projektkommunikation:** Eine regelmäßige Kommunikation zwischen Auftraggeber*in und Auftragnehmer*in ist von großer Bedeutung für das Gelingen der Evaluation (▶ Kap. 5.2). Auch gemeinsame Absprachen über Instrumente wie Fragebogenkonferenzen oder Zwischenergebnisse sind sinnvoll. Allerdings gilt es, dabei ein Mittelmaß zu finden. Während Termine und Treffen für die Auftraggeber*innen zwar Zeit in Anspruch nehmen, werden externe Auftragnehmer*innen diese Zeit kalkulieren und berechnen müssen.

**Umfang der Evaluationsfragestellungen:** Der Umfang der Evaluationsfragestellungen bestimmt die Kosten (mit). An jeden Evaluationsgegenstand können (fast) beliebig viele Fragen gestellt werden, die Interessen der Beteiligten sind meist heterogen. Aus diesem Grund ist die Auftragsklärung unter Berücksichtigung von Zweck und Nutzen von zentraler Bedeutung. Natürlich sind die Kosten einer Evaluation höher, wenn die Fragestellungen vielfältig sind und unterschiedliche Interessen bedienen sollen. Die Wahrnehmung einer Maßnahme durch die Zielgruppe (Output) kann schneller untersucht werden als die langfristige Wirkung durch die Teilnahme an einer Maßnahme (Outcome; ▶ Kap. 2.2). Während für die erste Frage eine einfache Auswertung von vorhandenen Daten ausreicht, benötigt es im zweiten Fall eine empirische Untersuchung von Akten oder eine Befragung der Teilnehmenden. Allerdings – und so auch in unserem Beispiel – sind es meistens Fragen, deren Antwort nicht auf der Hand liegt, die einer Untersuchung bedürfen. Werden nun mehrere komplexe Fragestellungen adressiert, kann die Evaluation aufwändig sein, können diese aber mit demselben Instrument bearbeitet werden, reduziert sich der Aufwand.

**Umfang und die Tiefe der Ausführung der empirischen Untersuchung:** Die Tiefe und der Umfang der Ausführung der Evaluation kann unterschiedlich sein. So hilft eine Beschränkung auf einen Teilaspekt, eine Zielgruppe oder die Untersuchung nur einer von drei parallel angebotenen Maßnahmen. Das reduziert den Umfang der Aussagen, die mit der Evaluation gemacht werden können, nicht aber deren Teile.

Die Tiefe einer Untersuchung bestimmt sich eher darüber, wie intensiv ein Sachverhalt untersucht wird, im Fall der Evaluation also, wie genau und umfangreich ein Indikator überprüft wird. Es macht einen Unterschied, ob kurze Leitfadeninterviews telefonisch oder persönlich durchgeführt, aufgezeichnet und verschriftlicht werden. Auch die Auswertung kann in unterschiedlicher Weise stattfinden. Inhaltlich zusammenfassend oder streng einer wissenschaftlichen

Auswertungsmethode folgend. Die Auswertung eines Fragebogens kann deskriptiv erfolgen oder weitergehende statistische Analysen nach sich ziehen. Um nicht falsch verstanden zu werden, muss die methodische Umsetzung immer so erfolgen, dass sie belastbare Aussagen liefert – oder auf die Einschränkungen ihrer Aussagen hinweist. Hier zeigt sich oft am besten das Dilemma knapper Kalkulation und zu hoher Erwartungen. Viele Fragen sind wichtig, ihre Beantwortung wird z. B. von den Auftraggeber*innen der Maßnahme erwartet, die Umsetzung kann dann nur in minimaler Weise erfolgen.

**Erreichbarkeit der interessierenden Zielgruppen:** Der Einsatz von Befragungen und Analysen ist mit Aufwand verbunden, der nicht zuletzt durch die zu erfassende Zielgruppe variiert. So ist es schwieriger, Jugendliche, die die Maßnahme abgeschlossen haben und damit keinen Anlass mehr haben, an einer Untersuchung teilzunehmen, zu befragen als Mitarbeiter*innen, denen das Interview oder das Ausfüllen eines Fragebogens als Arbeitszeit angerechnet wird. Auch sind Nutzer*innen einer Einrichtung leichter zu erreichen als Nicht-Nutzer*innen – auch wenn gerade diese die interessierende Zielgruppe sind. Insgesamt sind Mitglieder einer Organisation leichter zu erreichen als organisationsferne Personen, Teilnehmende leichter als Nicht-Teilnehmende, allgemeine Zielgruppen einfacher als sehr spezifische Zielgruppen. Auch ist die Zuverlässigkeit von Absprachen bei Expert*innen meist deutlich höher als etwa bei Jugendlichen oder vulnerablen Zielgruppen. Erreichbarkeit, Verlässlichkeit und Bereitschaft der Zielgruppen variieren also und generieren einen unterschiedlich großen Aufwand.

**Auswahl und Einsatz geeigneter Methoden:** Empirische Untersuchungen erfordern ein gewisses Maß an Aufwand und müssen bestimmten Gütekriterien entsprechen. Die gewählten Methoden müssen zudem geeignet sein, die identifizierten Indikatoren (▶ Kap. 2.3) zu überprüfen. Die Wahl des methodischen Zugangs und der notwendigen Instrumente folgt der Fragestellung – nicht umgekehrt (▶ Kap. 2.5). Doch nicht nur gewählte Methoden, sondern auch die Entwicklung eines Instruments sind Zeit- und Kostenfaktoren. Die Entwicklung eines Fragebogens (der misst, was er messen soll) erfordert methodische Fachkenntnis ebenso wie die Auswertung von Interviews oder Gruppendiskussionen.

Warum wird die Methodenauswahl dann als Ressourcenfaktor benannt? Bei der Auswahl der Methoden gibt es in der Regel mehrere Möglichkeiten, hier ist im Sinne der Nützlichkeitsstandards (▶ Kap. 1.4) abzuwägen, welche zum Einsatz kommen sollen.

Mit jeder Form der methodischen Herangehensweise sind unterschiedliche Anforderungen verbunden. Je nach Güte, Umfang und Tiefe der eingesetzten Instrumente, der Erhebungen und der Auswertung ergibt sich ein unterschiedlicher

Ressourcenbedarf. Allerdings sind empirische Untersuchungen nicht unbeeinflussbar, sondern haben mehrere Stellschrauben, die eine Balance zwischen Qualität und begrenzten Ressourcen ermöglichen.

An dieser Stelle deshalb ein Wort zu den vermeintlich günstigen Lösungen: Fragen kann (vermeintlich) jede*r. Das gilt für Fragebögen wie für Interviews. Ob die Art und Weise der Fragen aber die nötigen Antworten liefern, ob die Ergebnisse auswertbar sind und somit auch ein wissenschaftliches Fundament haben, ist damit nicht gesagt. Bachelorarbeiten etwa, die vielen Unternehmen eine Datenbasis oder Handlungsempfehlungen auf empirischer Basis liefern, sollten einer kritischen Überprüfung unterzogen werden. Sie werden Ergebnisse erbringen, ob diese aber valide sind und als Basis der weiteren Unternehmensentwicklung dienen können, sei dahingestellt.

**Tabelle 3.6** Kalkulationsbasis (Quelle: Eigene Darstellung)

| Zweck | Quantitative Befragung (mittels Fragebogen) | Qualitative Befragung (mittels Interviews, Gruppendiskussionen) |
|---|---|---|
| Erstellung der Erhebungsinstrumente | Erstellung des Fragebogens<br>• Konzeption des Fragebogens (Rückgriff auf standardisierte Instrumente, eigene Erstellung, Prüfung)<br>• Fragebogenkonferenz (oftmals in mehreren „Schleifen")<br>• Pretest<br>• Überarbeiten und Finalisieren<br>• Erarbeiten von datenschutzrechtlichen Aspekten<br>• Umsetzung in Online-Tool-/schriftlichen Fragebogen | Erstellung eines Leitfadens<br>• Konzeption<br>• Pretest<br>• Überarbeiten und Finalisieren<br>• Ggf. weitere Überarbeitungen im Laufe der Untersuchung |
| Rekrutierung | • Identifizierung relevanter Personen (-gruppen)<br>• Ansprechen der Zielgruppen | • Identifizierung relevanter Personen<br>• Erreichen (Anrufe, Anschreiben) zu Terminvereinbarungen |
| Feldphase | • Durchführung der Befragung<br>• Zugang ermöglichen, Link oder Fragebogen versenden<br>• Nacherhebung zur Erhöhung der Rücklaufquote | • Durchführung von Expert*innengesprächen, Interviews, Gruppendiskussionen |
| Datenaufbereitung | • Datenprüfung<br>• Datensicherung | • Datensicherung<br>• Verschriftlichung<br>• Anonymisierung |
| Auswertung | • Datenanalyse | • Datenanalyse |
| Dokumentation | • Erstellung Datenband<br>• Dokumentation der Ergebnisse | • Dokumentation der Ergebnisse |

Tabelle 3.6 gibt einen kurzen Überblick über die Aufgaben und zu kalkulierenden Bestandteile einer methodischen Untersuchung (▶ Kap. 2.4), die es im Hinblick auf die zu erwartenden Kosten zu berücksichtigen gilt.

Diese Übersicht zeigt, dass sich keine pauschalen Aussagen über den Ressourceneinsatz (und somit die Kosten) in Abhängigkeit der Methode treffen lassen. Dieser ist abhängig von der umzusetzenden Fragestellung, ihres Umfangs, der Zielgruppen, die erreicht werden soll, und dem Grad der Tiefe, mit der untersucht werden soll. Die Entwicklung eines Fragebogens (der misst, was er messen soll) erfordert ebenso zeitliche Ressourcen wie die Durchführung und Auswertung von Interviews oder Gruppendiskussionen.

Mit methodischer Kompetenz lässt sich eine solche Abschätzung gut vornehmen (und die potenziellen Evaluierenden machen im Angebot genau dies), es ist im Vorfeld hilfreich, um die Kosten für die Evaluation zumindest grob einschätzen zu können. Fehlt die entscheidende Methodenkompetenz im Unternehmen, ist es hilfreich, eine maximale Auftragssumme zu definieren. Damit kann im Zusammenwirken mit den potenziellen Auftragnehmer*innen ein realistisches Evaluationskonzept entstehen (▶ Kap. 4).

## BENÖTIGTE SACHMITTEL ZUR DURCHFÜHRUNG EINER EVALUATION

Zu den personellen Ressourcen kommen für die Durchführung der Evaluation Sachkosten hinzu, die u. U. sowohl bei internen als auch externen Evaluationen kalkuliert werden müssen:

- Incentives für Teilnehmer*innen eines Interviews, einer Gruppendiskussion,
- Reisekosten,
- Lizenzgebühren für Online-Tools zur Befragung, Analysesoftware,
- Kosten für die Verschriftlichung,
- Raummieten, Bewirtung bei der Durchführung von Gruppendiskussionen, Fokusgruppen, Workshops oder anderen Veranstaltungsformaten,
- Layout, Druckkosten von Fragebögen, Berichten etc. sowie
- Portokosten.

Diese Kosten variieren in Abhängigkeit der Art der Evaluation und deren Inhalte. Verfügt das Unternehmen z. B. über die Möglichkeit, Räume zur Verfügung zu stellen, ist der (zusätzliche) Kostenfaktor der Evaluation geringer.

## GEMEINKOSTEN BEI EXTERNEN EVALUATIONEN

Gemeinkosten werden in die Kalkulation eingepreist oder müssen ausgewiesen werden. Diese umfassen anteilige Kosten für Miete, Kommunikationsmittel, Lizenzen, Büromaterial, Versicherung, Buchhaltung, Verwaltung usw. Sie finden sich im Rahmen des Angebots als Overheads oder sind in die Tages- bzw. Stundensätze eingepreist.

## EMPFEHLUNGEN FÜR DIE PRAXIS DER SOZIALWIRTSCHAFT

Der größte Posten einer Evaluation sind Personalkosten. Sparen sollten Sie nicht an einer an Standards und Gütekriterien empirischer Sozialforschung orientierten Evaluation. Möglich ist es dagegen, die Fragestellungen einzugrenzen und diese nutzenorientiert beantwortet zu bekommen.

## 3.8 Zeitplanung

Zur Planung des Evaluationsprojekts gehört die Erstellung eines Zeit- oder Ablaufplans. Dieser umfasst nicht nur der Beginn und die Fertigstellung der Evaluation, sondern bezieht das gesamte Evaluationsprojekt mit ein.

Vorab sollten einige Fragen geklärt werden, die den Zeitplan eines Evaluationsprojekts maßgeblich beeinflussen:

- Wann und wozu benötige ich die Evaluation(-sergebnisse)? Benötige ich die Ergebnisse, um mein Projekt im nächsten Durchlauf zu verbessern, habe ich einen bestimmten Zeitpunkt im Kopf? Gleiches gilt, wenn die Zahlung der Abschlussrate oder Weiterförderung eines Programms von einer eingereichten Evaluation abhängt.

- Soll eine Evaluation eine Maßnahme formativ begleiten, sollte sie beginnen, wenn die Maßnahme oder das Programm ‚läuft', idealerweise vor oder mit Beginn dieser. Ist die Evaluation aber summativ angelegt und soll bestimmte Aspekte auf mögliche Veränderungen für die weitere Durchführung überprüfen oder aber sie Auskunft geben, inwieweit eine Wirkung, ein Effekt nachgewiesen werden kann, wird sie nach Beendigung oder Abschluss einer Projektphase stattfinden. Dies bestimmt das Evaluationsende.

- Welcher Aufwand ist mit der Evaluation innerhalb der Organisation verbunden (Dokumente bereitstellen, Personal befragen, Genehmigungen einholen etc.)?

# Zeitplanung

- Wie viel Input benötigt das Evaluationsteam durch die Projektleitung und andere Personen, wann werden die Beteiligten identifiziert und einbezogen, wie viel Klärung ist im Vorfeld zu leisten? Dies bestimmt den Evaluationsbeginn.
- Gibt es Unterstützung innerhalb des Unternehmens, sind Personal- bzw. Betriebsrat, die Datenschutzbeauftragten usw. eingebunden? Das bestimmt den Evaluationsbeginn.
- Welche zeitlichen Restriktionen sind zu berücksichtigen? Weihnachten und Schulferien verhindern stringente Befragungen. Urlaubspläne oder fixe Termine können in die Zeitplanung einbezogen werden (z. B. feststehende Lenkungsgruppentreffen). Dies sind bestimmende Faktoren in der Evaluationsumsetzung.
- Welche Risiken bestehen in der Erreichbarkeit der Zielsetzung? Falsche Annahmen über Zugänge zum Feld können die Feldphase deutlich verlängern. Dies sind bestimmende Faktoren in der Evaluationsumsetzung.

Sind diese Fragen geklärt, lässt sich das **Evaluationsprojekt** planen:

**Abbildung 3.9** Beispielhafter Ablaufplan eines Evaluationsprojekts (Quelle: Eigene Darstellung)

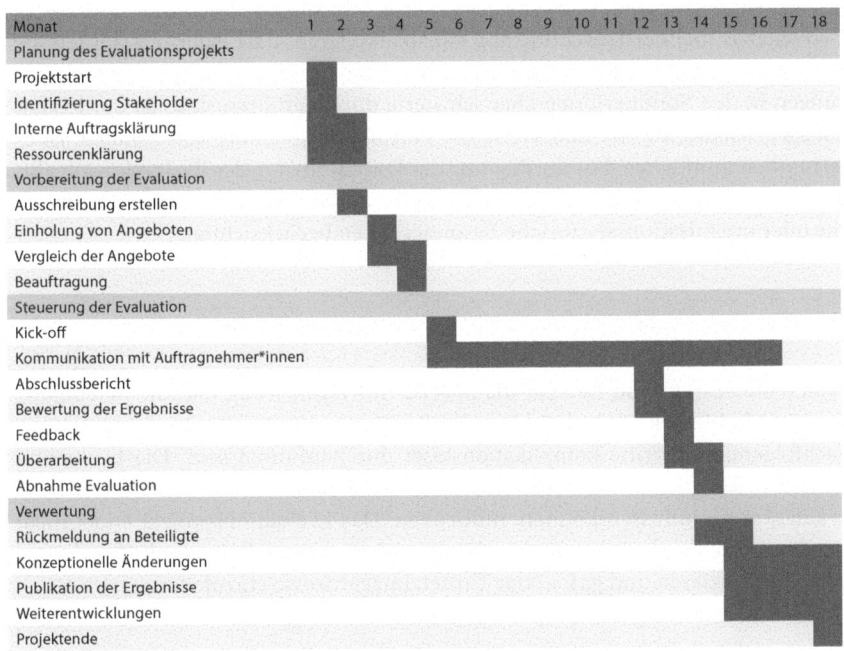

Diese schematische Tabelle umfasst die planungsrelevanten Teile des *Evaluationsprojekts,* nicht der Evaluation an sich. Liegen dafür klare Umsetzungsvorstellungen vor, können diese natürlich in die Zeitplanung einbezogen werden (wie feststehende Lenkungsgruppentreffen). Für die Darstellung kann auf die gängigen Instrumente des Projektmanagements wie Gantt-Diagramme oder detaillierte Strukturpläne zurückgegriffen werden.

Für die Planung der Dauer der *Durchführung der Evaluation* ist eine grobe Orientierung am methodischen Vorgehen von Bedeutung: Eine Online-Befragung ist relativ schnell umgesetzt, eine schriftliche Befragung dagegen erfordert alleine für die (Post-)Laufzeiten deutlich mehr Zeit. Die Entwicklung eines validen Fragebogens, der beiden Befragungsformen zugrunde liegt, nimmt viel Zeit in Anspruch. Gleiches gilt auch für andere Formen der Erhebung und Auswertung (▶ Kap. 2.6, 2.7). Hier empfiehlt es sich, insgesamt ausreichend Zeit (und d.h. auch bei einfachen, kleinen Projekten mehrere Monate Laufzeit) einzuplanen. Aber auch die internen Abläufe der eigenen Organisation sind zu berücksichtigen. Sind Unterstützungsleistungen durch die eigenen Mitarbeiter\*innen und Kolleg\*innen eingeplant (z.B. durch das Ausfüllen von Fragebögen, die Kontaktierung von – eventuell ehemaligen – Klient\*innen, die Anonymisierung von Akten etc.), müssen diese in die Zeitplanung einbezogen werden. Diese Leistungen sind arbeitszeitwirksam und erfordern für die Mitarbeiter\*innen freie Zeitfenster.

Weiter ist bei der Durchführung einzukalkulieren, dass externe Faktoren die Evaluationsgestaltung beeinflussen. So lässt sich ganz allgemein sagen, dass Befragungen in den Sommerferien eher schwierig durchzuführen sind. Ist der Evaluationsgegenstand die Art und Weise der Fortbildungsplanung von Schulen, ist es vermutlich unmöglich. Für die Planung der Durchführung der Evaluation gilt also, dass der Zeitplan vor allem realistisch sein sollte und darüber hinaus jahreszeitliche oder organisationsspezifische Besonderheiten berücksichtigt.

## EMPFEHLUNGEN FÜR DIE PRAXIS DER SOZIALWIRTSCHAFT

Planen Sie ausreichend Zeit für die interne Auftragsklärung und die Beteiligung der Stakeholder ein. Werden hier alle Beteiligten ‚mitgenommen', werden die nachfolgenden Schritte komplikationsloser durchzuführen sein. Die Evaluation an sich benötigt Zeit, hierbei sollten Sie externe Faktoren, die den Verlauf einer Evaluation beeinflussen können, mitdenken. Das Evaluationsprojekt endet nicht mit dem Abschlussbericht, sondern benötigt danach noch Zeit, um die Ergebnisse zu kommunizieren und ggf. nötige Umsetzungsprozesse einzuleiten.

# Anhang

## Anhang 1: Übungsaufgaben zur praktischen Auseinandersetzung und persönlichen Vertiefung

**A 3.1:** Um welche Maßnahme handelt es sich im vorliegenden Fallbeispiel und was genau kann Gegenstand der Evaluation sein?

Sie sind Geschäftsführer*in eines großen freien Trägers, die von Ihnen hart beworbene und schließlich als Modellprojekt durchgeführte Maßnahme im Bereich der ambulanten Jugendhilfe ist nach zwei Jahren im ersten Durchgang beendet. Gegenstand der Maßnahme war es, Care-Leaver durch die bisherigen Betreuungspersonen im Übergang in ein selbständiges Leben zu begleiten. Care-Leaver sind Jugendliche bzw. junge Erwachsene, die aus der stationären Jugendhilfe entlassen werden. Mit der neu entwickelten Maßnahme werden diese Jugendlichen schrittweise und in abnehmender Intensität begleitet, um sie in ihrer Verselbständigung zu unterstützen. Ihnen wird auf freiwilliger Basis eine Bezugsperson zur Seite gestellt. Ziel der Maßnahme ist es, die bestehende Beziehungsarbeit zu nutzen, um die jungen Erwachsenen stabiler für ihr eigenständiges Leben zu machen, auftretende Probleme auffangen zu können, ohne dass diese zu tiefergreifenden Krisen wie Ausbildungsabbruch, Wohnungsverlust etc. führen. Von den 12 Jugendlichen, die in der Maßnahme betreut wurden, haben 10 die Maßnahme beendet.

**A 3.2:** Wozu soll die Maßnahme evaluiert werden? Wozu können die Ergebnisse verwendet werden? Unterscheiden Sie am oben genannten Beispiel die Zwecke a) Entscheidungsfindung und b) Programmmodifikation.

**A 3.3:** Nennen Sie die verschiedenen Arten von Nutzen, die mit einer Evaluation verbunden sind und beschreiben Sie diese anhand des Beispielmodellprojekts „Unterstützung von Care-Leavern".

**A 3.4:** Sie verantworten die oben genannte Evaluation. Erstellen Sie eine Liste der Personen, die Sie im Vorfeld der Evaluation miteinbeziehen sollten, und begründen Sie, warum die jeweiligen Akteur*innen ein Interesse haben könnten.

**A 3.5:** Die Geschäftsführung stellt für die externe Evaluation des Modellprojekts „Care-Leavers" 20 000 Euro zur Verfügung und stellt Ihnen die Frage, ob diese Summe ausreicht. Benötigen Sie noch weitere Ressourcen?

Lösungen: siehe Beispiellösungen für die Übungsaufgaben am Ende des Buchs

## Anhang 2: Handreichung: Evaluationen planen

**Interne Auftragsklärung**
- Was soll evaluiert werden? (Evaluationsgegenstand)
- Was möchten Sie mit der Evaluation erreichen? (Nutzen der Evaluation)
- Wozu soll die Evaluation durchgeführt werden? (Zweck der Evaluation)
- Was möchten Sie wissen? (Evaluationsziel und Fragestellungen)
- Budget und Ressourcen

**Finanzielle Ressourcen – was darf die Evaluation kosten?**
- Wie viel personelle Ressourcen muss/kann ich zur Verfügung stellen?

**Zeitplanung**
- Wann sollen/müssen Ergebnisse vorliegen?
- Was ist dafür zu leisten? (Dokumente bereitstellen, Personal befragen)
- Weihnachten, Urlaubszeiten usw. berücksichtigen

**Methoden**
- Festlegung durch Auftraggeber*in?

**Akteur*innen**
- Wer ist beteiligt?
- Wer wird von der Evaluation betroffen sein?
- Wer ist zu beteiligen (z. B. Personalrat, Ministerien)?

# Literatur

Alkin, Marvin C. 1985. *A guide for evaluation decision makers.* London: Sage Publ.
Balzer, Lars, und Wolfgang Beywl. 2018. *evaluiert (E-Book): Erweitertes Planungsbuch für Evaluationen im Bildungsbereich,* 2. Aufl. Bern: hep verlag.
Bartsch, Samera, Wolfgang Beywl, und Melanie Niestroj. 2016. Der Programmbaum als Evaluationsinstrument: Professionalisierung; Ansätze; Methoden. In *Evaluationspraxis: Professionalisierung – Ansätze – Methoden,* 2. Aufl. Münster, New York: Waxmann.
Betterevaluation. 2014. Stakeholder mapping and analysis. https://www.betterevaluation.org/en/evaluation-options/mapping_stakeholders. Zugegriffen: 31. Juli 2020.
Beywl, Wolfgang. 2008. *Evaluation Schritt für Schritt: Planung von Evaluationen,* 2. Aufl. Münster: hiba Heidelberger Inst. Beruf und Arbeit.
Beywl, Wolfgang, und Melanie Niestroj. 2009. *Das A-B-C der wirkungsorientierten Evaluation: Glossar – Deutsch/Englisch – der wirkungsorientierten Evaluation,* 2. Aufl. Köln: Univation – Inst. für Evaluation Dr. Beywl und Associates.

DeGEval – Gesellschaft für Evaluation. 2017. *Standards für Evaluation: Erste Revision 2016.*
Farrokhzad, Schahrzad, und Susanne Mäder. 2014. *Nutzenorientierte Evaluation: Ein Leitfaden für die Arbeitsfelder Integration, Vielfalt und Toleranz.* Münster, Westf.: Waxmann.
Fitzpatrick, Jody L., James R. Sanders, und Blaine R. Worthen. 2012. *Program evaluation: Alternative approaches and practical guidelines,* 4. Aufl. Upper Saddle River, N.J: Pearson Education.
Gollwitzer, Mario, und Reinhold S. Jäger. 2009. *Evaluation kompakt.* Weinheim: Beltz.
Greene, Jennifer G. 1988. Stakeholder Participation and Utilization in Program Evaluation. *Evaluation Review* 12 (2): 91–116. doi: 10.1177/0193841X8801200201.
Haubrich, Karin, Bernd Holthusen, und Gerlinde Struhkamp. 2005. Evaluation – einige Sortierungen zu einem schillernden Begriff. *DJI Bulletin Plus* (72).
Hense, Jan. 2006. *Selbstevaluation: Erfolgsfaktoren und Wirkungen eines Ansatzes zur selbstbestimmten Qualitätsentwicklung im schulischen Bereich.* Frankfurt am Main: Lang.
Hense, Jan. 2020. Online-Wörterbuch Evaluation.: In: evoluation.de – Evaluation und Qualitätssicherung im Bildungswesen. http://www.evoluation.de/glossary#e. Zugegriffen: 22. April 2020.
Hense, Jan, und Heinz Mandl. 2003. Selbstevaluation – Ein Ansatz zur Qualitätsverbesserung pädagogischer Praxis und seine Umsetzung am Beispiel des Modellversuchprogramms SEMIK. Zugegriffen: 2. Mai 2020.
Kortendieck, Georg. 2017. *Strategisches Management im sozialen Bereich: Analyseinstrumente, Strategien, Planungshilfen,* 2. Aufl. Regensburg: Walhalla.
Merchel, Joachim. 2010. *Evaluation in der sozialen Arbeit: Mit 11 Tabellen.* München: Reinhardt.
Owen, John M. 2007. *Program evaluation: Forms and approaches,* 3. Aufl. New York: Guilford Press.
Patton, Michael Quinn. 2008. *Utilization-focused evaluation,* 4. Aufl. Thousand Oks, Calif.: SAGE.
Stockmann, Reinhard, und Wolfgang Meyer. 2014. *Evaluation: Eine Einführung,* 2. Aufl. Opladen, Stuttgart: Budrich; UTB.
Univation – Institut für Evaluation. 2010. Eval-Wiki: Glossar der Evaluation. https://eval-wiki.org/glossar/Kategorie:A_bis_Z. Zugegriffen: 22. April 2020.
Univation – Institut für Evaluation. 2014. Eval-Wiki: Glossar der Evaluation: Evaluationszweck. https://eval-wiki.org/glossar/Evaluationszweck. Zugegriffen: 22. April 2020.
Univation – Institut für Evaluation. 2015. Eval-Wiki: Glossar der Evaluation: Stakeholder (eines Programms). https://eval-wiki.org/glossar/Stakeholder_(eines_Programms). Zugegriffen: 27. April 2020.
Univation – Institut für Evaluation. 2016a. Eval-Wiki: Glossar der Evaluation: Ziele (eines Programms). https://eval-wiki.org/glossar/Ziele_(eines_Programms). Zugegriffen: 22. April 2020.
Univation – Institut für Evaluation. 2016b. Programmbaum. https://www.univation.org/programmbaum. Zugegriffen: 22. April 2020.

Univation – Institut für Evaluation. 2020. Eval-Wiki: Glossar der Evaluation: Evaluationsgegenstand. https://eval-wiki.org/glossar/Evaluationsgegenstand. Zugegriffen: 22. April 2020.

Widmer, Thomas. 2000. Qualität der Evaluation – Wenn Wissenschaft zur praktischen Kunst wird. In *Evaluationsforschung: Grundlagen und ausgewählte Forschungsfelder*, 77–102. Wiesbaden: VS Verlag für Sozialwissenschaften.

Wirtschaftslexikon. 2017. Wirtschaftslexikon Planung. http://www.wirtschaftslexikon24.com/d/planung/planung.htm. Zugegriffen: 5. März 2020.

**Literaturtipps zur Vertiefung**

Balzer, Lars, und Wolfgang Beywl. 2018. *evaluiert (E-Book): Erweitertes Planungsbuch für Evaluationen im Bildungsbereich*, 2. Aufl. Bern: hep.

Stockmann, Reinhard, und Wolfgang Meyer. 2014. *Evaluation: Eine Einführung*, 2. Aufl. Opladen, Stuttgart: Budrich; UTB.

# Vorbereitungsphase: Evaluationen ausschreiben und beauftragen

## Zusammenfassung

Gegenstand dieses Kapitels sind Ausschreibung und Beauftragung einer externen Evaluation. Zentrale Themen sind die Festlegung der Bewertungskriterien für die Evaluation, die Erstellung der Ausschreibung inklusive der Leistungsbeschreibung, die sogenannten „Terms of References" und die Möglichkeiten zur Angebotseinholung. Es wird erklärt, wie die Angebote zu beurteilen sind, um dann die Durchführung einer Evaluation zu beauftragen.

## Lernziele

- Ausschreibungsverfahren
- Erstellung einer Leistungsbeschreibung/Terms of Reference
- Inhalte einer Ausschreibung
- Bewertung von Angeboten
- Beauftragung von Evaluationen

## Keywords

Ausschreibung, Terms of References, Angebot, Beauftragung, Auftragserteilung, Leistungsbeschreibung Auftraggeber*innen, Auftragnehmer*innen

Evaluationen werden entweder intern oder extern durchgeführt. Interne Evaluationen werden nicht ‚vergeben', sondern es wird in der Regel festgelegt, welche Person oder welche Abteilung die Evaluation durchführen soll. Dazu sind keine formalen Vorgaben nötig, wohl aber sollten inhaltliche Absprachen über die Zielsetzung der Evaluation, die Aufgaben und Umsetzung getroffen werden, d. h., es ist sinnvoll, ein ▶ Evaluationskonzept und ein ▶ Evaluationsdesign festzuhalten. Wenn die Evaluation nach außen vergeben werden soll, kann das durch einen mündlich oder schriftlich geschlossenen Vertrag vereinbart werden. Evaluationen können direkt beauftragt werden oder über ein Bieterverfahren ausgeschrieben werden. Eine Ausschreibung ist ein Verfahren zur Vergabe von Aufträgen im Wettbewerb, bei dem potenzielle Bieter*innen, in diesem Fall Evaluierende, dazu aufgefordert werden, ein Angebot abzugeben.

Der Sinn einer Ausschreibung liegt zunächst darin, dass die Konditionen, die der Vergabe zugrunde liegen, definiert sind. Darüber hinaus ist die Ausschreibung ein Produkt erfolgter interner Auftragsklärung, d. h., eine Evaluation wird dann ausgeschrieben, wenn die internen Akteur*innen bestimmt haben, welchen Zweck die Evaluation verfolgt und welche Ziele damit erreicht werden sollen. Die Fragestellungen sind festgelegt und mit den relevanten Beteiligten abgestimmt (▶ Kap. 3).

Eine Ausschreibung ist nicht in jedem Fall zwingend, aber definitiv nützlich.

## 4.1 Ablauf des Vergabeverfahrens

Ein Vergabeverfahren lässt sich schematisch darstellen. Dabei gilt, dass öffentliche Auftraggeber*innen sich an die Vorschriften nach dem Vergaberecht halten müssen. Private Auftraggeber*innen sind in der Verfahrensgestaltung freier.

Der zentrale Schritt ist die in ▶ Kap. 3 beschriebene Auftragsklärung. Diese ist die *inhaltliche* Voraussetzung, um eine Evaluation ausschreiben und beauftragen zu können. Formale Schritte sind dann im Schaubild (Abb. 4.1) beschrieben. Die Vergabeklärung bestimmen: Gibt es bekannte Evaluationsbüros, die zur Abgabe eines Angebots aufgefordert werden sollen? Soll ein möglichst großer Kreis an Interessenten erreicht werden? Entsprechend ist der Bieterkreis festzulegen (▶ Kap. 4.3). Ein wesentlicher Bestandteil der Vergabe ist die Erstellung der Ausschreibung mit einer Leistungsbeschreibung (▶ Kap. 4.4). Diese legt die Auftragsmodalitäten fest, aber trägt je nach Ausführungsqualität auch zur Angebotsqualität bei. Die Erstellung der Ausschreibung und deren Veröffentlichung – bzw. Zusendung an ausgewählte Bieter – eröffnet die Ausschreibefrist. Private Auftraggeber*innen können darauf verzichten und Angebote gezielt anfragen. Die An-

**Abbildung 4.1** Ablauf eines Ausschreibungsverfahrens für eine externe Evaluation*
(Quelle: Eigene Darstellung)

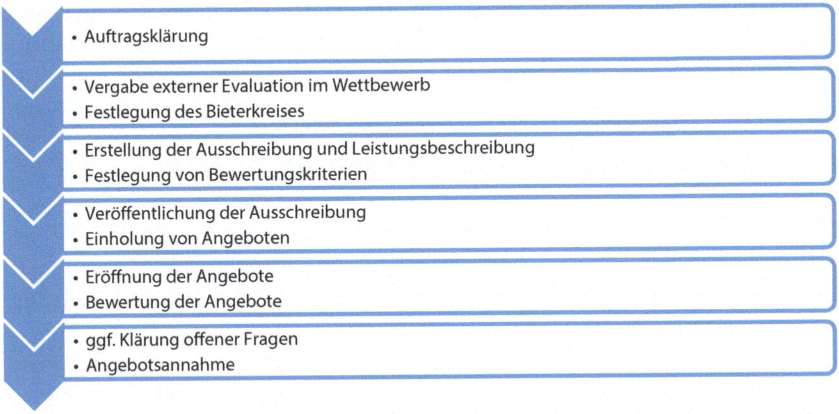

- Auftragsklärung
- Vergabe externer Evaluation im Wettbewerb
- Festlegung des Bieterkreises
- Erstellung der Ausschreibung und Leistungsbeschreibung
- Festlegung von Bewertungskriterien
- Veröffentlichung der Ausschreibung
- Einholung von Angeboten
- Eröffnung der Angebote
- Bewertung der Angebote
- ggf. Klärung offener Fragen
- Angebotsannahme

*Eine ähnliche Gliederung findet sich bei den Empfehlungen für Auftraggeber*innen der DeGEval – Gesellschaft für Evaluation (2015a, S. 4).

gebote werden nach der Eingangsfrist gesichtet und entlang der vorgegebenen Kriterien bewertet (▶ Kap. 4.6), um dann den Auftrag zu vergeben.

## 4.2 Die Ausschreibung

Welche Inhalte hat eine Ausschreibung und wie genau muss sie sein, um brauchbare Angebote zu erhalten? Das ist die Frage, die für Auftraggeber*innen oder Verantwortliche aus der Sozialwirtschaft nicht immer leicht zu klären ist. Zu unterscheiden ist dabei zunächst, wer *Auftraggeber*in* der Evaluation ist.

> **WICHTIG:** Auftraggeber*innen lassen sich unterscheiden in private und öffentliche Auftraggeber. Die Unterscheidung ist wichtig, weil das Verfahren einer Ausschreibung davon abhängt, welche der beiden Kategorien zutrifft .

- Private Auftraggeber*innen sind beispielsweise Einzelpersonen, Unternehmen aus dem Profit- oder Non-Profit-Bereich, also auch der Sozialwirtschaft mit unterschiedlichen Rechtsformen, oder Vereine. Bei diesen bestehen keine formalen Vorgaben zur Ausschreibung.

- Öffentliche Auftraggeber sind gemäß § 99 GWB[5] Gebietskörperschaften (Bund, Länder, Kommunen), Verbände und „andere juristische Personen des öffentlichen und privaten Rechts, die zu dem besonderen Zweck gegründet wurden, im Allgemeininteresse liegende Aufgaben nicht gewerblicher Art zu erfüllen". Nur auf öffentlichen Auftraggeber findet das Vergaberecht Anwendung.

## 4.3 Arten der Vergabe öffentlicher Aufträge[6]

Die Vergabe von Evaluationen durch Ministerien, Kommunen oder anderer Gebietskörperschaften folgt typischerweise der VOL/A, der deutschen Vergabe- und Vertragsordnung für Leistungen (VOL). Das A steht für den Teil A: Allgemeine Bestimmungen für die Vergabe von Leistungen.[7]

Die VOL/A sieht allgemein vor, wie mit der Vergabe von Aufträgen zu verfahren ist: „Aufträge werden in der Regel im Wettbewerb und im Wege transparenter Vergabeverfahren an fachkundige, leistungsfähige und zuverlässige (geeignete) Unternehmen zu angemessenen Preisen vergeben. Dabei darf kein Unternehmen diskriminiert werden" (§ 2 Abs. 1 VOL/A).[8]

Die zentralen Grundsätze des Vergaberechts zeigen an, dass Aufträge, die von der öffentlichen Hand finanziert werden, fair vergeben werden sollen. Diese Vorgabe gilt auch für Dienstleistungen wie eine Evaluation. Vorgesehen sind in der VOL/A verschiedene Arten der Vergabe:

- Öffentliche Ausschreibung (§ 3 Abs. 1 und 2 VOL/A)
- Beschränkte Ausschreibung (§ 3 Abs. 1, 3 und 4 VOL/A)
- Freihändige Vergabe (§ 3 Abs. 1 und 5 VOL/A)

Der Unterschied dieser Vergabearten ist der Kreis möglicher Bieter*innen. Bei einer öffentlichen Ausschreibung ist der Kreis der potenziellen Bieter*innen unbeschränkt, sodass sich jede*r geeignete Bieter*in an der Ausschreibung beteiligen

---

5   Gesetz gegen Wettbewerbsbeschränkungen (GWB) in der Fassung der Bekanntmachung vom 15. Juli 2005, zuletzt geändert durch das Gesetz vom 11. Oktober 2016 (BGBL. I S. 2226) mit Wirkung vom 15. Oktober 2016.
6   Der folgende Abschnitt stellt keine Einführung in das Vergaberecht dar. Für die genauen Regelungen sei auf die Ausführungsordnungen und Gesetzesvorgaben in der jeweils gültigen Verfassung hingewiesen.
7   Allgemeine Bestimmungen für die Vergabe von Leistungen (VOL/A) Ausgabe v. 20. November 2009 (Bundesanzeiger Nr. 196a v. 29. Dezember 2009). Im Jahr 2016 ging der Regelungsgehalt der VOL/A in der Vergabeverordnung (VgV) und der Unterschwellenvergabeordnung (UVgO) auf.
8   https://www.vergabevorschriften.de/vol-a/2.

kann. Eine beschränkte Ausschreibung erfolgt auf einer Vorauswahl geeigneter Bieter*innen, die gezielt die Ausschreibung erhalten. Freihändige Vergaben sind Verfahren, bei denen sich die Auftraggeber mit oder auch ohne Teilnahmewettbewerb grundsätzlich an ausgewählte Unternehmen oder Institute wenden, um mit einem oder mehreren über die Auftragsbedingungen zu verhandeln. Nach § 3 Abs. 1 VOL/A sollen bei Beschränkten Ausschreibungen und Freihändigen Vergaben grundsätzlich mindestens drei Bewerber*innen zur Angebotsabgabe aufgefordert werden.[9]

Bei größeren Evaluationen mit einem höheren Auftragsvolumen kann auch ein zwei- oder dreistufiges Verfahren durchgeführt werden. Die Bieter*innen reichen eine Interessensbekundung ein, die in der Regel eine grobe Skizze zur Evaluationsumsetzung mit einem möglichen Zeitplan und den anfallenden Kosten enthält. Die geeignet erscheinenden Interessent*innen werden dann gebeten, ein ausführliches Angebot einzureichen, ggf. dann in einem letzten Schritt auch noch vor einer Auswahlkommission zu präsentieren. Diese Form von Ausschreibungsverfahren mag bei großen Projekten sicher sein, erfordert aber für die Ausschreibenden einen hohen Aufwand.

## 4.4 Inhalte der Ausschreibung einer Evaluation

Grundsätzlich gibt es keine einheitliche Form oder definierte Inhalte, die eine Ausschreibung enthalten müsste. Formale Inhalte einer Ausschreibung sind Aussagen über die Vergabeart, die Einreichungsform des Angebots, der Einreichungszeitpunkt, die Bindefristen, Zahlungsmodalitäten, der Ort der Leistungserbringung und der Umfang sowie die Leistungsart. Dies gilt jedoch nicht für öffentliche Auftraggeber, hier regelt die VOL/A nicht nur die genannten Aspekte, sondern auch die (formalen) Inhalte einer Ausschreibung,[10] dies gilt auch für die Ausschreibung von Forschungs- oder Evaluationsaufträgen.

Gefordert wird mit der VOL/A im Rahmen der Ausschreibung eine Leistungsbeschreibung: „Die Leistung ist eindeutig und erschöpfend zu beschreiben, sodass alle Bewerber die Beschreibung im gleichen Sinne verstehen müssen und dass miteinander vergleichbare Angebote zu erwarten sind (Leistungsbeschreibung)" (§ 12 Abs. 1 VOL/A). Diese Anforderung stellt die Auftraggeber vor eine Herausforderung, nämlich eine genaue und informative Leistungsbeschreibung zu erstellen.

---

9   Dies gilt für unterhalb der EU-Schwellenwerte. Oberhalb der EU-Schwellenwerte wird von offenen, nicht offenen und Verhandlungsverfahren gesprochen.
10  Der Wortlaut findet sich z. B. unter https://www.vergabevorschriften.de/vol-a.

## LEISTUNGSBESCHREIBUNG/TERMS OF REFERENCE

Im Kontext von Evaluationen geht es darum, die Anforderungen an die Evaluation transparent zu machen, sodass die potenziellen Evaluierenden ein umfassendes und klares Bild vom Bedarf sowie den Anforderungen der Auftraggeber*innen erhalten. Die konkrete Leistungsbeschreibung im Kontext einer Evaluation wird oftmals auch als „Terms of Reference" (ToR) bezeichnet. Die ToR definiert die Ziele und den Umfang der Evaluation und beschreibt die Aufgaben der Evaluierenden. Sie gibt die Erwartungen der Auftraggeber*innen wieder und dient somit als ‚roter Faden' für die Angebotserstellung: „Die ToR stellen damit das auftraggeberseitige Pendant zur Evaluationskonzeption dar" (Silvestrini 2007, S. 120).

Entsprechend wichtig ist es, eine Leistungsbeschreibung so zu formulieren, dass sie die wesentlichen Informationen über den Evaluationsgegenstand, die Evaluationsfragestellungen und den Anforderungen, die an die Evaluierenden gestellt werden, vermitteln. Es gibt keine eindeutige Definition oder Vorgabe über die Inhalte einer ToR, es finden sich jedoch zahlreiche Handreichungen und Vorschläge, insbesondere im Kontext von Evaluationen im Entwicklungshilfekontext (siehe z. B. bengo.engagement-global.de), die die zentralen Inhalte benennen. Wichtig ist deshalb nicht unbedingt, eine bestimmte Reihenfolge einzuhalten oder Liste abzuarbeiten, sondern möglichst gut über die geplante Evaluation und die geplante Ausschreibung zu informieren.

> **WICHTIG:** Je aussagekräftiger eine ToR ist, umso höher ist die Wahrscheinlichkeit, ein aussagekräftiges Angebot zu erhalten.

## GLIEDERUNG EINER TERMS OF REFERENCE (ToR)

1. Hintergrund und Ausgangslage der Evaluation
2. Zielsetzungen, Zweck und Nutzung der Evaluation
3. Leistungsumfang: Aufgaben, Methoden, Ergebnisse
4. Zeitplan
5. Projektmanagement, Kommunikation zwischen Auftragnehmer*innen und Evaluationsteam
6. Datenschutz
7. Kostenrahmen
8. Wertungskriterien

## 1. Hintergrund und Ausgangslage der Evaluation

Die potenziellen Evaluierenden sollen mit einer kurzen Beschreibung des Evaluationsvorhabens über den Evaluationsgegenstand informiert werden. Dabei soll die auftraggebende Organisation benannt sein, das zu evaluierende Programm bzw. Projekt oder Maßnahme sowie dessen Zielsetzungen und Zielgruppen. Hilfreich sind weitere Angaben zur Projektlaufzeit, eventuell Hinweise auf Vorarbeiten und vergleichbare Evaluationen.

**Beispiel:** Im Rahmen des Geschäftsbereichs Jugendgewaltprävention des Jugendhilfeträgers DiCaRo werden in Abstimmung mit dem zuständigen Ministerium und Fördermittelgeber unterschiedliche Projekte extern evaluiert. Für das aktuelle Jahr wird u. a. das Projekt „Diversity und Vielfalt im Breitensport" für eine externe Evaluation ausgeschrieben. Das Projekt ist ein Teil einer großen Kampagne zu „Vielfalt im Sport" der Landesregierung und richtet sich an Sportvereine, Trainer*innen, Betreuer*innen, Spieler*innen (U18) und Eltern. Ziele dieses Projekts sind die Förderung kultureller Vielfalt und Bekämpfung von Sexismus, Gewalt, Rassismus, Homophobie und Antisemitismus. Es besteht aus verschiedenen Elementen, die sich an die Jugendlichen und Kinder, die Eltern und die verbandlichen Mitglieder richten. So werden u. a. Schulungen für Spieler*innen, die mit rassistischem Verhalten auffällig geworden sind, eingerichtet, zudem gibt es Fortbildungen für Trainer*innen und spezielle Elternprogramme.

## 2. Zielsetzungen, Zweck und Nutzung der Evaluation

In der Leistungsbeschreibung soll deutlich werden, was mit welchem Ziel evaluiert werden soll. Sie soll Auskunft darüber geben, was mit der Evaluation erreicht werden soll, wie die Ergebnisse genutzt werden sollen. Geht es z. B. um eine summative Evaluation, die Erkenntnisse über das Gelingen einer Maßnahme geben soll, oder soll prozessbegleitend (formativ) evaluiert werden. Die in der Auftragsklärung (▶ Kap. 3.1) vorgenommenen Klärungen können hier verwendet werden.

**Beispiel:** Ziel der Evaluation „Diversity und Vielfalt im Breitensport" ist es, eine Einschätzung abzugeben, inwieweit mit den im Rahmen des Projekts verfolgten Ansätzen gewaltpräventive Wirkungen erreicht werden können und welche Ansätze sich hier als besonders wirkungsvoll erweisen.
Leitfragen sind in diesem Zusammenhang:

- Inwieweit werden die Zielgruppen – Eltern, Trainer*innen, Betreuer*innen, Spieler*innen – erreicht und welche Schwierigkeiten treten hierbei auf?
- Werden aggressive Eltern oder gewaltbereite Jugendliche erreicht?

- Welche Rolle spielen die Vereine und deren Akteur*innen bei der Umsetzung der verschiedenen Bausteine? Welche Hindernisse, welche Gelingensfaktoren gibt es?
- Welche der Ansätze erweisen sich als besonders hilfreich in Bezug auf Gewaltprävention?

Ziel der Evaluation soll es weiter sein, Ansatzpunkte für Verbesserungsmöglichkeiten zu finden.

### 3. Leistungsumfang: Aufgaben, Methoden, Ergebnisse

Zentraler Aspekt der Leistungsbeschreibung sind die zu erfüllenden *Aufgaben*. Benannt werden sollen zentrale Evaluierungsfragestellungen, Kriterien und Indikatoren, sofern diese vorhanden sind. Nachdem diese aber nicht regelhaft vorliegen, können auch Themen und Fragestellungen benannt werden, aus denen entsprechende Evaluationsfragen abgeleitet und operationalisiert werden können. Auch das kann Bestandteil der Evaluation sein. Wie genau sollen diese Fragen beantwortet werden? Sollen aus den Ergebnissen Handlungsempfehlungen erstellt werden? Neben den Aufgaben sind also auch die *Erwartungen* an die Auftragnehmer*innen zu formulieren.

Die ToR gibt methodische Hinweise und formuliert Erwartungen. Werden seitens der Auftraggeber*innen bestimmte *Methoden und Herangehensweisen* gewünscht (z. B. eine quantitative Befragung oder eine möglichst große Stichprobe, Heterogenität in der Gruppe der Befragten), sollte dies in der ToR formuliert werden. Auch können hier Hinweise auf bestimmte nötige Kompetenzen seitens der Evaluierenden gelegt werden. Möglich ist auch der Hinweis auf eine „geeignete" methodische Umsetzung. Dies ist insbesondere dann sinnvoll, wenn seitens der Auftraggeber*innen wenig Methodenkompetenz vorhanden ist oder es wiederum sinnvoll erscheint, den Bieter*innen eine begründete Entscheidung abzuverlangen. Die potenziellen Evaluierenden sind die Fachleute für solche Fragen. Gleichwohl werden diese in der Angebotserstellung ein Augenmerk auf die methodische Umsetzung unter Berücksichtigung monetärer Aspekte legen.

Zum geforderten Leistungsumfang gehören die *Ergebnissicherung* und die erwarteten *Produkte*. Unter diesem Punkt, der die Berichtslegung und Präsentation der Ergebnisse umfasst, sollte die Erwartung an das Reporting benannt werden. Es ist abzubilden, ob die Ergebnisse in Form eines kurzen Abschlussberichts, durch Zwischenbericht und Endbericht oder zusätzlich durch eine Präsentation oder einem Workshop zur Verfügung gestellt werden sollen. Es macht einen Unterschied, ob der Bericht die Ergebnisse nur zusammenfassen soll oder ob sämtliche Daten beschrieben werden sollen bzw. ob die Ergebnisse mittels eines Vortrags präsentiert oder in einem Workshop diskutiert werden sollen. Diese Informationen sind wichtig für Interessierte zur Kalkulation eines Angebots, für Auftraggeber*innen sind sie orientiert am Nutzen, den die Evaluation haben soll (▶ Kap. 3.4).

**Beispiel:** Zu den Aufgaben im Rahmen der Evaluation „Diversity und Vielfalt im Breitensport" des Jugendhilfeträgers DiCaRo gehören:

- Konzeptanalyse der Maßnahmen
- Analyse ihrer Wirkungsweisen und der relevanten Einflussfaktoren
- Identifizierung von hemmenden und fördernden Faktoren zur Gewaltprävention
- Abgabe von Empfehlungen zur Angebotsverbesserung

Erwartet werden der Einsatz von qualitativen und quantitativen Methoden, um grundlegende Kenntnisse über die Reichweite und Wirkungsweise der Präventionsmaßnahme zu bekommen.

Die Ergebnisse werden in einem Ergebnisbericht festgehalten.

Die Evaluation sollte summativ bilanzierend angelegt sein und die Perspektiven verschiedener Akteurs- und Zielgruppen einbeziehen. Die Erhebung soll unterschiedliche Datenquellen berücksichtigen, die nachvollziehbar beschrieben und beurteilt werden sollen.

Erwartet wird außerdem:

- Die Evaluation soll sich an den Qualitätsstandards für Evaluationen der Deutschen Gesellschaft für Evaluation (DeGEval) ausrichten. Besonderes Augenmerk soll auf folgende Aspekte gelegt werden: Bewertungskriterien, die der Evaluation zugrunde gelegt werden, sollen expliziert werden. Die Ergebnisse sollen methodisch gesichert sein, entweder durch einen Methodenmix oder eine andere Form der Datentriangulation.
- Die Ergebnisse sind zum einen in einem Evaluationsbericht darzustellen, zum anderen so aufzubereiten und dem Träger zu präsentieren, dass sie von Nutzen für dessen zukünftige Arbeit sind.

> **Fallstricke oder „Viele Köche verderben den Brei":**
> Eine der Schwierigkeiten in der Formulierung des Leistungsumfangs liegt darin, dass sich die Auftraggeber*innen unklar über den Umfang der zu erbringen Leistung und die Inhalte der Evaluation sind. Entsprechend vage wird die Ausschreibung formuliert. Ein weiteres Problem liegt darin, dass Ausschreibungen oftmals durch viele Hände gehen und nicht nur bei den Auftraggeber*innen und Verantwortlichen für das Evaluationsprojekt liegen. Entsprechend viele Personen haben Anmerkungen,

Anregungen, Vorstellungen und Wünsche an die Evaluation. Im Ergebnis führt das gerne zu umfangreichen Ausschreibungen mit vielen – sich gerne widersprechenden – Anforderungen.

So wichtig das Engagement der fachlichen Abteilungen und Beteiligten ist, so wichtig ist es, die Ausschreibung dezidiert an den Evaluationsfragestellungen und den Bedarfen, die für eine Evaluation bestehen, zu orientieren. Als Grundlage dazu dient die interne Auftragsklärung, die sich eine Klärung von Zielsetzung, Zweck, Nutzen und Fragestellung vorgenommen hat (▶ Kap. 3). Je nach Umfang des zur Verfügung stehenden Budgets sollten dann für die Formulierung des Angebots die vorrangigen Bedarfe und Fragen adressiert werden.

**4. Zeitplan**
Der Zeitplan enthält Informationen über die aktive Laufzeit des Projekts oder Programms und den Evaluationszeitraum. Darüber hinaus sollten sich hier Angaben über den Prozess des Evaluationsprojekts finden: Ausschreibefristen, Rückmeldung und Zuschlag, Bindungsfrist, Beginn der Evaluation, ggf. erwartete Zwischenberichte, Abschluss der Evaluation, ggf. Termine zu Rückmeldung und Überarbeitung.

**Beispiel:** Die aktive Projektlaufzeit des Programms „Diversity und Vielfalt im Breitensport" ist vom 28. März bis 31. Dezember, der Zeitraum für die Evaluation ist bis Abgabe des Endberichts Ende Januar vorgesehen. Die Präsentation der Ergebnisse findet nach Rückmeldung zum Bericht Ende Februar statt. Vorgesehen ist hierfür der 24. Februar.

Weitere Termine finden Sie im beiliegenden Zeitplan und sind Gegenstand des Angebots:

- Abgabe Angebot: 30. April, 12.00 Uhr (Online-Sys-Portal)
- Auftragserteilung bis 8. Mai
- Kick-off und Abstimmung der Fragestellungen und des Vorgehens: letzte Maiwoche
- Beginn der Evaluation: 1. Juni
- Zwischenstand und Bewertungskriterien: Ende September
- Begleitgruppentreffen 27. November
- Abgabe Endbericht: Ende Januar
- Ergebnispräsentation: 24. Februar

Das Angebot soll einen Arbeits- und Zeitplan mit Meilensteinen beinhalten.

Die potenziell Evaluierenden haben damit nicht nur einen Überblick über den Zeithorizont, sondern auch den Umfang der Evaluation. Natürlich ist auch ein weniger ausdifferenzierter Plan möglich, zumindest die Angabe eines groben Zeithorizonts (z. B. Fertigstellung 18 Monate nach Auftragserteilung) ist sinnvoll.

**Beispiel:** Die Evaluation „Diversity und Vielfalt im Breitensport" beginnt nach Auftragserteilung und ist innerhalb von 18 Monaten durchzuführen. Vorgesehen sind drei Begleitgruppentreffen, die zu Projektbeginn, nach dem Zwischenbericht und zu einer Abschlusspräsentation stattfinden sollen. Der Zwischenbericht ist nach der ersten Erhebungsphase zu erbringen.

### 5. Projektmanagement, Kommunikation zwischen Auftragnehmer*innen und Evaluationsteam

Beschrieben werden sollten auch die Rollen und Funktionen im Evaluationsprojekt sowie die Kommunikation und Zusammenarbeit mit den Auftragnehmer*innen. Dabei sind Vorstellungen über die Projektkommunikation, aber auch Begleitgruppensitzungen mit relevanten Stakeholdern oder Beteiligungen an Workshops, Vorstandspräsentationen etc. zu beschreiben. Benannt werden können auch die im Laufe der Evaluation zu beteiligenden Akteursgruppen.

**Beispiel:** Vorgesehen sind im Rahmen der Evaluation „Diversity und Vielfalt im Breitensport" neben einem Kick-off mit allen Beteiligten monatliche Austauschgespräche. Darüber hinaus finden über die Projektlaufzeit hinweg zwei Begleitgruppentermine im Umfang von jeweils zwei Stunden statt.
Es ist eine Ansprechperson und Vertretung anzugeben.

### 6. Datenschutz

Die Leistungsbeschreibung sollte auch Aussagen zum Datenschutz machen. Datensicherheit, aber auch forschungsethische Fragen sind Bestandteil jeder empirischen Untersuchung und somit auch Evaluationen. Hier sind die Zuständigkeiten von Auftraggeber*innen und Auftragnehmer*innen zu klären. So müssen Absprachen getroffen werden, wer die (Roh-)Daten verantwortet, wer Zugang zu Befragungspersonen hat, wie die Datenübermittlung aussieht.

### 7. Kostenrahmen

Der Kostenrahmen bestimmt den Projektumfang. Entsprechend sollte der Kostenrahmen in der ToR kommuniziert werden. Dabei sollte darauf hingewiesen werden, was in der Summe enthalten ist, was damit abgegolten ist und ob sie brutto (inkl. Mehrwert-/Umsatzsteuer) oder netto (zuzüglich Mehrwert- bzw. Umsatzsteuer). Auch ob weitere Kosten und Leistungen durch die Auftraggeber*innen übernommen werden, sollte definiert werden. So könnte z. B. die Verschickung über kommunale Verteiler vorgenommen werden, sodass keine Portokosten berechnet werden müssen. Diese Informationen helfen den Bieter*innen, ihr Angebot innerhalb eines bestimmten Kostenrahmens realistisch einzuschätzen sowie die Tiefe und den möglichen Umfang der Leistungen zu kalkulieren.

**Beispiel:** Für die Durchführung der Aufgaben ist eine maximale Vergabe von Mitteln in Höhe von 30 000 Euro inll. MWSt. für die gesamte Laufzeit vorgesehen. Die Summe beinhaltet sämtliche Nebenkosten wie anfallende Reisekosten, Bewertungskosten, Materialkosten etc. Für die Verwendung eines Online-Tools steht eine Lizenz zur Verfügung, die Versendung der Anschreiben erfolgt über die Kommune. Monatliche Besprechungstermine werden nicht extra vergütet. Die Angebote müssen über eine Bindefrist von mindestens 3 Monaten verfügen.

### 8. Wertungskriterien

Offengelegt werden sollten die Wertungskriterien des Angebots. Nicht nur für die Verantwortlichen, sondern auch für die Bieter*innen sind die Bewertungskriterien wichtig, um Schwerpunkte in der Angebotserstellung setzen zu können. In der Regel findet eine Wertung nach den Kriterien Qualität, Erfahrung und Kosten in unterschiedlicher Gewichtung statt, selten steht nur ein Kriterium im Vordergrund. Die DeGEval – Gesellschaft für Evaluation (2015a, S. 15) weist in ihren Empfehlungen für Auftraggeber*innen von Evaluationen hin, dass Kosten „nur *ein* Auswahlkriterium [sind]; sie sagen nichts über die Qualität der Evaluation und deren Aussagekraft aus." Dies sollte bei der Ausschreibung berücksichtigt werden.

Ist die ToR eng gefasst, die Aufgaben detailliert beschrieben, das Maß an Konzeptkompetenz gering, werden die *Kosten* im Vordergrund stehen, da die Ausformulierung eines Angebots nur wenig Unterschiede zulassen wird. Besteht noch kein ausgearbeitetes Evaluationskonzept und die Ausschreibung soll eine möglichst gute konzeptionelle wie methodische Umsetzung erreichen, sollte der Bewertungsfokus auf dem Merkmal *Qualität* liegen. Qualität zeigt sich aber auch in der Ausführung und Beschreibung der geplanten Methoden, dem Verständnis der Aufgabenstellung und einer realistischen Zeitplanung. Ein weiterer Faktor für das Gelingen der Evaluation kann die *Erfahrung* und Methodenkompetenz sein, die die Evaluierenden mitbringen. Aus diesen Komponenten zusammen ergibt sich das wirtschaftlich geeignete Angebot.

Als Auftraggeber*innen können Sie nicht nur die Bewertungskriterien, sondern auch die Anforderung, diese nachvollziehbar auszuführen, im Angebot explizit anfordern.

**Beispiel – Bewertungskriterien des Angebots Evaluation „Diversity und Vielfalt im Breitensport":** Das wirtschaftlich günstigste Angebot bezüglich der nachstehenden Kriterien:

a) Verständnis des Auftrags/Forschungsdesign/Beratungsansatz: 40 %
b) Qualifikation und Erfahrungen des Personals/Referenzen: 30 %
c) Organisatorisches Konzept der Auftragsabwicklung/Projektmanagement: 10 %
d) Preis: 20 %

Informationen für die Bewerber*innen

Zu a)
Erläutern Sie Ihr Verständnis der Rolle der Evaluation für das Projekt. Machen Sie Angaben zu den einzusetzenden wissenschaftlichen Methoden und Instrumenten.

Zu b)
Beschreiben Sie Ihre Eignung unter besonderer Berücksichtigung folgender Kompetenzfelder (Referenzen können im Anhang beigefügt werden): Expertise in empirischer Sozialforschung unter besonderer Berücksichtigung der qualitativen/ quantitativen Evaluationsforschung und Erfahrungen in der Umsetzung oder Evaluation von Projekten im Sportbereich und/oder Gewaltprävention.

Zu c)
Beschreiben Sie knapp die geplante Organisation der Auftragsdurchführung (Evaluationskonzept, Zeitplan). Benennen Sie die verantwortlichen Ansprechpartner*innen und deren Vertretung als auch die eingesetzten Mitarbeiter*innen mit Aufgabenschwerpunkten.

Zu d)
Detaillierter Kostenplan: Erläutern Sie Ihr finanzielles Angebot, bezogen auf die zu erledigenden Aufgaben, benennen Sie Anzahl der Leistungstage sowie Tagessätze und gliedern Sie weitere Ausgaben auf (Reisekosten, Sachkosten etc.). Der Angebotsendpreis ist sowohl als Netto- als auch als Bruttopreis auszuweisen.

## 4.5 Bestandteile eines Angebots für eine Evaluation

Die einzureichenden Bestandteile des Angebots sollten in der Ausschreibung klar hervorgehoben werden. Dazu sind alle Leistungen und Produkte, die von den künftigen Evaluierenden zu übernehmen sind, aufzulisten und auf die ToR zu verweisen. Sie umfassen aber auch weitere Punkte wie die Ausführung der Evaluation mit detailliertem Zeitplan und eine Kostendarstellung.

## EVALUATIONSKONZEPT

Das Evaluationskonzept muss sich an den in der ToR formulierten Fragestellungen und Aufgaben orientieren (siehe oben). Sie sollte die Fragestellungen aufgreifen, Ideen zur Operationalisierung skizzieren und diese ausführen. Silvestrini (2007, S. 122) weist darauf hin, dass „die Adressaten und Stakeholder benannt werden, sowie die Rollen bei der Umsetzung der Evaluation involvierten Personen geklärt werden, sofern das nicht bereits in der Einleitung erfolgt ist." Hier ist allerdings darauf zu verweisen, dass dazu entsprechende Akteursgruppen in der ToR benannt sein müssen.

## EVALUATIONSDESIGN

Das Evaluationsdesign zeigt die methodische Umsetzung der formulierten Fragestellungen und eine konkrete Vorgehensweise an, es macht darüber hinaus bestenfalls Aussagen zu Datenschutz und ethischen Fragen der methodischen Zugänge (▶ Kap. 2.4). D. h., Ziel ist es, für die im Evaluationskonzept vorgeschlagenen Bearbeitungsschritte der Fragestellungen passende Instrumente, Erhebungs- und Auswertungsmethoden begründet aufzuzeigen. Dabei ist ein besonderes Augenmerk auf die Kosten-Nutzen-Relation zu legen, insbesondere unter Berücksichtigung der in vielen Feldern der Sozialwirtschaft begrenzten Mittel und der Nützlichkeitsstandards (▶ Teil I, Standards).

## RESSOURCENPLANUNG

Gegenstand eines Angebots ist ein (vorläufiger, mehr oder weniger detaillierter) *Zeitplan*. Der Zeitplan soll die geplante Umsetzung der Evaluation in einzelnen Arbeitsschritten darstellen, Meilensteine wie Zwischenberichte aufnehmen – von Beginn der Evaluation bis zum Abschluss.

Ebenfalls zentraler Bestandteil des Angebots ist ein (detaillierter) *Kostenplan*. Dieser soll eine Auflistung der vorgesehenen Arbeiten und der dazugehörigen Personentage bzw. der Arbeitszeit abbilden, soll aber auch die ansonsten anfallenden Kosten (▶ Kap. 3.7) einbeziehen. Basis dafür ist der in der Leistungsbeschreibung formulierte Kostenrahmen. Dieser soll nicht nur Pflichtaufgaben für die

Auftragnehmer*innen („Die Treffen zum Austausch sind inkludiert und werden nicht extra vergütet") benennen, sondern auch darauf hinweisen, welche Kosten nicht kalkuliert werden können, etwa die klassischen Overhead-Kosten, also Kosten, die nicht direkt für die Erfüllung des Evaluationsauftrags anfallen, von den Bieter*innen aber finanziert werden müssen.

Der Kostenplan kann in vereinfachter Form[11] erstellt werden, indem die wichtigsten Kostenpunkte aufgeführt werden oder nur die Gesamtsumme genannt werden muss, in der Regel aber ist eine differenzierte Darstellung und Abschätzung nach Arbeitsschritten bzw. Arbeitspaketen sinnvoll. Dies ermöglicht eine Einschätzung wirtschaftlichen Handelns, aber auch fachlicher Kompetenz. Die Kosten müssen angemessen und/oder im Rahmen des vorgegebenen Kostenbudgets sein.

**INFORMATIONEN ZUM EVALUATIONSTEAM**

Darlegung der Erfahrungen und Referenzen des Evaluationsteams und des ausführenden Evaluationsbüros. Mit Angaben zu Evaluationsbüro und Mitarbeiter*innen können die Bieter*innen ihre Erfahrungen und Qualifikationen unter Beweis stellen, für die Auftraggeber*innen gibt das über die Ausformulierung des Angebots hinaus die Sicherheit, dass die potenziellen Auftragnehmer*innen der Evaluation und ihren Anforderungen gewachsen sind.

Ausschreibungen können weitere Vertragsbestandteile oder Anforderungen an die Bieter*innen enthalten. Diese werden mit Einreichung und Annahme des Angebots Bestandteil des Vertrags, können aber Gegenstand eines eigenen Vertrags sein. Informationen, die bei der Erstellung einer Ausschreibung zu berücksichtigen sind, sind u. a.:

- Art und Weise der Einreichung: per Post, per E-Mail, über ein Online-Portal etc. Hierbei ist immer auf die spezifische Form (z. B. im geschlossenen Umschlag) oder Voraussetzungen (Einreichung erfordert Verifizierung im Portal) hinzuweisen.
- Einreichungsfrist nennen.
- Bindungsfrist für das Angebot: Die Bindungsfrist gibt Auskunft darüber, wie lange das Angebot Gültigkeit hat. Dies dient einerseits dem Schutz der Bieter*innen, um nicht möglicherweise nach einem Jahr den Auftrag annehmen

---

11   Eine detaillierte Beschreibung der anfallenden Kosten und Kostenarten einer Evaluation aus Bieter*innensicht findet sich bei Silvestrini, wie auch eine (veraltete) Beispielkalkulation (2007, S. 129 ff.).

zu müssen, andererseits den Auftraggeber*innen, um sicher zu sein, dass das Angebot in der bestehenden Form bis zur Vergabe Gültigkeit hat.
- Angebotsform: Soll eine bestimmte Struktur eingehalten oder weitere Unterlagen abgegeben werden, ist dies in der Ausschreibung zu formulieren.
- Auszufüllende Formulare, weitere Angaben, Selbstverpflichtungen.

**Beispiel:** Die Einreichung des Angebots Evaluation „Diversity und Vielfalt im Breitensport" muss spätestens bis zum 30. April um 12.00 Uhr erfolgen. Die Einreichung erfolgt ausschließlich über das Online-Sys-Portal, eine Abgabe per Post oder E-Mail ist unzulässig.

Mit der Einreichung besteht eine Bindefrist bis zum 30. Juli.

Voraussetzung für die Teilnahme ist die Bestätigung einer Teilnahme der Ansprechperson oder Vertretung am Kick-off in der letzten Maiwoche, die konkrete Terminabsprache erfolgt mit allen Beteiligten.

Über die Auftragserteilung wird voraussichtlich bis zum 8. Mai entschieden. Kosten für die Erstellung eines Angebotes werden nicht erstattet.

Es gelten die der Ausschreibung beiliegenden Vertragsbedingungen von DiCaRo.

Weitere Unterlagen bitte als Anlage an

Auszug aus dem Handelsregister/Vereinsregister (sofern vorhanden)
Nachweis gem. § 7 Abs. 5 VOL/A
Verpflichtung zur Einhaltung der Berichtspflicht
Formular zur DGSVO
Formular zu Scientology

## 4.6 Bewertung der Evaluationsangebote

Die Beauftragung einer Evaluation folgt auf die Angebotsbewertung. Bewertet werden Angebote, die den formalen Ausschreibungskriterien entsprechen. Für öffentliche Auftraggeber heißt das, dass Angebote, die zu spät eingehen, die unvollständig ausgefüllt sind oder unzulässige Angaben enthalten, unberücksichtigt werden. Werden diese Angebote ausgeschlossen, bleiben dennoch zu bewertende Angebote. Die Angebote müssen zeitgleich in einem Raum geöffnet werden.

# Bewertung der Evaluationsangebote

## WER BEWERTET?

In der Regel die Verantwortlichen für das Evaluationsprojekt (Projektleitung), diese bezieht die relevanten Stakeholder ein (▶ Kap. 3.6). Relevante Stakeholder sind hier meist Kosten- oder Auftraggeber*innen, meist in Verbindung mit relevanten Akteur*innen. Nötig ist hier einerseits eine gemeinsame Verständigung auf eine*n Anbieter*in, andererseits fachliche wie methodische Kompetenz zur Angebotsbeurteilung.

## WIE WIRD BEWERTET?

Als Richtlinie gelten die angegebenen Entscheidungskriterien wie Preis, Angebotsqualität oder Erfahrung der Bieter*innen, wie sie kurz in ▶ Kap. 4.3 beschrieben wurden.

## WAS WIRD BEWERTET?

Bewertet werden die in der Ausschreibung formulierten Anforderungen (▶ Bestandteile einer Ausschreibung, Kap. 4.4). Diese orientieren sich an den ToR; sie sind die Informationen, die den potenziellen Auftragnehmer*innen bei der Angebotserstellung vorliegen. Dabei ist es erforderlich, sowohl die Einzelleistungen (die oft in Arbeitspaketen beschrieben werden) als auch das Angebot als Ganzes zu betrachten.

Das Angebot enthält in der Regel folgende Elemente:

### Einleitung/Vorbemerkung
Diese wird in der Ausschreibung in der Regel nicht gefordert und dient mit der Wiederholung der in der Hinführung genannten Problemstellung und der eigenen Formulierung des Evaluationsauftrags der Vermeidung von Missverständnissen und der Absicherung der Bieter*innen (Silvestrini 2007, S. 122).

### Evaluationskonzeption
Die Güte der Evaluationskonzeption kennzeichnet sich dadurch aus, dass einerseits ein Bezug zu den ToR besteht und die Aufgaben und forschungsleitende Fragestellungen der Evaluation aufgegriffen und bearbeitet werden. Dabei ist die Art und Weise der Bearbeitung relevant, werden z. B. die einzelnen Aufgaben verstanden und in Arbeitsschritte gegliedert? Werden diese sinnvoll in Arbeitspakete

gegliedert? Oder wird eine Struktur entlang von Evaluationsphasen gewählt? Es gibt verschiedene Möglichkeiten der Darstellung, wichtig ist, dass das Konzept schlüssig erscheint und die relevanten Aspekte und Fragestellungen (sowie deren Operationalisierung) aufgreift. Fragen, die ebenfalls in der Konzeption Anwendung finden sollten, sind Aussagen zur Einbeziehung der verschiedenen Akteursgruppen, der Kommunikation mit den Auftraggeber*innen und die Ergebnissicherung und -rückmeldung.

**Evaluationsdesign**
Ein wesentlicher Faktor für die Bewertung ist die Darstellung des Evaluationsdesigns, d. h. die Aussagen über Datenerhebung und -auswertung (▶ Kap. 2.4): Welche Methoden und Instrumente sollen eingesetzt werden, wie wird die Auswahl begründet? Wird die Auswertungsstrategie schlüssig beschrieben? Werden ggf. begründete Alternativen zu den vorgeschlagenen Methoden genannt? Denn Evaluation erfordert methodische Kompetenz, ist aber keine Methode. Auf eine schwierige Frage von Bieter*innen sowie Auftraggeber*innen weist Silvestrini (2007, S. 122) hin und er stellt die Darstellung von Alternativen im methodischen Vorgehen zur Diskussion. Kann dies einerseits auf die Kompetenz der Bieter*innen hinweisen, weil sie aufzeigen, dass es unterschiedliche Wege gibt, eine Frage zu bearbeiten, insbesondere wenn diese nicht eindeutig ausdifferenziert wird, kann es andererseits den Eindruck von Beliebigkeit und mangelnder Professionalität hinterlassen. Aus der Perspektive der Auftraggeber*innen betrachtet, können die Empfehlungen Silvestrinis Alternativen zu benennen, gegebenenfalls auf weitere methodische Möglichkeiten und ergänzende Erhebungen hinzuweisen, positiv betrachtet werden. Weiter ist bei dem Evaluationsdesign darauf zu achten, ob Aussagen zum Datenschutz und zu ethischen Fragestellung der Bearbeitung gemacht werden.

**Ressourcenplanung**
Hier sind folgende Fragen hinsichtlich Zeit und Kosten relevant: Ist der Zeitplan realistisch? Sind die einzelnen Arbeitsschritte erkennbar und terminiert? Ist die Kostenkalkulation nachvollziehbar? Werden die einzelnen Aufgabenpakete und Zuweisung von Arbeitszeiten realistisch abgebildet? Werden die relevanten Kosten in geeigneter Weise dargestellt?

**Qualifikation und Erfahrung der Bieter*innen**
Wichtige Kriterien hinsichtlich der Bieter*innen sind deren Erfahrung und Leistungsfähigkeit.

- Qualifikation und Erfahrung der eingesetzten Mitarbeiter*innen: Liegt ein Studienabschluss vor, welche methodischen und fachlichen Schwerpunkte haben die Bieter\*innen, sind sie Mitglied in Fachgesellschaften? Vortrags- und Publikationslisten zeigen, ob die Bieter\*innen auch wissenschaftlich aktiv sind, Mitgliedschaften in Fachgesellschaften lassen Hinweise auf die Selbstverpflichtung zu Standards zu. Eine relevante Fachgesellschaft ist die Deutsche Gesellschaft für Evaluationsforschung e. V.

- Referenzprojekte: Welche vergleichbaren Projekte wurden seitens des potenziellen Evaluationsbüros bereits durchgeführt? Besteht eine inhaltliche Nähe? Methodische Kompetenz?
- Ressourcen der potenziellen Auftragnehmer\*innen: Hat das Büro die personellen Kapazitäten, die Evaluation durchzuführen? Wie lange besteht das Unternehmen bereits?

Die Bewertung dieser Aspekte kann freihändig oder durch die vorherige Erstellung einer Kriterien- oder Punkteliste vorgenommen werden.

**Beispiel:** Die Evaluation eines Projekts zur Untersuchung junger Geflüchteter soll vor allem die Bedeutung des Projekts für die Verbesserung des Gesundheitszustands in den Blick nehmen. Die Auftragsklärung hat dies als Hauptpunkt definiert. Als Bewertungskriterien werden folgende Punkte benannt – dabei wird neben klassischen Kriterien wie Methodenkompetenz oder Preis explizit auch die Zielgruppe fokussiert:

- 50 % Qualität der methodischen Umsetzung (Präzisierung der Vorgehensweise, Auswahl der Untersuchungspersonen, Darlegung der ausgewählten Methode)
- 15 % Erfahrung mit der Zielgruppe
- 15 % Erfahrung der Anbieter\*innen
- 20 % Preis

Eine Bewertung ist vergleichsweise einfach, wenn Angebote in allen wesentlichen Punkten unterschiedlicher Qualität sind. Typischerweise werden die Angebote aber eher in einzelnen Punkten Schwächen oder Stärken haben, an manchen Stellen genauer ausformuliert sein als an anderen. Bei der Bewertung sollten folgende Aspekte deshalb grundlegend festgestellt werden:

- Wird anhand des Angebots sichtbar, dass die Bieter\*innen den Evaluationsauftrag erfasst haben?
- Ist das Konzept zur Umsetzung der Evaluation schlüssig? Hierbei ist gemeint, dass die Hauptfragestellungen *sinnvoll* operationalisiert werden und die methodische Vorgehensweise passend gewählt wird.

- Ist das Konzept zur Umsetzung unter Berücksichtigung der vorgegebenen Ressourcen machbar? Das Angebot sollte *realistisch* sein und sich an den Evaluationsstandards zur Nützlichkeit und zum geeigneten Mitteleinsatz orientieren (▶ Teil I). Das heißt, ein hoher methodischer Aufwand muss nicht zwingend ein gutes Angebot bedeuten.

Die Berücksichtigung der relevanten Faktoren wie Preis, Erfüllung der Anforderungen nach der Leistungsbeschreibung und den bisherigen Erfahrungen führen schließlich zu der Entscheidung für ein Angebot. Wichtig erscheint dabei, dass ein Angebot kongruent erscheint, das heißt, in allen Punkten schlüssig erscheinen soll. So kann ein elaboriertes methodisches Vorgehen, das aber sehr günstig ist, ebenso zweifeln lassen wie ein Angebot, das realistische Kosten für die einzelnen Arbeitsschritte aufweist, aber den Zweck und die Zielsetzung der Evaluation nicht erfasst hat.

**Abbildung 4.2** Ablauf einer Beauftragung (Quelle: Eigene Darstellung)

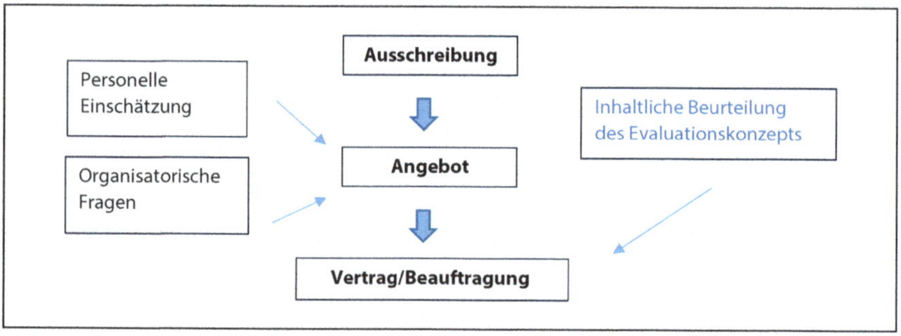

```
Personelle           →   Ausschreibung   ←   Inhaltliche Beurteilung
Einschätzung             ↓                   des Evaluationskonzepts
                         Angebot
Organisatorische     →   ↓
Fragen                   Vertrag/Beauftragung
```

## 4.7 Beauftragung der Evaluation

Die Beauftragung ist dann der letzte Schritt, bevor die Evaluation beginnen kann und somit der Startschuss für diese. Dazu gehört die Annahme des Angebots und die Zusage an den\*die Gewinner\*in der Ausschreibung. Dies sollte innerhalb der Bindefrist des Angebots erfolgen.

Nach der Zusage sollte ein Vertrag abgeschlossen werden. Grundsätzlich gilt: Das Angebot ist nicht der Vertrag, auch wenn insbesondere die Vergabestellen der öffentlichen Verwaltung diese in das Angebot integrieren und die Bieter\*innen den Vertragsbedingungen mit der Abgabe eines Angebots zustimmen. Dieses Vorgehen ermöglicht einen Verzicht auf möglicherweise langwierige Verhandlungen zum Vertragsabschluss nach Erteilung des Zuschlags an ein Evaluationsbüro. Ein Evaluationsvertrag ist eine Vereinbarung über die Aufgaben und Pflichten der Auftraggeber*innen wie der durchführenden Evaluierenden. Inhalte eines Evaluationsvertrags sind in der Regel:

- die Bestandteile des Angebots (Leistungsbeschreibung)
- Zeit- und Kostenpläne
- Zahlungsmodalitäten – möglich sind regelmäßige Abschläge oder Vergütungen nach erbrachten (Teil-)Leistungen

**Beispiel:** Die Zahlung erfolgt in dreimonatlichen Abschlägen zu gleichen Teilen. Oder: Mit Projektbeginn wird ein Abschlag in Höhe von 10 % der Auftragssumme, mit dem Zwischenbericht 40 % und bei Abnahme mit Abgabe des Endberichts 50 % fällig.

- Geheimhaltungspflicht: Festgelegt werden soll, inwieweit bei dem Evaluationsprojekt und deren Ergebnissen Schweigepflicht besteht und ob diese über das Projekt hinaus gilt.
- Nutzungsrechte: Wer darf über die Ergebnisse verfügen, diese kommunizieren, publizieren und verwerten? Wenn die Ergebnisse nicht von wissenschaftlicher und allgemeiner Relevanz sind, ist eine Beschränkung der Nutzungsrechte auf die*den Auftraggeber*in sinnvoll.
- Laufzeit des Vertrags.
- Kündigung: Festzuhalten ist, wie im Falle wichtiger Gründe zu verfahren ist.
- Ansprechpartner*innen während der Projektlaufzeit der Evaluation.

Nach Vertragsabschluss sollte eine Absage der anderen Bieter*innen erfolgen – dies fordert der gute Ton und die Sicherung einer guten Bieter*innenlage bei der nächsten Evaluation.

## EMPFEHLUNGEN FÜR DIE PRAXIS DER SOZIALWIRTSCHAFT

Ausschreibung und Beauftragung von Evaluationen sind häufig von formalen Vorgaben geprägt. Aber nicht immer ist ein aufwändiges Verfahren der Ausschreibung und Beauftragung nötig. Private Auftraggeber*innen können eine Evaluation mehr oder weniger per ‚Zuruf' beauftragen und sich über eine gemeinsame Entwicklung des Evaluationsauftrags, des Evaluationskonzepts verständigen.

Auch in diesem Fall sollten die Inhalte des Evaluationsauftrags trotzdem in einer Form von *Leistungsbeschreibung* festgehalten werden. Dies vermeidet im Verlauf des Evaluationsprojekts Irritationen oder Unstimmigkeiten durch ein unterschiedliches Verständnis des Evaluationsauftrags sowie seiner Bestandteile. Sie ist auch die Grundlage für die Umsetzung der Evaluation und die daraus resultierenden Erkenntnisse. Und nicht zuletzt erfordern sie – wann immer sie erstellt werden – von den Verantwortlichen für die Evaluation eine klare Auftragsformulierung, die aus der Auftragsklärung hervorgeht.

Unabhängig von der Vertragsgestaltung sollte nicht vergessen werden, dass Evaluationen in der Sozialwirtschaft in der Regel Maßnahmen, Projekte, Programme oder Strukturen in den Blick nehmen und mit empirischen Methoden untersuchen. Dies erfordert in der Forschungspraxis oftmals Flexibilität und gegebenenfalls Veränderungen des Ablaufs. Hier sollten nicht Verträge als starr und unveränderlich gesehen werden, sondern den Bedingungen angepasst werden (▶ Kap. 5).

## Anhang

**Anhang 1: Übungsaufgaben zur praktischen Auseinandersetzung und persönlichen Vertiefung**

A 4.1: Nehmen Sie Stellung zur folgenden Ausschreibung:

Ausschreibung der Stadtverwaltung einer Evaluation des Projekts „Gesundheit in der Sozialen Stadt" im Gebiet Schafweide
Das strategische Ziel des Projekts „Gesundheit in der Sozialen Stadt" im Gebiet Schafweide ist es, bestehende Projekte im Themenbereich „Gesundheit und Chancengleichheit" im Quartier zu fördern und mit anderen Projekten zu vernetzen. Es werden unterschiedliche Alters- und Zielgruppen adressiert.

Ziel der Evaluation ist es, die Wirksamkeit der einzelnen Projekte auf die Zielgruppen, ihr Zusammenwirken, den Erfolg bei den Zielgruppen, die Wünsche der Zielgruppen und die Netzwerkarbeit sowie mögliche Verbesserungsvorschläge durch die Zielgruppen und die verschiedenen Projekte zu erfassen.

Die Evaluation soll begleitend und beratend sein, sie soll die erhobenen Daten und Ergebnisse der Evaluation in einem Abschlussbericht zusammenfassen.

Der Zeitraum der Evaluation beträgt nach Auftragserteilung 6 Monate.

Aufgaben im Einzelnen:
- Erhebung der Wirkung des Projekts
- Bürger*innenbefragung über Wünsche und Vorstellungen weiterer Projekte
- Moderation von zwei Workshops (Halbzeit- und Schlussauswertung) mit den Nutzer*innen und Multiplikator*innen der Angebote (je ca. 2 Std./20 TN).

# Anhang

- Beratung der Projekte und Projektleitung
- Abschlussbericht

Für die Evaluation stehen bis zu 10 000 Euro zur Verfügung. Hierzu bitten wir um Ihr Gesamtangebot (mit zugrunde gelegten Stundensätzen und Kostenfaktoren der einzelnen Positionen).

Lösungen: siehe Beispiellösungen für die Übungsaufgaben am Ende des Buchs

## Anhang 2: Arbeitshilfe Ausschreibung und Beauftragung

## Literatur

DeGEval – Gesellschaft für Evaluation. 2015a. Empfehlungen für Auftraggebende von Evaluationen: Eine Einstiegsbroschüre für den Bereich der Öffentlichen Verwaltung. https://www.degeval.org/fileadmin/Publikationen/Publikationen_Homepage/DeGEval_-_Empfehlungen_Auftraggebende.pdf. Zugegriffen: 6. März 2020.

Silvestrini, Stefan. 2007. Organisatorischer Ablauf von Evaluationen. In *Handbuch zur Evaluation: Eine praktische Handlungsanleitung*, Hrsg. Reinhard Stockmann, 108–142. Münster: Waxmann.

## Literaturtipps zur Vertiefung

Silvestrini, Stefan. 2007. Organisatorischer Ablauf von Evaluationen. In *Handbuch zur Evaluation: Eine praktische Handlungsanleitung*, Hrsg. Reinhard Stockmann, 108–142. Münster: Waxmann.

# Evaluationsprojekte steuern 5

### Zusammenfassung

Gegenstand des Kapitels „Evaluationsprojekte steuern" ist die Steuerung und Begleitung eines Evaluationsprojekts durch die Auftraggeber*innen. Zentrale Aspekte der Steuerung sind der Beginn der Evaluation, der durch ein Kick-Off markiert ist, umfangreiche Kommunikationsprozesse während der Evaluation und schließlich der Abschluss der Evaluation. Dieser beinhaltet die Bewertung der Evaluationsergebnisse und die Abnahme der Evaluation als Auftrag.

### Lernziele

- Steuerung von Evaluationsprojekten
- Rollenklärung
- Kommunikation und Konflikt
- Bewertung von Evaluationen
- Abnahme und Abschluss der Evaluation

### Keywords

Steuerung, Kick-Off, Kommunikation, Aushandlung, Konflikt, Bewertung, Abnahme

Um das Gelingen einer Evaluation zu sichern, ist die *Steuerung* ein zentraler Faktor im *Evaluationsprojekt*. Die Evaluation an sich ist das zentrale Aufgabenpaket, das von internen Mitarbeiter*innen oder externen Dienstleister*innen durchgeführt wird und verschiedene Phasen oder Schritte (siehe ▶ Teil II) umfasst. Diese erfordern mehr oder weniger viel Zusammenarbeit mit den Verantwortlichen des Evaluationsprojekts, Kommunikation der Aufgaben und Absprachen. Streng genommen beginnt die Steuerung des Evaluationsprojekts mit dem Einsatz von Verantwortlichen und Planung sowie Auftragsklärung. Im engeren Sinne, auf den hier der Fokus gelegt werden soll, ist die Phase der Durchführung der Evaluation nach der Beauftragung gemeint.

> **WICHTIG:** Steuerung umfasst hier also die formale und organisationsbezogene Begleitung durch die beauftragende und verantwortende Person im Evaluationsprozess.

Dabei umfasst die Steuerungsphase verschiedene Aufgaben, die mit der Beauftragung und dem Vertragsabschluss beginnen. Zentral dabei sind der Kick-Off, also der Beginn der Evaluation und der Begleitung und Steuerung im Verlauf der Durchführung der Evaluation bis zum Abschluss der Evaluation.

Was dabei nicht vergessen werden darf, eine Evaluation umfasst mehr als eine reine methodische sozialwissenschaftliche Forschungsmethode, sondern neben den methodischen Komponenten auch eine wesentliche soziale Komponente. Je-

**Abbildung 5.1** Steuerung des Evaluationsprozesses (Quelle: Eigene Darstellung)

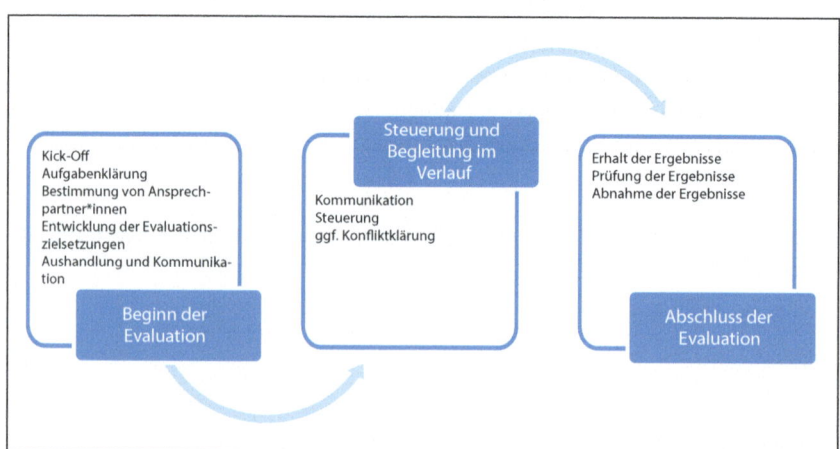

des Evaluationsvorhaben ist in einen sozialen Kontext eingebunden und zielt darauf, Nutzen zu generieren (Brandt 2007, S. 165). Die Steuerung des Evaluationsprojekts ist vor diesem Hintergrund zu begreifen.

## 5.1 Beginn der Evaluation

Der Beginn einer Evaluation fordert zunächst umfangreiche Abstimmungsprozesse. Die verschiedenen Beteiligten müssen sich kennenlernen, ihre Zielsetzungen, Interessen und schlicht ihr Wissen austauschen. Auch muss geklärt werden, welche Schritte in welcher Weise folgen, welches Vorgehen geplant ist, welche Unterstützung seitens der Evaluierenden benötigt und gefordert wird. Relevante Stakeholder sollten benannt werden, mögliche Fallstricke in der Evaluation aufgriffen werden – kurz, umfassende Aufklärung und Vorbereitung, um die Evaluation gelingen zu lassen. Diese „weichen" Faktoren bestimmen nicht zuletzt die Haltung und das Miteinander der Zusammenarbeit verschiedener Akteur*innen mit verschiedenen Interessen, die ein Evaluationsprojekt immer darstellt. Ergeben sich die Interessen nicht zuletzt aus den Rollen (▶ Kap. 3.6), die die verschiedenen Akteur*innen im Evaluationsprojekt einnehmen (die Verantwortlichen wünschen sich einen reibungslosen Ablauf der Evaluation, die Auftraggeber*innen haben ein strategisches oder inhaltliches Interesse, Auftragnehmer*innen machen den Auftrag aus einem professionellen und finanziellen Interesse usw.), bestimmen diese auch den Umgang miteinander. So besteht zwischen den Verantwortlichen und den Evaluierenden ein Auftragnehmer-Auftraggeber-Verhältnis, das durch die unterschiedlichen Positionen im Evaluationsprojekt geprägt ist. Die Evaluierenden sind Leistungserbringer, die im Rahmen ihres Auftrags die Evaluation als Leistung erbringen, die Verantwortlichen für das Evaluationsprojekt vertreten die Auftraggeber*innen und sind dafür zuständig, diese Leistung einzufordern, zu kontrollieren, zu bewerten und schließlich abzunehmen. Die Akteur*innen einer Evaluation – als externe Dienstleistung – stehen damit in einem hierarchischem Verhältnis zueinander.

Diese Thematik greift auch Erzberger (2006, S. 19) auf. Er weist darauf hin, dass der in der Evaluationsforschung gerne verwendete Begriff der „Aushandlung" nur bedingt greift, weil in der Regel der Evaluationspraxis, wie sie auch in der Sozialwirtschaft üblich ist, Aushandlungen nur bedingt stattfinden: „Die Erwartung des Auftraggebers an den Auftragnehmer ist, dass dieser die Ziele und Intentionen des Auftraggebers erkennt und akzeptiert. Eigene Intentionen des Auftragnehmers spielen nur dann eine Rolle, wenn sie zu Vorschlägen zur Bearbeitung des Problems führen. Eine Aushandlung im Sinne der Verhandlung über Ziele der Evaluation kann es unter diesen Bedingungen nicht bzw. nur sehr eingeschränkt geben". Gleichwohl sind zu Beginn und im Verlauf der Evaluation und darüber hinaus zahlreiche Absprachen zu treffen (▶ Teil II, Schritt 1 & 2 und siehe unten) und Aushandlungen vorzunehmen (Erzberger 2006; Haubrich et al. 2006, S. 7).

Ein Kick-Off oder Kick-Off-Meeting ist der Start eines Projekts. In der Regel beginnt die Evaluation mit einem Kick-Off, einem ersten (oder auch mehreren) Treffen zwischen Verantwortlichen und dem Evaluationsteam. Der Anfang ist entscheidend, wenn sich die verschiedenen Akteur*innen nicht kennen – wie das im Fall von Evaluationsteam und Auftraggeber*innen die Regel ist. Das Kennenlernen und der Austausch ist dabei ein wichtiger Faktor, oftmals treffen sich die Beteiligten das erste Mal. Es ist von Bedeutung, weil sich die Teilnehmer*innen des Kick-Offs unter Umständen auch während der Evaluation nur noch selten persönlich treffen werden. Dies entspricht der DIN 69901-5, in der festgehalten ist, dass ein Kick-Off-Meeting nach der Projektplanung und vor dem Start der eigentlichen Durchführung stattfinden soll.

Ziel ist es, Absprachen vorzunehmen, die Evaluation und ihre Ziele, Aufgaben, Vorgehensweisen abzusprechen und damit starten zu können. Grundlage hierfür sind – sinnvollerweise – die Inhalte der Ausschreibung und des Angebots (▶ Kap. 4) und die intern vorgenommene Auftragsklärung. Auch die Klärung von Zuständigkeiten, Ansprechpartner*innen, Mitarbeiter*innen, gemeinsame Termine oder nötige Unterstützungsleistungen durch Sie als Verantwortliche können Gegenstand des Kick-Offs sein.

Inhalte des Kick-Offs sind also:

## GEGENSEITIGES KENNENLERNEN UND KLÄRUNG VON ROLLEN, BESTIMMUNG DER ANSPRECHPARTNER*INNEN

Die Rollen im Evaluationsprozess wurden bereits in Kap. 3 angesprochen. Im Kick-Off sind sie auch für die Evaluierenden darzustellen. Dies ist insbesondere deshalb wichtig, damit es im Verlauf der Evaluation nicht zu Irritationen und Kommunikationsproblemen kommt. So ist es wenig hilfreich, wenn die Evaluierenden den Geschäftsführer ansprechen, weil dieser als Auftraggeber den Vertrag unterzeichnet und auch im Kick-Off teilnimmt, aber ansonsten die Verantwortung für die Evaluation an die Abteilungsleitung Qualitätsmanagement abgegeben hat. D.h. zu klären ist: Wer ist zuständig für was, wer hat welche Funktion im Evaluationsprojekt? Wichtig sind dabei vor allem die Zuständigkeiten und Verantwortlichkeiten.

Wer ist auf Seiten der *Auftraggeber\*innen* die verantwortliche Projektleitung? Welche Aufgaben hat diese?

- Formale Fragen, also z. B. Fragen, die mit einer Verschiebung von Fristen, nach Zahlungen einhergehen? Änderungen im Evaluationsprozess, die mit einer vertraglichen Änderung einhergehen, eintreten?
- Abnahme der Leistungen – in der Regel in Form von Berichten.
- Rückmeldung der Wünsche nach Änderungen an die Evaluierenden.
- Inhaltliche Fragen zum Projekt oder dem Programm und den Evaluationsgegenstand.
- Methodische und inhaltliche Änderungen, die sich im Laufe des Projekts für die Evaluation ergeben können.
- Unterstützung im Zugang zu Daten, Informationen, Personen.

Hier ist zu klären, ob diese Aufgaben von einer Person wahrgenommen werden oder mehrere Personen zuständig sind und diese benannt werden. Ebenso sollte immer klar sein, wer neben der Ansprechpartner*in als Vertretung fungiert und in gleicher Weise Bescheid weiß und für das Evaluationsteam ansprechbar ist.

Die gleiche Klärung gilt für die *Auftragnehmer\*innen*. Wer ist die verantwortliche Projektleitung und welche Aufgaben werden übernommen oder geteilt?

- Formale Verantwortlichkeit für Vertragsangelegenheiten (organisatorische Ansprechpartner*in)
- Inhaltliche und methodische Verantwortung innerhalb der Evaluationsdurchführung (Projektleitung)

Diese Rollen können durchaus zusammenfallen. Daneben sollte auch klar sein, wer die Durchführenden der Evaluation sind (auch das kann in Personalunion stattfinden, muss aber nicht) und wer die Stellvertretung ist.

> **WICHTIG:** Klärung von Zuständigkeiten im Rahmen des Evaluationsprojekts und Benennung der Ansprechpartner*innen auf Seiten von Auftraggeber*innen und Auftragnehmer*innen.

### BESTIMMUNG DER AUFGABEN UND VORGEHENSWEISEN

Neben den Zuständigkeiten sollten im Kick-Off auch die Aufgaben, die im Rahmen der Evaluation anfallen, geklärt werden. Solche Aufgaben können so vielfältig sein wie die Sozialwirtschaft und das Projekt sind, deshalb sollen hier typische Aufgaben und Themen benannt werden: Die Abstimmung und ggf. Konkretisierung des Evaluationsgegenstands (▶ Kap. 2.1) stellt die Basis des weiteren Vorgehens dar. Die gemeinsame Erarbeitung von umsetzbaren Evaluationszielsetzungen, der dafür in Frage kommenden Kriterien und zu überprüfenden Indikatoren ist zwingend (▶ Kap. 2.2, 2.3).

Eine wesentliche Grundlage hierfür ist die in der Auftragsklärung (und hoffentlich Ausschreibung) vorgenommene Definition und Beschreibung, dennoch ist eine Abstimmung über die Inhalte und das Verständnis und die Umsetzung dringend empfohlen, um wirklich eine gemeinsame Basis und ein gemeinsames Verständnis zu haben. So werden Unstimmigkeiten und Enttäuschungen auf beiden Seiten vermieden. An dieser Stelle sei auf ein zentrales Element des Steuerungsprozesses hingewiesen: Kommunikation und Austausch. Entsprechend dienen die im Kick-Off (oder Vorfeld der Durchführung) stattfindenden Gespräche und Aushandlungen dazu, „sich auf ein projektförmiges, gemeinsam getragenes Vorgehen zu einigen" (Haubrich et al. 2006, S. 7).

Ein weiteres Thema ist die Klärung der methodischen Umsetzung der festgelegten Fragestellungen: Passen die im Angebot vorgeschlagenen Methoden auch nach den Abstimmungsprozessen über die Zielsetzungen noch oder soll/muss es Veränderungen geben? Welche Konsequenzen sind mit einer bestimmten Methode, der Wahl bestimmter Zielgruppen, dem Verzicht auf die Befragung von Zielgruppen verbunden? Welche Ergebnisse sind daraus zu erwarten (und welche nicht)?

Nötig zu klären ist auch der Zugang zu den relevanten Akteur*innen und Beteiligten: Wer spricht diese an, wer darf sie kontaktieren. Diesem Punkt wird oft wenig Gewicht beigemessen, ist in der Praxis aber von Bedeutung: Die von der Evaluation betroffenen Personen, sei es als Befragte, als Mitarbeiter*innen, die Unterstützung leisten sollen usw. müssen informiert werden. Dies geschieht sinnvollerweise bereits im Vorfeld (▶ Kap. 3.5), ist aber erst mit Beginn der Evaluation relevant, wenn es sich beispielsweise um mögliche Interviewpartner*innen oder Expert*innen handelt.

> **WICHTIG:** Änderungen sollten in einem Protokoll oder Anhang zum Vertrag festgehalten werden.

**Beispiel:** Im Fall der ‚Betreuungsweisung Zwei' sollen junge Menschen, die an der Maßnahme teilgenommen haben, befragt werden. Allerdings stellt sich die Schwierigkeit, wie diese zu erreichen sind. Datenschutzrechtlich ist ein Zugang zu Ihren Daten und die Nutzung für die nachgängige Befragung nicht möglich, Teilnehmer*innen der laufenden Maßnahme möglicherweise befangen. Welcher Zugang soll also gewählt werden und von wem wird wer kontaktiert?

Ein anderes Beispiel wäre eine im Angebot genannte Aktenanalyse. Hier gilt es zu klären, von wem diese Akten zur Verfügung gestellt werden (müssen), wer dies in die Wege leitet. Ein zentraler Punkt ist hierbei die nötige Anonymisierung, die vorgängig geschehen muss und mit einem hohen Aufwand verbunden sein kann. Wer führt diese durch, wer kann das verlangen (Projektverantwortliche? Leiter*in der Maßnahme, Abteilung, Geschäftsführer?) und wer muss dafür gewonnen werden?

Klärungen dieser Art sind typisch für relevante Themen zu Beginn der Evaluation und stellen nicht nur die Evaluierenden sondern auch Verantwortlichen vor – gemeinsame – Herausforderungen. Auftraggeber*innen und Evaluierende sind Partner*innen in der Evaluation, die sich wechselseitig benötigen! Die Verantwortung für die Umsetzung liegt dann bei dem*der Verantwortlichen für die Evaluation – bei Ihnen.

## FESTLEGUNG DES WEITEREN ABLAUFS UND ZEITPLANS

Ein wesentlicher Bestandteil der Kick-Offs ist die Festlegung des weiteren Ablaufs und daraus resultierender Termine. Das heißt nicht, dass diese Termine nicht unumstößlich sind, aber sie geben ein Gerüst für die fristgerechte Durchführung der Evaluation. Festgehalten bzw. anhand des im Angebot formulierten Zeitplan überprüft werden sollten die Meilensteine wie Abschluss von Befragungen, Zwischenberichte, Endbericht.

Nachdem aber die Evaluierenden in ihrer Arbeit häufig von den Projektverantwortlichen abhängig sind wie in den oben genannten Beispielen ersichtlich wird, sollten auch diese terminiert sein.

Darüber hinaus ist es sinnvoll, (erste) Treffen zu vereinbaren, Treffen mit Begleitgruppen weiterer Akteur*innen zu terminieren, sofern dies vorgesehen ist. Je nach Laufzeit der Evaluation sollten alle oder zumindest die planbaren Termine bereits im Kick-Off fixiert werden. So können die Arbeitsschritte, aber auch Urlaubszeiten berücksichtigt werden.

## KOMMUNIKATION ZWISCHEN EVALUIERENDEN UND PROJEKTVERANTWORTLICHEN

In welcher Form soll die Kommunikation stattfinden? Sollen regelmäßige Termine zum Austausch stattfinden oder bei Bedarf, also zur Bearbeitung bestimmter Aufgaben, Reporting oder Unklarheiten? Soll es regelmäßige Treffen geben, wer kann bei Fragen und Abstimmungen, die regelhaft im Evaluationsverlauf auftreten, wen kontaktieren? Und – und das ist die zentrale Frage, die immer wieder im Fokus von Evaluation diskutiert wird (Erzberger 2006, Brandt 2007, Haubrich et al. 2006) – was bedeutet und umfasst der Kommunikation in diesem Rahmen überhaupt?

Erzberger (2006, S. 20) benennt dazu vier Prozesse, die den Inhalt der Kommunikation zwischen Evaluierenden und Auftraggeber*innen bestimmt:

- *Verständigungsprozesse:* Haben alle Beteiligten ein gemeinsames Verständnis über die Inhalte, Sachverhalte der Evaluation?
- *Verdeutlichungsprozesse:* Was kann die Evaluation in der geplanten Weise und was nicht. Dies beugt Enttäuschungen vor oder macht ggf. Veränderungen im Vorfeld möglich. Auch hier wieder: Die Ergebnisse des Verdeutlichungsprozess sollten festgehalten werden.
- *Fokussierungsprozesse:* Erzberger formuliert, dass „ausufernde Diskussionen immer wieder ‚eingefangen'" und auf die Bedeutung für die konkrete Evaluation hingeführt werden müssen.
- *Aushandlungsprozesse:* Diese machen laut Erzberger den geringsten Teil der Kommunikation aus und werden von ihm auf die Kosten „guter" Forschung hin fokussiert.

Kommunikation im Rahmen eines Evaluationsprojekts findet vor[12] und zu Beginn der Evaluation, während der Evaluation und zu und nach Ende des Evaluationsprojekts statt. Beteiligte der Evaluation sind die unterschiedlichen Akteur*innen, zentral aber geht es – unter Steuerungsaspekten – um die Kommunikation von Auftraggeber*innen und Evaluationsteam.

Unterscheiden lassen sich formalisierte und anlassbezogene Kommunikation in der Evaluation:

Formalisierte Kommunikation findet in Form von Treffen und geregeltem Austausch der Akteur*innen statt. Typischerweise sind das Kick-Off, regelmäßig angesetzte Treffen oder Begleitgruppentreffen. Diese haben einen Termin, eine Agenda und im Nachgang ein Protokoll, in dem die wichtigsten Ergebnisse festgehalten werden.

Als Verantwortliche*r sind Sie die Hauptansprechperson von Auftraggeberseite, seitens des Evaluationsteams muss ebenfalls eine Person bestimmt werden. Zwischen Ihnen sollten alle grundlegenden Dinge der Evaluation besprochen werden. Dies schließt nicht aus, dass es auf den jeweiligen Fachebenen und den Mit-

---

12 Neben Evaluationen, die entlang eines Ausschreibungsverfahrens vergeben werden, können Evaluationen auch direkt beauftragt werden (▶ Kap. 4). In diesem Fall ist es durchaus möglich, dass die Kommunikationsprozesse, wie sie hier für den Beginn der Evaluation beschrieben ist, schon im Vorfeld stattfinden.

arbeiter*innen des Evaluationsteams anlassbezogen Kommunikation gibt, es lässt sich in der Regel nicht ausschließen. Wichtig ist hierbei, inwieweit diese Absprachen, Vereinbarungen Gültigkeit haben, an alle relevanten Beteiligten (also auch Ihnen als Verantwortliche*r) vermittelt werden und damit helfen, das Projekt zur Zufriedenheit aller voranzubringen. Hierbei kann es hilfreich sein, Absprachen (kurz, stichpunktartig) schriftlich festzuhalten und sie den Verantwortlichen zukommen zu lassen.

**WICHTIG:** Die Evaluation sollte damit beginnen, ein gemeinsames Verständnis über die Inhalte der Evaluation, das methodische Vorgehen und damit verbundenen Beschränkungen der Evaluation herzustellen. Es sollten Ansprechpartner*innen definiert sein und geeignete Kommunikationswege festgehalten werden.

## 5.2 Steuerung und Begleitung im Verlauf der Evaluation

Steuerung und Begleitung im Verlauf der Evaluation finden bestenfalls in der im Kick-Off vereinbarten Weise statt: Die Evaluation „läuft", die beteiligten Akteur*innen tauschen sich wie vereinbart aus, in den regelmäßig angesetzten Terminen werden Zwischenstand und erste Ergebnisse besprochen, bevor am Ende fristgerecht der Bericht abgegeben und abgenommen wird. Damit dies gelingt, bestehen in der Projektsteuerung und -begleitung einige Aufgaben: Kommunikation, Datenschutz und Forschungsethik, Organisationsinterne Unterstützungsleistungen für die Evaluation, Controlling und Steuerung des Evaluationsprojekts sowie Konfliktmanagement.

### KOMMUNIKATION

**Kommunikation mit dem Evaluationsteam**
Hier gilt es, die vereinbarten Wege der Kommunikation einzuhalten und seitens der Verantwortlichen als Ansprechpartner*in zur Verfügung zu stehen und erreichbar zu sein. Um das umfassend während der Evaluation gewährleisten zu können, ist zu empfehlen, eine Stellvertretung zu benennen, die einspringen und Entscheidungen treffen kann. Dies ist wichtig, um den kontinuierlichen Fortgang der Evaluation zu ermöglichen und nicht durch Krankheit, Urlaube oder andere Dienstverpflichtungen zu verzögern. Das heißt aber auch, dass die Vertretung über den Evaluationsfortgang vertraut sein muss.

**Beispiel:** Im Rahmen einer Evaluation fragt das Evaluationsteam an, ob es, nachdem alle datenschutzrechtlichen Aspekte geklärt wurden, die Namen potenzieller Interviewpartner*innen erhalten kann; dies wurde für die KW 21 zugesagt. Frau M., die Leiterin des Qualitätsmanagements, die als verantwortliche Ansprechpartner*in des Auftraggebers gilt, meldet sich jedoch auf zwei Emails und mehrere Anrufe nicht. Nach weiteren vergeblichen Versuchen wendet sich die Leiterin des Evaluationsteams an eine der beteiligten Mitarbeiterinnen des Auftraggebers und fragt nach Frau M. Sie erfährt, dass Frau M. erkrankt ist. Die Mitarbeiterin selbst könne keine Aussagen machen, wolle sich aber darum kümmern. Eine weitere Woche später ruft die Leiterin des Evaluationsteams wieder an, um nachzufragen, aber die Mitarbeiterin kann auch zu diesem Zeitpunkt keine Auskunft geben. Wenige Tage später kommt Frau M. aus dem Krankenstand zurück, meldet sich bei dem Evaluationsteam und verspricht, die Adressen in den kommenden Tagen zu liefern. Allerdings zeigt sich nun, dass die Sommerferien vor der Tür stehen und die potenziellen Interviewpartner*innen zu diesem Zeitpunkt kaum erreicht werden können. Eine Verschiebung der Interviewphase um mehrere Wochen ist unausweichlich.

### Kommunikation mit weiteren Akteur*innen im Evaluationsprojekt

Die Rolle als Verantwortliche*r für das Evaluationsprojekt beinhaltet auch die Rückmeldungen an die relevanten Stakeholder und Akteur*innen. Sie müssen je nach Art der Beteiligung und Rolle im Evaluationsprozess informiert und gegebenenfalls einbezogen werden. So sind die Geldgebenden zu informieren, wenn Änderungen im Evaluationskonzept vorgenommen werden, die mit höheren Kosten einhergehen und genehmigt werden müssen. Die Mitarbeiter*innen sollten darüber informiert werden, was das Evaluationsteam vorhat und wo eventuell Anfragen und Aufgaben an Sie herangetragen werden. Dazu gehört es, die Mitarbeiter*innen über die Ziele (und den Nutzen für die Mitarbeiter*innen) aufzuklären, Nachfragen zu ermöglichen und Ängste bezüglich des eigenen Arbeitsplatzes abzubauen. Hierzu kann eine Erklärung im Team oder auch eine Information durch das Evaluationsteam sinnvoll sein. Externe Akteur*innen, die z. B. in Form von einem (internen) Expertenbeirats oder einer Begleitgruppe an der Evaluation beteiligt sind, müssen rechtzeitig informiert und eingeladen werden, ihnen müssen Protokolle zugesandt werden, ihre Fragen und Bedenken aufgegriffen werden – kurz sie müssen einbezogen werden.

## DATENSCHUTZ UND FORSCHUNGSETHIK

Eine weitere Klärung gilt für intern relevante Datenschutzfragen und Aspekte, die für die Mitarbeitervertretung oder den Betriebsrat relevant sind, etwa hinsichtlich der Nutzung von internem Material wie Akten von Klient*innen. Gerade im Feld der Sozialwirtschaft gibt es im Hinblick von Evaluationen umfassende ethische wie datenschutzrelevante Fragen nach der DSGVO zu klären und Schutzmaßnahmen für Klientel, aber ggf. auch Mitarbeiter*innen zu berücksichtigen. Hierbei sind die Durchführenden der Evaluation, im gleichen Maße aber auch die Verantwortlichen in der Pflicht. Um das oben genannte Beispiel nochmals aufzugreifen, die Anonymisierung von Klient*innenakten muss innerhalb der Organisation geschehen, die Zuständigkeit liegt dafür bei den Auftraggeber*innen. Die sichere Lagerung der Daten und die Anonymisierung von Befragungsdaten dagegen ist von den Auftragnehmer*innen zu erbringen.

## ORGANISATIONSINTERNE UNTERSTÜTZUNGSLEISTUNGEN FÜR DIE EVALUATION

Eine weitere Aufgabe ist die Unterstützung der Evaluierenden bei den Aufgaben, die nicht oder nicht ohne Einschränkungen in der gleichen Weise erbracht werden können. So sollten Sie als Verantwortliche beispielsweise dafür sorgen, dass Experten*gespräche mit Mitarbeiter*innen stattfinden können. Dazu gehört es, die Mitarbeiter*innen für diese Zeit von der Arbeit freizustellen und sie ausdrücklich zu ermuntern oder notwendiges Datenmaterial bereitzustellen, Kontakte herzustellen, Ansprechpartner*innen zu benennen. Diese Form der Unterstützung dient vor allem dazu, die Evaluation möglichst reibungslos voranzubringen.

## CONTROLLING UND STEUERUNG

Werden die vereinbarten Aufgaben umgesetzt, die Zeitvorgaben eingehalten? Auch das „Controlling" liegt im Aufgabenbereich der Verantwortlichen des Evaluationsprojekts.[13] Gerade weil Evaluationen oftmals mit kleinem Auftragsvolumen über einen verhältnismäßig langen Zeitraum geplant werden, etwa wenn die Wirkung

---

13 Im Rahmen dieser Einführung wird nicht auf Controlling als betriebswirtschaftlicher Ansatz eingegangen werden, der eine Reihe von Funktionen wie Koordination, Information usw. zu erfüllen hat. Ausführungen zu Controlling und Evaluation vgl. Gerlich (1999), Habersam (1997), zusammenfassend Stockmann (2002).

einer Maßnahme und ihrer Outcomes betrachtet werden soll und am Anfang als auch am Ende Datenerhebungen vorgesehen sind, in der Zwischenzeit aber Pausen liegen. Regelmäßige Kommunikation, Blick auf die Zeitplanung und Sichtung und Abnahme von (Zwischenergebnissen) sind Aufgaben im Evaluationsprozess, die von Beginn an klar benannt werden sollen. Die DeGEval – Gesellschaft für Evaluation (2015a, S. 16) schlägt in ihrer Empfehlung für Auftraggeber*innen vor: „Das Evaluationsteam muss dem/der Auftraggeber*innen regelmäßig oder zu festgelegten Meilensteinen in Zwischenberichten und Präsentationen über den Arbeitsfortschritt, mögliche Lücken im Arbeitsprogramm, die Verfügbarkeit von Daten und ggf. auftretende Probleme bei der Durchführung der Evaluation berichten. Abweichungen vom Angebot [...] müssen dem/der Auftraggeber*innen zur Abstimmung vorlegt werden."

Die Verfolgung des Projektfortgangs ist ein zentraler Aspekt der Steuerung. Dieses kann in Form von Zwischenberichten oder institutionalisierten Informationsgesprächen stattfinden. Rückmeldegespräche dienen dazu, Zeit- und Arbeitspläne einzuhalten, mögliche Probleme in der Durchführung frühzeitig sichtbar zu machen und als Auftraggeber*innen tätig zu werden. Die Art und Weise, wie die Rückmeldungen stattfinden, sollten bereits bei Projektbeginn (▶ Kick-Off) bestimmt worden sein, in der Begleitung und Steuerung werden sie umgesetzt.

Eine besondere Rolle kommt dabei nach Widmer (1996, S. 309) der Projektbegleitung zu: „Die Projektbegleitung erhält dabei unterschiedliche Funktionen. In erster Linie geht es dabei darum, die Evaluation im Hinblick auf die Erfordernisse der Praxis abzustimmen. Zweitens nimmt die Begleitgruppe oft eine Kontrollfunktion wahr, indem sie den Projektverlauf verfolgt und gegebenenfalls interveniert. Drittens spielt oft auch der Aspekt eine Rolle, dass die beteiligten oder betroffenen Kreise mit der Projektbegleitung in den Evaluationsprozess eingebunden werden können. Oft bildet dabei die Begleitgruppe ein wichtiges Forum des Interessenausgleichs zwischen den Beteiligten. Viertens kann sie dazu dienen, den Informationszugang für die Evaluator*innen zu erleichtern. Fünftens ist daran zu denken, dass die Begleitgruppe sehr oft auch das Medium ist, durch welches die Evaluation an einen weiteren Kreis von Beteiligten oder Betroffenen kommuniziert wird. Sie erhält damit auch eine wichtige Rolle bei der Umsetzung der Evaluation".

## KONFLIKTMANAGEMENT ALS STEUERUNGSAUFGABE

Sollten im Rahmen der Evaluation (Kommunikations-)Probleme oder Unstimmigkeiten auftreten, kommt als weitere Aufgabe das Konfliktmanagement hinzu. Konflikte resultieren aus unterschiedlichen Erwartungen, aus Rollenkonflikten

(Brandt 2007) oder sind aus unterschiedlichen Interessenslagen der Akteur*innen gekennzeichnet. Sie sind weiter auch darin begründet, dass innerhalb der Akteur*innen des Evaluationsprojektes unterschiedliche und interdependente Abhängigkeiten bestehen (Faßmann 2001, S. 136 ff.). Konflikte treten weiter durch unzureichende Absprachen und fehlende Kommunikation auf. Mögliche Kommunikationsprobleme im Evaluationsprojekt sind z. B.:

- Evaluationsziele und die Rahmenbedingungen der Evaluation sind unklar formuliert, es kommt zu Missverständnissen.
- Unterschiedliche Vorstellungen und berufliche Sozialisation (Verwaltung, Wissenschaft, Soziale Arbeit mit unterschiedlichen „Aufträgen") der Akteur*innen führen zu Missverständnissen und fehlendem Verständnis.
- Die Vorgehensweisen sind unterschiedlich und führen zu Unverständnis.
- Die Kommunikationsmedien sind ungeeignet, die Kommunikationswege nicht definiert.
- Relevante Informationen kommen nicht oder nicht in der geeigneten Form bei den zuständigen Personen an.

**Beispiel:** DiCaRo beauftragt ein externes Evaluationsbüro, eine Evaluation durchzuführen. Die Absprachen wurden getroffen, im Laufe der Evaluation kommt es zu Problemen zwischen Frau M., der zuständigen Verantwortlichen für das Evaluationsprojekt und der Leiterin des Evaluationsteams, Frau A. Frau A. wartet auf eine Antwort ihrer Fragen und versucht auf vielfältige Weise Frau M. zu erreichen. Frau M. reagiert nicht, weil sie keine Antwort hat und ihrerseits auf Auskünfte der Praxis wartet, deren Kooperation braucht und diese deshalb nicht über Gebühr belasten möchte. Sie hat das Frau A. bereits beim ersten Anruf mitgeteilt.
Frau M. ist als Verantwortliche dafür zuständig, dass das Evaluationsprojekt läuft und alle Akteur*innen entsprechend mitwirken. Sie versteht nicht, warum Frau A. trotz besseren Wissens nicht locker lässt, anstatt andere Aufgaben vorzuziehen. Den Praxispartner kann sie nur bitten, da ein anfängliches Commitment bestand, Weisungsbefugnisse ihm gegenüber hat sie nicht.
Frau A. dagegen hat als Auftragnehmerin die Evaluation, ihre Aufgaben und den Zeitplan im Blick. Als Inhaberin eines Evaluationsbüros sind Projekte terminiert, Aufgaben definiert und Zeiten den Mitarbeiter*innen zugewiesen. Störungen im Ablauf sind einkalkuliert, aber schwierig. Das trifft insbesondere dann zu, wenn keine Rückmeldung kommt und die weiteren Schritte damit nicht zu planen sind. Sie weiß nicht, welche Auswirkungen das für die weitere Durchführung der Evaluation hat. Die Schwierigkeiten mit dem Praxispartner kann sie verstehen, sie hat aber die Befürchtung, dass Frau M. dem nicht ausreichend nachgeht und sie und das Evaluationsteam „hängen lässt".

Herr G. schließlich, der angesprochene Praxispartner, hat gerade viel zu tun. Die Evaluation ist ihm sowieso leicht suspekt, er weiß nicht welche Auswirkungen sie auf seine Einrichtung und seine Arbeit haben wird. Die Anfrage wird er beantworten, wenn sie schriftlich vorliegt, da die Einrichtung durch Frau Ms Organisation finanziert wird, wird er sich einer solchen Anfrage nicht verweigern.

Dieses Beispiel würde sich weiter ausführen lassen und beinhaltet einige Facetten von Konflikten, die typisch für Evaluationsprozesse sind.

Eine Evaluation ist nur in Ausnahmefällen ein Auftrag, der jenseits von anderen Akteur*innen bearbeitet werden kann, sondern im Kontext einer Vielzahl unterschiedlicher Akteur*innen mit unterschiedlichen Interessen, Aufgaben und Zielsetzungen zu sehen ist. Unterschiedliche Rollen im Evaluationsprojekt können Ursache für Konflikte zwischen Evaluierenden und Verantwortlichen sein, ebenso wie die damit unterschiedlichen Erwartungen an die Evaluation. Das gilt für das Evaluationsteam ebenso wie für Auftraggeber*innen (vgl. (Faßmann 2001; Haubrich et al. 2006; Müller-Kohlenberg 1997)). Es lassen sich also viele Anlässe und Ursachen finden, die ein Evaluationsprojekt erschweren und zu Konflikten führen können. Diese möglichen Konfliktursachen finden sich auf Seiten der Evaluierenden wie auf Seiten der Auftraggeber*innen.

Mögliche Konfliktursachen durch das Evaluationsteam:
- Festgelegte Zielsetzungen werden ignoriert.
- Entscheidungen werden ohne Rücksprache außerhalb der Befugnisse getroffen.
- Keine Rückmeldung von Problemen im Ablauf oder der Durchführung.
- Unzureichende Projektsteuerung und Kommunikation im Evaluationsteam (wenn etwa die Absprachen mit den Projektverantwortlichen nicht weitergegeben werden).
- Kommunikation und Vermittlung zwischen den verschiedenen Beteiligten und Interessen.
- Fehlende Einhaltung des Zeitplans.

Mögliche Konfliktursachen durch die Auftraggeber*innen im Evaluationsprozess:
- Formulierungen von Erwartungen an die Ergebnisse.
- Unabhängigkeit und Wissenschaftlichkeit der Evaluierenden wird nicht anerkannt.
- Befunde und Ergebnisse werden ignoriert oder übergangen, weitere Schritte im Verlauf einer formativen Evaluation ohne Berücksichtigung der bisherigen Befunde vorgenommen.
- Evaluierende sollen Positionen und Interessen des Auftraggeber*innen vertreten.

- Relevante Fragestellungen sollen ausgeblendet werden, bestimmte Stakeholder unberücksichtigt bleiben.
- Unzureichende Projektsteuerung und unzureichende Kommunikation der Aufgaben und Funktion des Evaluationsteams gegenüber weiteren Akteur*innen.
- Daten und Informationen werden nicht rechtzeitig zur Verfügung gestellt, Zugänge nicht geschaffen.

Für die Steuerung heißt das also für die Verantwortlichen einen angemessenen Umgang mit sehr unterschiedlichen möglichen Problemlagen zu finden. Im Rahmen dieser Einführung ist dies sicher nicht möglich, deshalb sollen hier kurz Ansatzpunkte zur Prävention von Konflikten benannt werden:

Die Prävention von Konflikten fordert vor allem drei Aspekte: Information und Klärung, die zu Beginn der Evaluation stattfinden unter Einbezug relevanter Akteur*innen. Dabei gilt es Transparenz über die Ziele, den Zweck und den erwarteten Nutzen der Evaluation herzustellen. Auch die Arbeitsweisen und Aufgaben der Evaluator*innen sollten offengelegt werden. Dies gelingt am besten über ein gemeinsames Kick-Off oder Vorgespräch als auch über die Möglichkeit, Praxisakteur*innen partizipativ an der Formulierung von Zielen oder möglichen Kriterien der Bewertung zu beteiligen (vgl. dazu (Faßmann 2001, S. 142; Küster et al. 2008, S. 273).

Weiter sind die bereits genannten gemeinsam getroffenen Absprachen (▶ Kick-Off) über Klärung von Zuständigkeiten im Evaluationsprozess und die Anerkennung von Zeitplan und Aufgaben von Evaluierenden und Verantwortlichen eine gute Voraussetzung, um Konflikte zu minimieren und zu vermeiden – und eine gute Kommunikation darüber.

Im Verlauf der Evaluation ist zu empfehlen, die gemachten Absprachen und Ziele seitens der Verantwortlichen für das Evaluationsprojekt immer wieder mit dem Evaluationsteam abzugleichen und nach möglichen Schwierigkeiten und Bedürfnissen zu fragen, um potenzielle Konflikte zu vermeiden, aber auch die weiteren Akteur*innen „mitzunehmen" und zu beteiligen.

**Abbildung 5.2** Konfliktprävention im Evaluationsprojekt (Quelle: Eigene Darstellung)

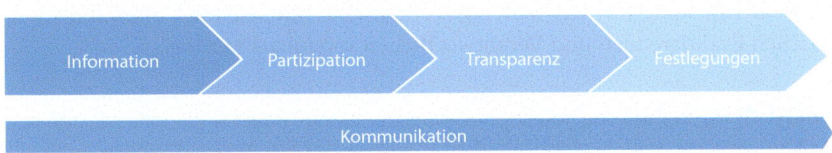

Wenn Konflikte auftreten, heißt es damit umzugehen. Als Verantwortliche für ein Evaluationsprojekt gilt es Konflikte genauer zu betrachten, Ursachen und Gründe von Personen zu trennen. Konflikte bergen ein gewisses Eskalationspotenzial, das bis zum Scheitern eines Evaluationsprojekts führen kann. Zentral ist es also, Konflikte, lassen sie sich nicht präventiv vermeiden, anzugehen. Es gibt zahlreiche Ansätze des Konfliktmanagements, so z. B. von Glasl (2004), auf den sich auch Faßmann (2001) bezieht oder das Harvard-Konzept von Patton et al. (2004). In schwierigen Fällen kann auch eine externe Moderation herangezogen werden, um die Evaluation nicht scheitern zu lassen.

Als zentral erscheint dabei, Konfliktauslöser und Konfliktursachen zu trennen und zu erkennen, was den Konflikt ausgelöst hat. Die Güte eines Konflikts und die Bearbeitung kann in einem unterschiedlichen Grad und Modus vorgenommen werden. Im Fall einer Evaluation geht es um eine Arbeitsbeziehung, diese sollte so beschaffen sein bzw. hergestellt werden, um die Evaluation für Team wie Auftraggeber*innen erfolgreich abzuschließen. Dazu kann es bereits ausreichen, die Konfliktauslöser zu klären oder bessere Absprachen zu treffen. Auch dies kann hier nur schematisch dargestellt werden (Abb. 5.3).

**Abbildung 5.3**   Konfliktmanagementprozess (Quelle: Eigene Darstellung)

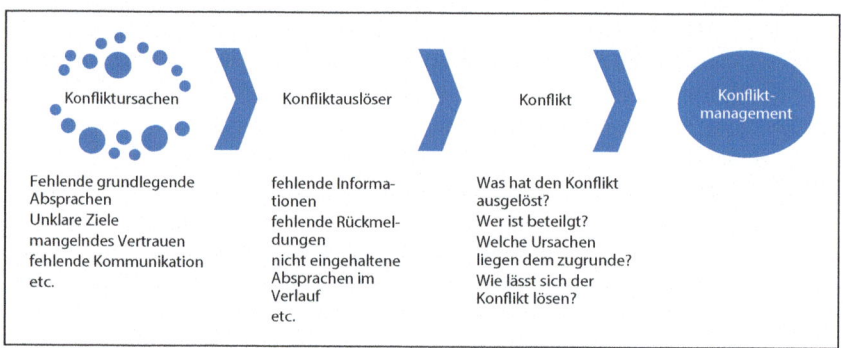

In jedem Fall sollte für den weiteren Verlauf eine umfassende Kommunikation zwischen Evaluierenden und Verantwortlichen vereinbart werden.

> **WICHTIG:** Ein Evaluationsprojekt hat zahlreiche Akteur*innen und Einflussfaktoren, es können nicht alle gesteuert werden. Entsprechend lassen sich Konflikte im Evaluationsprojekt nicht immer vermeiden. Diese aber gilt es zu bearbeiten, es besteht Steuerungsbedarf.

## 5.3 Abschluss der Evaluation

Die Evaluation endet in der Regel mit einem Abschlussbericht und der Abnahme dieses Berichts durch die Verantwortlichen als Vertretung der Auftraggeber*innen. Warum wird dieser Punkt unter Steuerung gefasst? Zum einen sind Sie es als Verantwortliche, die Einfluss auf die Gestaltung nehmen können, zum anderen obliegt Ihnen die Bewertung der Ergebnisse als Grundlage für die Abnahme. Schließlich gilt es für alle Beteiligten, die Evaluation zu einem guten Ende zu bringen.

**BERICHTSLEGUNG ALS ERGEBNISSICHERUNG**

Der Abschlussbericht als Teil der Ergebnissicherung (▶ Kap. 2.8) wird in der Evaluationsliteratur umfassend behandelt Schneider und Meiers (2007), Merchel (2010), Balzer und Beywl (2018), um nur einige zu nennen). Er richtet sich an die Verantwortlichen und Leitungsebene, also Auftraggeber*innen der Evaluation und Personen, die nicht direkt an der Evaluation beteiligt sind. Der Bericht hat verschiedene Funktionen, erfüllt verschiedene Zwecke, die kurz dargestellt werden sollen:

### Ergebnissicherung

Der Endbericht enthält in kurzer, zusammengefasster oder ausführlicher Weise Informationen über die Problemstellung und den Evaluationsauftrag, die vereinbarten Zielsetzungen und Fragestellungen, das Vorgehen, ggf. auch Hinweise zu möglichen Problemen, die zu Einschränkungen oder Veränderungen der Fragestellungen geführt haben und die Ergebnisse. Zu der Ergebnisdarstellung gehört die im Evaluationsauftrag beinhaltete Beantwortung der Fragestellung(en) und eine Bewertung. Abhängig vom Evaluationsauftrag werden weiter Handlungsempfehlungen gegeben, die sich aus der Evaluation heraus ergeben. Zielgruppe sind in erster Linie die Verantwortlichen, Auftraggeber*innen der Evaluation und diejenigen, die ein Interesse an der Evaluation und dem Evaluationsgegenstand haben.

### Legitimation

Die Evaluationsergebnisse werden dazu genutzt, die Wirksamkeit des Evaluationsgegenstands, also eines Programms, eines Projekts darzustellen oder ihren Mitteleinsatz zu rechtfertigen oder auf weitere Bedarfe hinzuweisen. Dies trifft insbesondere für summative Evaluationen zu (▶ Teil I). Adressat*innen können die Geldgeber*innen, Kostenträger und Auftraggeber*innen des Programms, die oftmals eine Evaluation standardmäßig einfordern, sein (▶ Kap. 3.6).

**Repräsentation**
Den Erfolg eines Programms, einer Maßnahme darzustellen und damit seine Bedeutung darzustellen, kann Teil der Berichterstattung sein. Adressaten sind neben Finanzierer*innen und Kostenträgern auch die Öffentlichkeit oder wissenschaftliche Öffentlichkeit.

**Arbeitsgrundlage**
Für Sie als Verantwortliche und Auftraggeber*innen ist der Bericht jedoch noch mehr. Er ist die Grundlage für die weitere Arbeit, Sie finden dort (hoffentlich) Aussagen zu den in der Evaluation formulierten Fragen und Zielsetzungen. Auf Grundlage des Berichts werden weitere Maßnahmen geplant, Entscheidungen getroffen oder bestätigt, Veränderungen angeregt.

Entsprechend dieser unterschiedlichen Funktionen, die ein Bericht erfüllen kann ist es hilfreich, mit den Evaluierenden bereits vorab festzulegen, welche Inhalte (wobei hier nicht die Ausführungen und Ergebnisse gemeint sind, sondern die „Bausteine") der Bericht enthalten soll, wie er angelegt werden soll und welchem Zweck er dient und welche Zielgruppe angesprochen werden soll. Die Öffentlichkeit oder die Programmverantwortlichen interessieren sich oft weniger für die Forschungsmethodik, für einen Projektträger stellt diese Information aber eine notwendige Grundlage zur Beurteilung des Berichts dar. Möglich sind darüber hinaus, und auch das findet sich in der Literatur häufig, Varianten der Berichtserstellung: Ein Kurzbericht, Zusammenfassungen oder detaillierte ergänzende Ausführungen zu einzelnen „Bausteinen" des Berichts.

> **WICHTIG:** Der Abschlussbericht dient in erster Linie der Ergebnissicherung und Darstellung der Ergebnisse auf Basis der vorgenommenen Schritte und in zweiter Linie als Legitimations- und Repräsentationsfunktion. Für die Verantwortlichen und Auftraggeber*innen ist der Bericht letztlich das Produkt, das Sie aus der Evaluation erhalten als auch die Basis, um damit weiterzuarbeiten!

## BEWERTUNG DES EVALUATIONSBERICHTS

Die Bewertung des Abschlussberichts sollte sich nicht an den Erkenntnissen zum Evaluationsgegenstand festmachen (Gefällt mir! Gefällt mir nicht!), sondern wie bei der Bewertung des Angebots (▶ Kap. 4) die verschiedenen Anforderungen an die Evaluation berücksichtigen. Bewertung heißt dabei, gewonnene Informationen in Relation zu operationalisierten Kriterien und den entwickelten Indikatoren zu setzen. Die Verantwortlichen des Evaluationsprojekts haben meist einen guten Einblick in das Projekt und können die Ergebnisse vor dem Hintergrund des Verlaufs einschätzen, Auftraggeber*innen, Finanzierer*innen oder Kostenträger können das nicht.

Schneider und Meiers (2007, S. 315 f.) nennen (sieben) Anforderungen, die für die kommunikative Vermittlung der Evaluationsergebnisse relevant sind. Insbesondere die folgenden Anforderungen sind auch für die Bewertung eingereichter Evaluationsberichte hilfreich:

- *Vollständigkeit:* Sind die gesamten Ergebnisse dargestellt und werden unterschiedliche Interpretationsmöglichkeinen benannt?
- *Verständlichkeit:* Ist der Bericht so formuliert, dass er nachvollziehbar ist? Ihn die adressierten Zielgruppen verstehen können?
- *Transparenz:* Wird deutlich, wie die Evaluierenden zu den benannten Ergebnissen gekommen sind, welche Methoden wofür verwendet wurden und auf welcher Bewertungsbasis die Interpretation der Ergebnisse vorgenommen wurde.
- *Anpassung an die Zielgruppen:* Wie oben beschrieben, gibt es unterschiedliche Bedarfe an Information über die Evaluation und ihre Ergebnisse. Wurden diese passend adressiert, ihre Bedarfe aufgegriffen?
- *Anonymität:* Die Sicherung der Anonymität ist im Rahmen von Evaluationen, wo über Maßnahmen und Mitarbeiter*innen gesprochen wird, oftmals nicht einfach. Dennoch sollten die Aussagen im Bericht keine Rückschlüsse auf die Befragten zulassen.

Ein weiteres mögliches Vorgehen zur Bewertung könnte folgendermaßen aussehen:

### Bewertung der Leistungserbringung
Wurde die vereinbarte Leistung erbracht? Wurden die vereinbarten Evaluationsfragestellungen beantwortet? Die entwickelten Kriterien bei der Beantwortung angelegt? Die Indikatoren überprüft? Die Überprüfung einer Evaluation muss unter Einbezug der Rahmenbedingungen geschehen.

### Bewertung der inhaltlichen und methodischen Qualität der Ergebnisse
Die Qualität der Ergebnisse ist im Kontext der methodischen Umsetzung des Evaluationskonzepts zu sehen. Das heißt, es sind einerseits die inhaltlichen Ergebnisse, die Befunde und Antworten auf die Evaluationsfragestellungen zu bewerten, andererseits die Qualität der Ausführung. Entsprechend soll der Bericht nachvollziehbar sein.

Eine Bewertung ist nicht immer ganz leicht (und auch nicht immer ganz eindeutig). Zur Beurteilung sei deshalb auf die Standards verwiesen, wie sie etwa die DeGEval in ihren Standards zur Evaluation formuliert: Nützlichkeit, Durchführbarkeit, Fairness und Genauigkeit (vgl. (DeGEval – Gesellschaft für Evaluation 2017), oder die Standards des „Joint Committee on Standards for Educational Evaluation" (Sanders und Beywl 2006). Diese Standards, wie sie in ▶ Teil I vorgestellt wurden, stellen eine mehr oder weniger verbindliche Basis der Fachgesellschaften und ihrer Mitglieder dar, welchen Kriterien eine Evaluation genügen muss. Widmer (1996) hat eine Meta-Analyse anhand verschiedener Evaluationsberichte vorgenommen und dabei dezidiert auf die Eignung der Standards hingewiesen. Er gibt darüber hinaus begründete und explizite Hinweise, wie mit der Darstellung der Ergebnisse und Berichtslegung zu verfahren ist.

In der Bewertung der Evaluationsergebnisse und ihrer Dokumentation in einem Bericht können anhand ausgewählter Standards die Umsetzung des Evaluationskonzepts, das Evaluationsdesign (mit methodischer Umsetzung, Auswahl von relevanten Beteiligten etc.) zumindest eingeschätzt werden.

**Beispiel:** Der Abschlussbericht für die Evaluation ‚Betreuungsweisung Zwei' wird systematisch durch die Verantwortliche und QM-Beauftragte anhand der verschiedenen Standards betrachtet. Beispielhaft sind zwei Kriterien des Standards „Nützlichkeit" und „Durchführbarkeit" ausgeführt:

**Tabelle 5.1** Bewertung der Evaluationsergebnisse ‚Betreuungsweisung Zwei' anhand ausgewählter Evaluationsstandards (Quelle: Eigene Darstellung)

| | Standard | Was wird erwartet? | Einschätzung und Bewertung des Berichts |
|---|---|---|---|
| **Nützlichkeit (N)** | Auswahl und Umfang der Informationen (N4) | Fragestellung zum Evaluationsgegenstand soll bestmöglich mit den genutzten Informationen beantwortet werden können. | Da die JGH nicht gehört wurde und die Seite der Mitarbeiter durch die Zielklärung, Aktenanalyse und Gruppendiskussion mehr Aufmerksamkeit bekam, könnte eine Informationsasymmetrie vorliegen. |
| | Transparenz von Werten (N5) | Präzise Formulierung der Perspektiven aller beteiligten Personen für eine eindeutig ersichtliche Grundlage der Bewertung. | Es ist sichtbar, woher Informationen kommen und wie sie erlangt wurden. Die Mitarbeiter wurden sehr ernst genommen, was das Ergebnis der Evaluation erklärt. |
| **Durchführbarkeit (D)** | Diplomatisches Vorgehen (D2) | Akzeptanz des Verfahrens bei den Beteiligten. | Weil nur wenige Mitarbeitende an der Diskussion teilgenommen haben und nur zwei davon im Bericht zitiert werden ist es auf Grund des Berichtes unklar zu beurteilen. |
| | Effizienz von Evaluationen (D3) | Aufwand soll in Relation zum Nutzen stehen. | Das scheint der Fall zu sein. |

**Bewertung der Relevanz der Ergebnisse und Handlungsempfehlungen**
Die Bewertung der Ergebnisse sind im Kontext des Evaluationskonzepts zu sehen. Sie sind weiter dahingehend zu beurteilen, ob sie auf Basis der entwickelten Kriterien und Indikatoren gewonnen wurden, nicht aber, ob die Ergebnisse gefallen und den Erwartungen oder Wünschen der Auftraggeber*innen entsprechen. Handlungsempfehlungen sind zumeist eine Zusammenschau aus Aussagen und Erfahrungen verschiedener Befragter, Beteiligter und folgen den Erkenntnissen der Evaluierenden. Also solche sind die Grundlagen für die Empfehlungen empirisch gewonnen, die Schlüsse daraus ziehen die Evaluierenden, die sich im Rahmen der Evaluation in der Organisation oder im Arbeitsfeld bewegen, nicht aber darüber hinaus.

## AUSWERTUNGSGESPRÄCH

Ein zumeist nicht geplanter Schritt ist, die Ergebnisse, die im Bericht ausformuliert wurden, in Form eines gemeinsamen Termins zwischen (mindestens) Evaluierenden und Auftraggeber*innen zu besprechen. Häufig wird ein solches Gespräch erst einberufen, wenn es zu Unklarheiten oder Missverständnissen über die Ergebnisse kommt.

Als Beispiel sei das o. g. Beispiel der Bewertung genommen:

**Beispiel:** In der Bewertung des Berichts ‚Betreuungsweisung Zwei' wurde in der Bewertung mokiert, dass die Akzeptanz des Verfahrens bei den Beteiligten wohl nur bedingt gelten kann, weil anscheinend nur wenige Mitarbeiter*innen befragt wurden und nur zwei davon zu Wort kamen (siehe Beispiel oben). In dem Gespräch klärt sich auf, dass zum Schutz der Mitarbeiter*innen (Stichwort: Anonymisierung) nur die Zugehörigkeit zu den Gruppendiskussionen 1 und 2 benannt wurden. In der Überarbeitung des Berichts wird dies durch einen kleinen Hinweis gelöst, für die Auftraggeber*innen und Geldgeber*innen wird deutlich, dass umfassend gearbeitet wurde.

Zu diesem Termin sind auch die Programmverantwortlichen oder der Beirat/Begleitgruppe beteiligt. In diesem Kreis lassen sich Fragen klären, Unklarheiten auflösen oder auch strittige oder unerwartete Ergebnisse besprechen. Das kann dazu führen, dass ein Auftrag an die Evaluierenden ergeht, den Bericht entsprechend dieser Klärungen nochmal zu überarbeiten. Dazu noch ein Hinweis: Planen Sie diesen Termin aktiv auch kalkulatorisch in den Evaluationsauftrag ein.

**WICHTIG:** Aussprache zum Evaluationsbericht und den Ergebnissen nicht vergessen!

Mit der Abgabe und gegebenenfalls stattfindenden Überarbeitung des Berichts kann die Abnahme und Beendigung des Vertrags zwischen Auftraggeber*innen und Auftragnehmer*innen erfolgen.

## ABNAHME DER EVALUATION

Neben dem Bericht gilt es zu überprüfen, ob alle im Angebot und Vertrag und dessen Ergänzungen stehenden Aufgaben erfüllt sind, so z. B.:

- die Übergabe von Daten und Materialen, die zur Verfügung gestellt wurden
- die Übergabe von z. B. Rohdaten
- Versicherung über die datenschutzrechtskonforme Datensicherung oder Vernichtung von Daten nach Projektabschluss durch Versicherung der Auftragnehmer*innen

Mit diesem Schritt ist der Vertrag zwischen Auftraggeber*innen und Auftragnehmer*innen erfüllt.

## ABSCHLUSS DER EVALUATION

Neben den formalen Regelungen stehen oft weitere Fragen an, die es in diesem Kontext für die Verantwortlichen zu klären gilt, wenn diese nicht bereits im Vorfeld vertraglich festgehalten wurden:

- Sollen die Ergebnisse noch präsentiert werden?
- Stehen die Auftragnehmer*innen für Veranstaltungen, Vorstellung der Ergebnisse für bestimmte Zielgruppen zur Verfügung (z. B. den Mitarbeiter*innen einer Maßnahme, die untersucht wurde, Fachausschüssen, Politik)?
- Soll über die inhaltliche Besprechung, der Verlauf der Evaluation als gemeinsames Projekt reflektiert werden? Einen guten Leitfaden für ein Feedbackgespräch bietet Merchel (2010, S. 123) an. Dieser nimmt den gesamten Evaluationsprozess in den Blick und adressiert folgende Fragen:
  - Konnten die Ziele und Erwartungen, die mit der Evaluation verbunden waren, realisiert werden?
  - Welche Personen- oder Interessensgruppe konnte ihre spezifischen Erwartungen besonders stark zur Geltung bringen?
  - Fühlten sich alle Beteiligten und Betroffenen durch den Evaluationsprozess ausreichend fair behandelt?

- An welchen Stellen traten Schwierigkeiten auf? Welche Gründe lagen dem zugrunde?
- Was lief gut und kann für weitere Evaluationen festgehalten werden?
- Haben sich die praktizierten Methoden bewährt?
- Wie ist das Verhältnis zwischen Aufwand und Ertrag zu bewerten?
- Was sollte aus heutiger Sicht geändert werden, wenn man das gleiche Projekt nochmals durchführen würde?
- Worauf sollte man bei Planung und Durchführung weiterer Vorhaben beachten?

Insbesondere die letzten beiden Punkte sind für ein Feedback-Gespräch für die Verantwortlichen hilfreich, sie tragen nicht nur dazu bei, die durchgeführte Evaluation zu beleuchten, sondern auch Hinweise für künftige Evaluationen zu geben – einer wichtigen Funktion des Projektmanagement.

## EMPFEHLUNGEN FÜR DIE PRAXIS DER SOZIALWIRTSCHAFT

Die Steuerung einer Evaluation liegt vor allem an der Kommunikation. Die Durchführung der Evaluation verantworten die Auftragnehmer*innen, ihnen sollte Ihr Vertrauen gelten. Dennoch ist ein regelmäßiger Austausch nötig, um frühzeitig unterschiedliche Vorstellungen, Probleme bei der Durchführung oder Erkenntnissen zu erkennen. Hier gilt es gegenzusteuern oder zu unterstützen. Um eine regelmäßige Kommunikation zu ermöglichen, sollte diese bereits in der Kalkulation und in der Einholung der Angebote berücksichtigt werden.

Die Bewertung von Evaluationen erfordert Evaluationsberichte richtig zu lesen:

- Genereller Überblick: Finden sich die wichtigsten Informationen wieder? Auftrag, Auftraggeber, Zeitraum, Durchführende usw.
- Werden grundlegende Evaluationsstandards beachtet (DeGEval – Gesellschaft für Evaluation 2017)?
- Werden die Ziele und deren Umsetzung in Evaluationsfragestellungen deutlich (Ziele – Kriterien – Indikatoren)?
- Welche Methoden wurden eingesetzt? Ist die Auswahl der Methoden plausibel, sinnvoll und transparent? Wird das methodische Vorgehen dargelegt?
- Welche Ergebnisse liefert der Bericht? Sind die Inhalte und Ergebnisse methodisch legitimiert (Stichpunkte Validität, Evidenz…)? Wurden die Ziele/Fragestellungen beantwortet? Ist die Evaluationsstudie theoretisch fundiert (wurde Bezug auf relevante andere Befunde, theoretische Grundlagen genommen)?

Was bei der Beurteilung der Ergebnisse immer zu berücksichtigen ist, ist der Kontext der Evaluationsstudie – was wurde vereinbart (Auftragsklärung, Vertrag, Kickoff...).

# Anhang

### Übungsaufgaben zur praktischen Auseinandersetzung und persönlichen Vertiefung

**A 5.1:** Welche Phasen umfasst die Steuerung eines Evaluationsprojekts aus Auftraggeber*innensicht?

**A 5.2:** Beschreiben Sie, welche typischen Kommunikationsprobleme zu einer Störung im Evaluationsprozess führen können.

Lösungen: siehe Beispiellösungen für die Übungsaufgaben am Ende des Buchs

# Literatur

Balzer, Lars, und Wolfgang Beywl. 2018. *evaluiert (E-Book): Erweitertes Planungsbuch für Evaluationen im Bildungsbereich*, 2. Aufl. Bern: hep verlag.
Brandt, Tasso. 2007. Sozialer Kontext der Evaluation. In *Handbuch zur Evaluation: Eine praktische Handlungsanleitung*, Hrsg. Reinhard Stockmann, 164–194. Münster: Waxmann.
DeGEval – Gesellschaft für Evaluation. 2015a. Empfehlungen für Auftraggebende von Evaluationen: Eine Einstiegsbroschüre für den Bereich der Öffentlichen Verwaltung. https://www.degeval.org/fileadmin/Publikationen/Publikationen_Homepage/DeGEval_-_Empfehlungen_Auftraggebende.pdf. Zugegriffen: 6. März 2020.
DeGEval – Gesellschaft für Evaluation. 2017. *Standards für Evaluation: Erste Revision 2016*.
Erzberger, Christian. 2006. Steuerung externer Evaluation durch Kommunikation. In *Aushandlungsprozesse zur Steuerung externer Evaluation*, 6–19, München: DJI.
Faßmann, Hendrik. 2001. Forschungspraktische Probleme der Evaluation von Programmen im Bereich der Rehabilitation. https://nbn-resolving.org/urn:nbn:de:0168-ssoar-37655. Zugegriffen: 7. März 2020.
Gerlich, Petra. 1999. Controlling von Bildung, Evaluation oder Bildungs-Controlling?: Überblick, Anwendung und Implikationen einer Aufwand-Nutzen-Betrachtung von Bildung unter besonderer Berücksichtigung wirtschafts- und sozialpsy-

chologischer Aspekte am Beispiel akademischer Nachwuchskräfte in Banken. Zugl.: Eichstätt, Kath. Univ., Diss., 1998. http://hdl.handle.net/10419/116900.

Glasl, Friedrich. 2004. *Konfliktmanagement: Ein Handbuch für Führungskräfte, Beraterinnen und Berater*, 8. Aufl. Bern: Haupt.

Habersam, Michael. 1997. *Controlling als Evaluation: Potentiale eines Perspektivenwechsels*. München: Hampp.

Haubrich, Karin, Gerlinde Struhkamp, und Christian Lüders. 2006. Aushandlungsprozesse in externen Evaluationen – Aufarbeitung eines „stillen Themas". In *Aushandlungsprozesse zur Steuerung externer Evaluation*, S. 5–18, München: DJI.

Küster, Jürg, Eugen Huber, Robert Lippmann, Alphons Schmid, Emil Schneider, Urs Witschi, und Roger Wüst. 2008. *Handbuch Projektmanagement (German Edition)*. Dordrecht: Springer.

Merchel, Joachim. 2010. *Evaluation in der sozialen Arbeit: Mit 11 Tabellen*. München: Reinhardt.

Müller-Kohlenberg, Hildegard. 1997. Evaluation von sozialpädagogischen Maßnahmen aus unterschiedlicher Perspektive: Die Sicht der Träger, der Programmmanager/-innen und der Nutzer/-innen. In *Evaluation der sozialpädagogischen Praxis: Materialien zur Qualitätssicherung in der Kinderund Jugendhilfe*, 8–20. Bonn.

Patton, Bruce, William Ury, und Roger Fisher. 2004. *Das Harvard-Konzept: Der Klassiker der Verhandlungstechnik*, 22. Aufl. Frankfurt am Main: Campus Verlag GmbH.

Sanders, James R., und Wolfgang Beywl (Hrsg.). 2006. *Handbuch der Evaluationsstandards: Die Standards des „Joint Committee on Standards for Educational Evaluation"*, 3. Aufl. Wiesbaden: VS Verl. für Sozialwiss.

Schneider, Vera, und Ralph Meiers. 2007. Reporting. In *Handbuch zur Evaluation: Eine praktische Handlungsanleitung*, Hrsg. Reinhard Stockmann, 314–339. Münster: Waxmann.

Stockmann, Reinhard. 2002. Qualitätsmanagement und Evaluation – konkurrierende oder sich ergänzende Konzepte? https://www.ssoar.info/ssoar/handle/document/19578. Zugegriffen: 7. März 2020.

Widmer, Thomas. 1996. *Meta-Evaluation: Kriterien zur Bewertung von Evaluationen*. Bern: Haupt.

## Literaturtipps zur Vertiefung

Haubrich, Karin, Gerlinde Struhkamp, und Christian Lüders. 2006. Einleitung: Aushandlungsprozesse in externen Evaluationen – Aufarbeitung eines „stillen Themas". In *Aushandlungsprozesse zur Steuerung externer Evaluation*, 5–18, München: DJI.

DeGEval – Gesellschaft für Evaluation. 2017. *Standards für Evaluation: Erste Revision 2016*.

# Evaluationsergebnisse nutzen 6

> **Zusammenfassung**
>
> Das Kapitel „Evaluationsergebnisse nutzen" wendet sich an die Verantwortlichen eines Evaluationsprojekts. Es soll Hinweise darauf geben, wie nach der Durchführung der Evaluation mit den Ergebnissen verfahren wird. In der Verwertungsphase stellt sich neben der Informationspflicht die Frage nach der Implementierung der Ergebnisse.

> **Lernziele**
>
> - Welche Form der Information und Rückmeldung von Evaluationsergebnissen ist nötig?
> - Wie lassen sich Evaluationsergebnisse nutzen?

> **Keywords**
>
> Rückmeldung von Evaluationsergebnissen, Nutzung von Evaluationsergebnissen

© Springer Fachmedien Wiesbaden GmbH, ein Teil von Springer Nature 2020
P. Pfeil und M. Müller, *Evaluation in der Sozialwirtschaft*,
Basiswissen Sozialwirtschaft und Sozialmanagement,
https://doi.org/10.1007/978-3-658-26322-5_6

Beywl et al. geben in ihrem Band Evaluation Schritt für Schritt: Planung von Evaluationen, Hinweise, wie die Nutzung von Evaluationsergebnissen eingeleitet werden können: ein zielgruppenorientierter Bericht, ein umfangreicher Feedbackprozess, der neben schriftlichen Stellungnahmen und mündlichen Interviews zum Bericht auch eine Ergebnispräsentation in Gremien und umfangreiche Feedbackworkshops vorsieht (vgl. (Beywl 2008, S. 74), vgl. (Balzer und Beywl 2018, S. 135 ff.)). Die DeGEval – Gesellschaft für Evaluation (2015a, S. 17 f.) schlägt in ihren Empfehlungen für Auftrager*innen von Evaluationen vor, dass ein Konzept für die Verbreitung der Evaluationsergebnisse für die unterschiedlichen Informationsbedarfe für die verschiedenen Beteiligtengruppen erstellt wird und dem Zeitpunkt, Umfang und Format angepasst sind. Weiter sollen sich die wesentlichen Beteiligten damit beschäftigen, welche Zuständigkeiten, Funktionen und Kompetenzen sie in der Phase der Umsetzung übernehmen und nach angemessener Frist eine Rückkopplung der Umsetzungsergebnisse zum Evaluationsteam verabredet werden. Diese letzte Schleife ist in der Evaluationspraxis selten zu finden, vor allem wenn für die Durchführung der Evaluation ein überschaubares Budget veranschlagt wurde, dass umfassende Feedbackprozesse mit dem Evaluationsteam zwar wünschenswert, meist aber nicht leistbar sind. Diese Vorschläge sind wichtig, dennoch bleibt die Umsetzung der Evaluationsergebnisse in der Zuständigkeit der Auftraggeber*innen der Evaluation.

Die Umsetzung von Evaluationsergebnissen kann – und wird – auf unterschiedliche Weise stattfinden. Das ist abhängig vom Evaluationsgegenstand, von den Ergebnissen, dem Zweck der Evaluation, dem Organisationskontext und den Beteiligten.

Ein wichtiger Schritt in der Umsetzung ist die *Rückmeldung der Ergebnisse* an die Beteiligten, auch wenn damit keine konkreten Maßnahmen verbunden sind. Natürlich können Verantwortliche darauf verzichten, Evaluationsergebnisse zu kommunizieren und die Beteiligten einzubinden, empfohlen sei das nicht. Mangelnde Transparenz schafft bei den Beteiligten Unzufriedenheit und Skepsis. Auch sollten die Akzeptanz und Bereitschaft von Mitarbeiter*innen, Ehrenamtlichen und anderen Beteiligten, an weiteren Evaluationen mitzuwirken, bedacht werden. Deren Unterstützung ist meist zwingend nötig. Nicht zuletzt können die Beteiligten aber eine wertvolle Ressource in der Interpretation der Ergebnisse sein und wichtige Hinweise im Hinblick auf mögliche Maßnahmen zur Umsetzung bieten.

## 6.1 Rückmeldung und Beteiligung

Ausgangspunkt für die Entscheidung, an wen die Ergebnisse rückgekoppelt werden soll, sind die als relevante Akteur*innen und Stakeholder identifizierten Personen (▶ Kap. 3), die in Begleitgruppe oder Beirat involvierten Personen und die von der Evaluation und ihrem Ergebnis betroffenen Beteiligten. Sie alle haben einen legitimen Anspruch auf Information durch die Verantwortlichen des Evaluationsprojekts. Widmer (1996, S. 309) weist auf die zentrale Rolle der Begleitgruppe im Evaluationsprozess hin, entsprechend muss diese über die Ergebnisse informiert und gehört werden.

Grundlage für die Information ist in der Regel ein schriftlicher Bericht (▶ Kap. 5) oder eine Form von Präsentation oder Workshop.

Abhängig von der adressierten Zielgruppe kann der *Bericht* auf Auszüge oder eine Kurzfassung der wesentlichen Ergebnisse, der Empfehlungen etc. ausgerichtet sein. Wichtig ist es hierbei, dass die Inhalte den Sachverhalt richtig wiedergeben, nachvollziehbar und verständlich sind. Zu klären ist, wer diese Kurzfassungen erstellt und verantwortet: Die Verantwortlichen, Auftraggeber*innen oder als weitergehende Aufgabe das Evaluationsteam.

Eine *persönliche Rückmeldung* der Ergebnisse in Form einer Präsentation, Mitarbeiterversammlung oder eines Workshops oder anderen Formaten hat ähnlich wie die in ▶ Kap. 5 angesprochene Aussprache den Zweck, nicht nur einseitig zu kommunizieren und zu informieren und stellt ein zentrales Steuerungselement des Evaluationsprojekt dar. Schneider und Meiers (2007, S. 315 f.) benennen als zentrale Kriterien für die Rückmeldung u. a. die bereits in ▶ Kap. 5 angesprochenen Kriterien von Vollständigkeit, Verständlichkeit und Anonymität an die Zielgruppen, Transparenz, aber auch Rechtzeitigkeit der Vermittlung der Ergebnisse, Diplomatie und die Anpassung an die Zielgruppen.

Die Bedeutung einer Rückmeldung insbesondere bei der Evaluation von Projekten, Maßnahmen oder anderen sozialen Dienstleistungen, wie es für Evaluationen in der Sozialwirtschaft häufig vorkommt, sei hier noch einmal hervorgehoben. Eine Maßnahme oder eine soziale Dienstleistung ist die Koproduktion von verschiedenen Akteur*innen. Wird eine Maßnahme untersucht wie in unserem Beispiel ‚Betreuungsweisung Zwei', wird auch diese Koproduktion, das Handeln der Mitarbeiter*innen oder deren Auswirkungen zwangsläufig zum Gegenstand der Betrachtung. So ist eine Rückmeldung an die Mitarbeiter*innen über die Wirkung einer Maßnahme und mögliche Veränderungen so zu gestalten, dass diese erfahren, worauf diese Ergebnisse beruhen, welche Informationen einbezogen wurden, wie die Evaluierenden zu den Ergebnissen kamen, dass die Interpretationen Ergebnisse dieser Daten sind und welche Schlüsse sie deshalb daraus gezogen haben. Die Mitarbeiter*innen müssen hierbei die Gelegenheit bekommen, Stellung zu den Ergebnissen zu beziehen. Weiter können ggf. formulierte Handlungsempfehlungen zur Diskussion gestellt werden und damit eine Grundlage zur Weiterentwicklung und Modifikation der Maßnahme zu bieten.

Die Information der Auftraggeber*innen oder Kostenträger wird dagegen davon bestimmt sein, den Nutzen der Evaluation hervorzuheben und zu klären, welche Schritte nun einzuleiten sind. Im Falle einer Evaluation, die dazu dient, ein Projekt zu bestätigen, wird die positive oder negative Bewertung im Vordergrund stehen, um daraus Schlüsse für die Weiterfinanzierung zu ziehen. Im Falle einer Evaluation, die dazu dient, die Wirkung einer Maßnahme festzustellen, werden die Outcomes und die dafür förderlichen Faktoren sowie Empfehlungen, wie diese zu erhöhen sind, im Vordergrund stehen.

Zu entscheiden ist weiter, in welchem Rahmen die Ergebnisse präsentiert oder eine Veranstaltung durchgeführt wird. Als organisationsinterne Veranstaltung, bei der Sie als Verantwortliche die Ergebnisse vorstellen oder als Veranstaltung unter Einbezug des Evaluationsteams, das die Ergebnisse zur Diskussion stellt. Für beide Varianten gibt es gute Gründe, ähnlich auch wie über die Entscheidung, ob die Evaluation intern oder extern (▶ Teil I) durchgeführt werden soll.

**Tabelle 6.1**  Vermittlung der Evaluationsergebnisse (Quelle: Eigene Darstellung)

|  | Organisationsintern | Evaluationsteam |
|---|---|---|
| Vorteile | • „Übersetzung" der Ergebnisse<br>• Kostengünstig | • Können alle Fragen aus Evaluationssicht beantworten<br>• Methodische Klärung und Zustandekommen der Ergebnisse |
| Nachteile | • Genaue Einarbeitung in die Ergebnisse<br>• Unterstellung fehlender Neutralität<br>• Möglicherweise bleiben Fragen offen | • Nur begrenzten Einblick in die Organisationsstrukturen und -abläufe<br>• Finanzierung nötig |

Das Format solcher Veranstaltungen kann variieren und muss entsprechend des Zwecks und der angesprochenen Zielgruppe passend adressiert sein, aber auch des Ziels, das mit einer solchen Veranstaltung verbunden ist:

- Information und *kommunikative Validierung* und Herstellung eines gemeinsamen Verständnisses über die Evaluationsergebnisse
- *Arbeit mit den Ergebnissen* der Evaluation

Durch die Rückmeldungen oder Feedback-Veranstaltung erhalten Sie als Verantwortliche des Evaluationsprojekts Hinweise zu möglichen Modifikationen, Veränderungen oder Problemen in der Praxis des Programms, aber auch der Evaluation durch die verschiedenen Akteur*innen, sei es als Beteiligte, Betroffene der Evaluation und/oder des Programms. Diese können fachliche Einschätzungen zu Ergebnissen und Empfehlungen geben, als Korrektiv wirken und so die Empfehlungen als gemeinsam entwickelte Lösung mittragen.

Information und Rückmeldung sind für Verantwortliche also aus verschiedenen Gründen wichtig:

- Feedback und fachliche Einschätzungen
- Transparenz gegenüber den Beteiligten
- Wertschätzung der Beteiligten
- Anregung für die Umsetzung und Weiterentwicklung
- Gemeinsam geteilte Handlungsvorschläge

Im Rahmen des Evaluationsprojekt ist diese Rückmeldungsphase ein wesentlicher Bestandteil, um die Erkenntnisse und Empfehlungen aus der Evaluation implementieren zu können.

## 6.2 Umsetzung und Implementierung der Erkenntnisse

Evaluationen können dazu beitragen, die Qualität von Maßnahmen oder Programmen zu erhöhen. Sie können Abläufe verbessern, die Effizienz der Maßnahme erhöhen oder dazu Anregungen geben, wo Stärken und Schwächen eines Programms liegen. Dies ist allerdings nur insofern qualitätssteigernd, wenn die Ergebnisse genutzt werden – und nicht unter dem Motto „es wurde evaluiert, jetzt weiter wie gehabt" abgelegt werden. Die Umsetzung der Erkenntnisse und Handlungsempfehlungen findet je nach Zielsetzung des Evaluationsauftrags innerhalb oder außerhalb der Organisation bzw. der spezifischen Abteilung, Einrichtung statt.

### ORGANISATIONSEXTERNE ADRESSIERUNG

Eine summative Evaluation, die vor allem dazu dient, den Nutzen und die Wirksamkeit eines Projekts zu bestätigen und sich an die (potenziell) Geldgeber*innen, Projektträger oder Fördermittelgeber oder politische Akteur*innen richtet, benötigt keine Umsetzung der Ergebnisse innerhalb der Organisation im Sinne einer Veränderung des Programms oder Projekts. Die Zielsetzung ist es hier, die Ergebnisse an die zuständigen Akteur*innen zu bringen und die Ergebnisse als Begründung und Legitimierung zu nutzen (sofern die Ergebnisse dies bestätigen. In der

Regel liegt die Zuständigkeit dafür nicht (mehr) oder ausschließlich bei den Verantwortlichen für das Evaluationsprojekt, sondern bei den Auftraggeber*innen der Evaluation.

## ORGANISATIONSINTERNE ADRESSIERUNG

Innerhalb der Organisation lassen sich verschiedene Abstufungen der Umsetzung der Ergebnisse von (Programm-)evaluationen benennen: Keine Umsetzung, Programmmodifikationen, Veränderungen des Programms, die Aufgabe eines Programms sinnvolle Folgen der Evaluation zu sein. Je nach Evaluation ist es auch möglich, bestimmte Ergebnisse als eine Art Benchmarking in das Qualitätsmanagement zu implementieren.[14] Empfehlungen der Evaluation können aufgegriffen und als Qualitätsmerkmal genutzt werden, die evaluierte Maßnahme oder das evaluierte Programm verbessert werden.

**Keine Umsetzung**
Ein Programm ist ausgelaufen und wird, wie das im Rahmen der Förderrichtlinien häufig vorgesehen ist, abschließend summativ evaluiert. Ziel war die Bewertung, keine Veränderung. Ein anderer Umstand ist, wenn eine Evaluation Ergebnisse und Ansatzpunkte zur Veränderung erbracht hat, die aber keinen Eingang finden, weil seitens der Auftraggeber*innen oder Programmverantwortlichen kein Interesse an einer Veränderung besteht.

**Beispiel:** Im Rahmen eines vom Europäischen Sozialfond mitfinanzierten Projekt im Kontext der „Sozialen Stadt" werden in einer Stadt über mehrere Jahre Projekte z. B. zur Integration von sozial benachteiligten Jugendlichen in Ausbildungen gefördert. Bestandteil der Förderung ist die Durchführung der Evaluation. Diese findet aber nach Abschluss der Förderung statt, die Projekte sind bereits beendet bzw. stehen vor der Beendigung. Unabhängig von den Ergebnissen der Evaluation wird keine weitere Förderung stattfinden. Auch die Übernahme wirksamer Projekte in die Regelförderung der Stadt wird nicht stattfinden.

**Modifikation eines Programms**
Hier ist gemeint, dass die aus den Evaluationsergebnissen zu entnehmenden Schwächen bearbeitet werden, Lösungen hierfür gesucht werden und die Stärken hervorgehoben werden. Dies können gleichermaßen Arbeitsweisen wie Rahmen-

---

14 Zu Fragen von Qualitätsmanagement und Evaluation sei insbesondere auf Stockmann (2002) und Stange und Eylert (o. J.) verwiesen, die Konzepte partizipativer Projekte stellen.

bedingungen sein, die betrachtet wurden. Sinnvoll ist hier, die von Änderungen Betroffenen (d. h. die Mitarbeiter*innen) in die Bearbeitung einzubeziehen.

**Beispiel:** Die Ergebnisse der Evaluation des Modellprojekts ‚Betreuungsweisung Zwei', zeigen, ein Beziehungsaufbau von Betreuer*innen und Jugendlichen gelingt. Es wird erreicht, dass sich die Jugendlichen „committen". Allerdings stellt sich heraus, dass das größte Problem ist, dass die Jugendlichen vor allem über webbasierte Social Media Kanäle kommunizieren, dies auch relativ zuverlässig tun. Allerdings besteht seitens des Trägers keine Dienstvereinbarung über die Nutzung privater Mobilgeräte oder Diensthandys für die Kommunikation von Betreuer*innen und Jugendlichen, so dass hier ein „Graubereich" besteht, der es den Betreuer*innen wie den Jugendlichen schwer macht, zu erkennen, ob und wann sie wie kommunizieren dürfen und müssen, denn von den Betreuer*innen ist keine unbegrenzte Verfügbarkeit zu erwarten.

### Änderung eines Programms

Wird deutlich, dass es Risikofaktoren gibt, die das Gelingen des Programms oder eine Maßnahme in Frage stellen, sollten nicht nur Modifikationen an den Arbeitsweisen und Rahmenbedingungen vorgenommen werden, sondern das Programm/Projekt/Maßnahme mit seinem Konzept in den Fokus genommen werden. Relevant sind hier die Leitungsebene innerhalb der Organisation, die Programmverantwortlichen. Gegebenenfalls müssen auch die Kostenträger/Finanzierer*innen des Programms oder Maßnahmen angesprochen werden, wenn es etwa darum geht, dass die vorhandenen – und in der Sozialwirtschaft oft gesetzlich vorgeschriebenen – Aufgaben nicht erfüllt werden können.

**Beispiel:** Im Jugendzentrum des Trägers HeyDo ging die Zahl der Besucher*innen stark zurück, während in anderen Quartieren die Zahlen stagnierten oder zunahmen. Im Ergebnis war deutlich, dass die Jugendlichen nichts gegen das Jugendzentrum hatten, dessen Angebote lobten, aber trotzdem einen neuen Ort bevorzugten, den sie als spannend und verfügbar erleben. Ein neugebautes Einkaufszentrum und Fastfood-Restaurants waren Anlaufstelle für die Jugendlichen geworden.

Das Jugendzentrum als bislang einziger Treffpunkt und Ort der Kommunikation war damit für die Jugendlichen obsolet geworden. Für den Träger HeyDo bedeutet das, zu überlegen, wie sie ihre Zielgruppe wieder erreichen können.

### Aufgabe eines Programms

Ein mögliches Ergebnis einer summativen Evaluation kann sein, dass die Ziele nicht oder nur unzureichend erfüllt werden. In der Folge stellt sich die Frage, inweit eine Maßnahme in der bestehenden Form oder eine Einrichtung unter finanziellen und personellen, aber auch fachlichen Aspekten noch tragbar ist. Sollten weder Veränderungen innerhalb der Maßnahme, des Programms möglich sein, noch eine Änderung des Programms z. B. durch die Änderung der Zielgruppe, kann es eine Lösung sein, das Programm oder die Maßnahme aufzugeben oder – wie in der Sozialwirtschaft üblich – neu zu formieren, eine andere Zielgruppe anzusprechen oder die Rechtsgrundlage der Arbeit zu verändern.

**Beispiel:** In der Untersuchung eines Suchthilfeprogramms von jungen Erwachsenen, die aufgrund von richterlichen Auflagen an einer Maßnahme zur Suchtprävention teilnehmen müssen, wird deutlich, dass keines der Ziele erreicht wird. Die Teilnehmer*innen verfügen nicht über mehr Wissen und sie zeigen kein Interesse, ihren Konsum zu reduzieren. Für den durchführenden Träger ist zu überlegen, ob dieses Programm weitergeführt werden soll.

**EMPFEHLUNGEN FÜR DIE PRAXIS DER SOZIALWIRTSCHAFT**

Evaluationsergebnisse in der Schublade verschwinden lassen, ist nicht unüblich, es ist möglich, aber im Hinblick auf die Kommunikation innerhalb der Organisation, der Beteiligten und der Mitarbeiter*innen ungünstig.

## Anhang

**Übungsaufgaben zur praktischen Auseinandersetzung und persönlichen Vertiefung**

**A 6.1:** Wie kann eine gute Rückmeldung an die Mitarbeiter*innen eines Programms aussehen?

Lösungen: siehe Beispiellösungen für die Übungsaufgaben am Ende des Buchs

## Literatur

Balzer, Lars, und Wolfgang Beywl. 2018. *evaluiert (E-Book): Erweitertes Planungsbuch für Evaluationen im Bildungsbereich*, 2. Aufl. Bern: hep verlag.
Beywl, Wolfgang. 2008. *Evaluation Schritt für Schritt: Planung von Evaluationen*, 2. Aufl. Münster: hiba Heidelberger Inst. Beruf und Arbeit.

DeGEval – Gesellschaft für Evaluation. 2015a. Empfehlungen für Auftraggebende von Evaluationen: Eine Einstiegsbroschüre für den Bereich der Öffentlichen Verwaltung. https://www.degeval.org/fileadmin/Publikationen/Publikationen_Homepage/DeGEval_-_Empfehlungen_Auftraggebende.pdf. Zugegriffen: 6. März 2020.

Schneider, Vera, und Ralph Meiers. 2007. Reporting. In *Handbuch zur Evaluation: Eine praktische Handlungsanleitung*, Hrsg. Reinhard Stockmann, 314–339. Münster: Waxmann.

Stange, Waldemar, und Andreas Eylert. o. J. Qualitätsmanagement und Evaluation. Einführung für den Bereich Partizipation (Baustein A 3.9). Veröffentlichung im Rahmen der Beteiligungsbausteine des Deutschen Kinderhilfswerkes e. V. www.kinderpolitik.de. Zugegriffen: 1. Mai 2020.

Stockmann, Reinhard. 2002. Qualitätsmanagement und Evaluation – konkurrierende oder sich ergänzende Konzepte? https://www.ssoar.info/ssoar/handle/document/19578. Zugegriffen: 7. März 2020.

Widmer, Thomas. 1996. *Meta-Evaluation: Kriterien zur Bewertung von Evaluationen*. Bern: Haupt.

**Literaturtipps zur Vertiefung**

Stange, Waldemar, und Andreas Eylert o. J. Qualitätsmanagement und Evaluation. Einführung für den Bereich Partizipation (Baustein A 3.9). Veröffentlichung im Rahmen der Beteiligungsbausteine des Deutschen Kinderhilfswerkes e. V. (www.kinderpolitik.de)

Stockmann, Reinhard. 2002. *Qualitätsmanagement und Evaluation – konkurrierende oder sich ergänzende Konzepte?* https://www.ssoar.info/ssoar/handle/document/19578. Zugegriffen: 7. März 2020

# Beispiellösungen für die Übungsaufgaben

**A 1.1:**
Sie entscheiden sich dafür, eine summative Evaluation als externe Evaluation durchführen zu lassen. Summativ soll die Evaluation deshalb sein, weil sie zu einem abschließenden Ergebnis über das Modellprojekt kommen möchten. Nur damit können Sie eine Entscheidung treffen, ob eine Weiterführung, vielleicht auch nachdem Veränderungen vorgenommen wurden, Sinn macht. Eine externe Evaluation wählen Sie deshalb, weil Sie sich eine neutrale und objektive Betrachtung wünschen, die eigenen Mitarbeiter*innen zum einen zu sehr in das Projekt involviert sind und zum anderen nicht über die methodischen Kenntnisse zur Durchführung einer Evaluation verfügen.

**A 1.2:**
Es lassen sich eine Reihe von Standards finden, die im Hinblick auf die Auswahl von Evaluator*innen von besonderer Bedeutung ist.

Der Standard N3 zielt auf die Kompetenz und Glaubwürdigkeit des/der Evaluator*in. Hier geht es um die fachliche Eignung, die Grundlage dafür ist, dass die Ergebnisse auch glaubwürdig sind und akzeptiert werden können.

Der Standard D1 beinhaltet die Auswahl und den Einsatz geeigneter Verfahren. In der Regel wird dieses schon mit der Ausschreibung verlangt, so dass auch hier die Kompetenz der Evaluator*innen sichtbar wird.

Der Standard D3 zielt auf die Effizienz der Evaluation. Aufwand und Nutzen sollen in einem angemessenen Verhältnis stehen. Eigentlich Gegenstand der Auftragsklärung (▶ Kap. 3.4), sollten auch die potenziellen Evaluator*innen darauf achten.

## A 2.1:
Folgende zwei Bewertungskriterien und dazu passende Indikatoren könnten für das Ziel ‚Verbesserung des Körperbewusstseins bei den Grundschüler*innen entwickelt werden:

Bewertungskriterium 1: Freude an Bewegung
Indikatoren: Kinder nutzen Bewegungsangebote in der Pause; Kinder laufen, hüpfen, toben in der Pause; Kinder bewerten die Bewegungsangebote positiv.

Bewertungskriterium 2: Motivation, in der Freizeit Sport zu treiben
Indikatoren: Kinder berichten von außerschulischen sportlichen Aktivitäten; Kinder übernehmen die Bewegungsangebote für die Freizeit.

## A 2.2:
Typische Charakteristika von quantitativen Forschungsmethoden sind z. B.: größere Anzahl an Untersuchungspersonen; im Zentrum steht die Erfassung von statistischen Zusammenhängen; die Datenerhebung erfolgt typischerweise durch Fragebögen; im Zentrum stehen statistische Auswertungen;

Typische Charakteristika von qualitativen Forschungsmethoden sind z. B.: Anzahl an Untersuchungspersonen muss nicht groß sein; die subjektiven, individuellen Sichtweisen, Meinungen, Erfahrungen und Umgangsweisen mit spezifischen (veränderten) Situationen stehen im Vordergrund der Betrachtung; typische Erhebungsformen sind Interviews oder Gruppendiskussionen; die Auswertung erfolgt anhand von Interpretation größtenteils verbaler Daten.

## A 2.3:
Zwei Fragen für ein Leitfadeninterview könnten sein:

- Wie gefällt dir das Hüpfspiel, das Frau A. heute in der Pause mit euch gemacht hat?
    a) Was hat dir am besten gefallen?
    b) Was hat dir nicht so gut gefallen?
- Welchen Sport machst du, wenn du nicht in der Schule bist?
    a) Warum machst du genau diesen Sport?
    b) Welche sportlichen Dinge würdest du (noch) gerne machen?

## A 2.4:
Für die Gruppe der Grundschüler*innen bietet sich zum Beispiel eine Gruppendiskussion an (mit zielgruppenspezifischen, kindgerechten Elementen), die im Rahmen des Unterrichts stattfinden könnte. Denkbar wäre auch eine Beobach-

tung, bei der spezifische Verhaltensweisen der Schüler und Schülerinnen auf dem Pausenhof, im Sportunterricht etc. anhand eines Beobachtungsleitfadens erfasst werden könnten. Qualitative Verfahren erscheinen bei dieser Untersuchungsgruppe sinnvoller als per Fragebogen Daten zu erheben. Die Sportlehrer*innen könnten wiederum per Fragebogen befragt werden oder auch anhand von Leitfadeninterviews, in denen sie Ihre Erfahrungen und Bewertungen hinsichtlich der installierten Maßnahmen des Projekts und deren Umsetzung und Erfolg bei den Kindern kommunizieren könnten.

**A 3.1:**
Die Maßnahme will Jugendliche, die aus der Jugendhilfe ausscheiden und keinen Rückhalt durch Eltern oder andere Angehörige haben, im Übergang in ein selbstständiges Leben begleiten. Um dies zu erreichen, sollen sie weiter Rückhalt finden, um nicht von heute auf morgen ohne Unterstützung zu sein.

Gegenstand der Evaluation könnte sein, zu überprüfen, ob die Jugendlichen das Angebot einer begleitenden Bezugsperson wahrnehmen, aus welchen Gründen sie Hilfestellungen ablehnen und worin ihre Bedarfe bestehen. Wichtig ist dabei zu beachten, dass Evaluationsgegenstände konkret und bewertbar sind. In diesem Fallbeispiel, das eine neue Maßnahme mit bislang wenig Erfahrungen darstellt, wäre es sinnvoll, die entwickelte Konzeption auf die Umsetzung und die Akzeptanz bei den Klient*innen zu überprüfen. Im nächsten Schritt könnte dann der Erfolg der Maßnahme in den Blick genommen werden.

**A 3.2:**
Evaluationszweck: Entscheidungsfindung
Die Evaluation ist summativ angelegt und kann Auftraggeber*innen und Kostenträger dabei unterstützen, ob sie eine Maßnahme weiterführen und weiterfinanzieren möchten.

Evaluationszweck: Programmmodifikation
Die Pädagogen erreichen die Care-Leaver, sie sehen aber noch Aufwand für die Unterstützung. Wie könnte das aussehen? Die Evaluation könnte begleitend, formativ unterstützend, festhalten, welche Bedarfe sichtbar werden, in welcher Weise die Pädagoginnen Unterstützung leisten können. Es stellt sich nicht die Frage, ob eine Maßnahme, ein Projekt durchgeführt werden soll, sondern wie.

**A 3.3:**
Konzeptioneller Nutzen:
Im Rahmen der Evaluation soll überprüft werden, ob das Modellprojekt alle relevanten Aspekte hinsichtlich der Betreuung der Care-Leaver berücksichtigt oder

ob konzeptionelle Veränderungen vorzunehmen sind. Das könnte z. B. sein, inwieweit der Wunsch nach Verselbständigung und dem Ausstieg aus der Jugendhilfe dem Bedarf an Unterstützung entgegensteht und dazu führt, dass Angebote sinnvoll wären, aber nicht angenommen werden und damit eine Veränderung nötig ist.

Instrumenteller Nutzen:
Wenn wir davon ausgehen, dass die Maßnahme auf jeden Fall erhalten wird, ist der instrumentelle Nutzen die Verbesserung der Maßnahme. Wenn bei einem Modellprojekt erst einmal über die Weiterführung entschieden werden muss, besteht der Nutzen darin, eine Entscheidungsbasis zu haben. Instrumenteller Nutzen ist also ein ganz konkreter handlungsrelevanter Nutzen.

Ein symbolischer und ein missbräuchlicher Nutzen lässt sich nicht erkennen.

**A 3.4:**
Sie stellen sich als Zuständige für die Evaluation die Frage, wer eigentlich ein Interesse an dieser Evaluation hat. Dabei kommen Sie auf folgende Personen:

Den Geschäftsführer des Trägers, der sich sehr für das Projekt eingesetzt hat und ein starkes inhaltliches Interesse an dem Projekt hat. Er interessiert sich nicht nur dafür, ob sich das Projekt finanzieren lässt, sondern ob die Maßnahme erfolgreich ist und jungen Menschen hilft, ihr Leben gut zu gestalten.

Mitarbeiter*innen als diejenigen, die den größten Einblick in die Maßnahme haben. Sie können einschätzen, welche Wege sich bislang als erfolgreich erwiesen haben, wo sie Bedarf an mehr Wissen um das Gelingen haben.

Die Teilnehmer*innen der Maßnahme könnten ein Interesse haben, dass die Maßnahme fortbesteht, ob sie aber im Vorfeld zu berücksichtigen sind, würden Sie bezweifeln.

Der örtliche Jugendhilfeträger als Kostenträger der Maßnahme sollte beteiligt werden, um zu klären, welche Anforderungen gestellt werden, um das Projekt in eine Dauerförderung überzuführen. Welche Erfolgskriterien werden erwartet, was muss überprüft werden.

Weiter fragen Sie noch bei der Datenschutzbeauftragten Ihres Trägers nach, ob diese Bedenken hinsichtlich einer Evaluation des Projektes hat. Diese will nicht beteiligt werden, gibt Ihnen aber zu bedenken, dass bei einer Befragung der jungen Erwachsenen diese über ihr Recht, sich einer Befragung ohne Konsequenzen zu verweigern ausdrücklich hinweisen sollen.

## A 3.5:
Sie haben sich inzwischen intensiv in das Thema Evaluation eingearbeitet und können der Geschäftsführung erklären, dass eine Evaluation in unterschiedlicher Intensivität und Umfang durchgeführt wird. Sie schlagen ihm vor, möglichst wenig und konkrete Fragen zu stellen und dies auch an die anderen Beteiligten zu kommunizieren. Einen solchen konkreten Auftrag könnten Sie dann mittels Ausschreibung vergeben und darauf achten, dass nicht eine Vielzahl von Methoden zum Einsatz kommen müssen, um das Budget nicht zu sprengen.

Mit der Geschäftsführung besprechen Sie weiter, dass über das Geld für die externe Evaluation personelle Ressourcen anfallen. Sie wünschen sich zur Abstimmung eine regelmäßig stattfindende Begleitgruppe, in der die Mitarbeiter*innen einbezogen sind. Für diese Zeit sollten diese freigestellt sein. Weiter werden die Mitarbeiter*innen als Befragte und als ‚Gatekeeper' zum Zugang zu den Teilnehmer*innen der Maßnahme benötigt. Hierfür sollten Sie Zeitressourcen erhalten.

Außerdem würden Sie vorschlagen, am Ende der Evaluation die Ergebnisse in Form einer Veranstaltung und Berichten zu kommunizieren, so dass auch hier nochmal Kosten anfallen würden.

## A 4.1:
Die Leistungsbeschreibung oder ToR sollten möglichst aussagekräftig sein.

Ausgangslage: Wurde knapp dargestellt, allerdings wird nicht klar, welche und wie viele Projekte und Angebote das Projekt „Gesundheit in der Sozialen Stadt" umfasst, wie lange es existiert, wer daran beteiligt ist usw.

Zielsetzung: Die Zielsetzung der Evaluation ist sehr umfangreich und ohne klaren Auftrag. Es sollen einerseits der Output geprüft werden, also welcher Erfolg bei den Zielgruppen besteht, andererseits aber auch die Wirksamkeit der einzelnen Maßnahmen und Angebote (Impact) und ihr Zusammenwirken, wobei unklar ist, was damit gemeint ist.

Darüber hinaus soll die Evaluation klären, welche Bedarfe bestehen und beraten, wie sich das umsetzen lässt.

Leistungsumfang: Die Ausschreibung sagt wenig über die Methoden, die einzusetzen sind, die Aufgaben umfassen nicht ganz die Zielsetzung, es wird nur die Wirkung des Projekts angesprochen.

Eine Aufgabe, die benannt wird, ist eine Bürger*innenbefragung als auch Workshops, deren Ziele nicht definiert werden sowie Beratungsleistungen. Auffällig ist hier, dass der Leistungsumfang unklar formuliert ist und nicht die Zielsetzungen abdeckt.

Die Ausschreibung weist darauf hin, dass zwar ein Wunsch nach einer Evaluation besteht, aber im Vorfeld keine interne Auftragsklärung stattgefunden hat. Das gilt für die Zielsetzungen wie die fehlenden Fragestellungen. Ein Zeitplan fehlt, der Zeitrahmen ist mit sechs Monaten angesichts der Fülle an Aufgaben und unklaren Beschreibungen nicht realistisch. Gleiches gilt für den Betrag von 10 000 Euro.

Es fehlen Aussagen zur Zusammenarbeit von Auftraggeber\*in und Evaluationsteam wie auch Hinweise zur Bewertung der Angebote.

Eine Stadtverwaltung ist eine öffentliche Auftraggeberin, entsprechend findet das Vergaberecht Anwendung, auch hier sind weitere Angaben nötig.

**A 5.1:**
Die Steuerung beginnt vor dem Beginn der Evaluation, im Prinzip schon mit der Auftragsklärung. Nach der Vergabe des Auftrags ist dann die Abstimmung mit dem Evaluationsteam vorzunehmen. Bestandteile der Steuerung zu Beginn sind die Bestimmung von Ansprechpersonen auf beiden Seiten, die Klärung der Aufgaben, zeitliche Abstimmung und die Kommunikation während der laufenden Evaluation.

Während der Evaluation ist es vor allem die Begleitung und Unterstützung des Evaluationsteams, die Klärung von Fragen von innen wie durch die Evaluator\*innen. Ziel ist es, dass die Evaluation möglichst reibungslos und effektiv von statten geht. Nötige Aufgaben der Steuerung können die Unterstützung zu den Untersuchungspersonen sein, der Zugang zu Material für die Untersuchung. Sollten im Laufe der Evaluation Konflikte auftreten, sind deren Klärung ebenfalls Gegenstand des Steuerungsprozesses.

Der Abschluss der Evaluation umfasst die Übernahme und Prüfung der Evaluationsergebnisse. Mit der Abnahme der Evaluation geht die Verantwortung für die Ergebnisse an die Auftraggeber\*innen.

**A 5.2:**
Typische Kommunikationsprobleme im Evaluationsprozess sind z. B.:

- Fehlende regelmäßige Termine
- Fehlende Erreichbarkeit
- Unklare Zuständigkeiten
- Fehlendes gemeinsames Verständnis über die Inhalte und Umsetzung der Evaluation,
- Fehlendes Verständnis über die Grenzen einer Evaluation sind Auslöser für
- Fehlende Absprachen z. B. bei Änderungen im Ablauf

**A 6.1:**
Mitarbeiter*innen sind in der Regel die Gruppe, die direkt von einer Evaluation betroffen sind und ein direktes Interesse an den Ergebnissen hat. Auch wenn nicht direkt ihre Arbeit beurteilt wird, sind sie als Beteiligte zumeist berührt. Entsprechend sollten sie die Ergebnisse unmittelbar mitgeteilt bekommen.

Sinnvoll ist es, die Rückmeldung einmal in Form eines Berichts zu geben, in dem die Ergebnisse und ihre Einordnung ausgeführt sind, zum anderen aber die Präsentation der Ergebnisse durch das durchführende Evaluationsteam. Diese können in Form einer „kommunikativen Validierung" die Ergebnisse und ihre Bewertung erklären, zugleich aber auf die Rückmeldung und Fragen Antwort geben. Sie als Auftraggeber*in können in einer solchen Veranstaltung ebenfalls Stellung beziehen: Wie wird weiter mit den Ergebnissen gearbeitet, was wird damit geschehen.

Wichtige Aspekte einer Rückmeldung an die Mitarbeiter*innen sind Transparenz, Anregungen für weitere Untersuchungen, Verbesserungsvorschläge und Weiterentwicklung aber insbesondere auch Wertschätzung für die Mitarbeiter*innen.

# Literatur

Alkin, Marvin C. 1985. *A guide for evaluation decision makers.* London: Sage Publ.
Arnold, Eva. 2005. Evaluation in Bildungsinstitutionen: Skript. Zugegriffen: 2. Mai 2020.
Balzer, Lars, und Wolfgang Beywl. 2016. In zehn Schritten zu einer guten Evaluation. http://www.lars-balzer.info/publications/pub-balzer_2016-04_panorama2016-30(3)de_balzer-beywl.pdf. Zugegriffen: 2. Mai 2020.
Balzer, Lars, und Wolfgang Beywl. 2018. *evaluiert (E-Book): Erweitertes Planungsbuch für Evaluationen im Bildungsbereich,* 2. Aufl. Bern: hep verlag.
Bartsch, Samera, Wolfgang Beywl, und Melanie Niestroj. 2016. Der Programmbaum als Evaluationsinstrument: Professionalisierung; Ansätze; Methoden. In *Evaluationspraxis: Professionalisierung – Ansätze – Methoden,* 2. Aufl. Münster, New York: Waxmann.
Betterevaluation. 2014. Stakeholder mapping and analysis. https://www.betterevaluation.org/en/evaluation-options/mapping_stakeholders. Zugegriffen: 31. Juli 2020.
Beywl, Wolfgang. 2008. *Evaluation Schritt für Schritt: Planung von Evaluationen,* 2. Aufl. Münster: hiba Heidelberger Inst. Beruf und Arbeit.
Beywl, Wolfgang, und Melanie Niestroj. 2009. *Das A-B-C der wirkungsorientierten Evaluation: Glossar – Deutsch/Englisch – der wirkungsorientierten Evaluation,* 2. Aufl. Köln: Univation – Inst. für Evaluation Dr. Beywl und Associates.
Beywl, Wolfgang, und Thomas Widmer. 2009. Evaluation in Expansion: Ausgangslage für den intersektoralen Dreiländer-Vergleich. In *Evaluation: Ein systematisches Handbuch,* 13–23. Wiesbaden: VS Verlag für Sozialwissenschaften/GWV Fachverlage GmbH Wiesbaden.
Böttcher, Wolfgang (Hrsg.). 2014. *Evaluation in Deutschland und Österreich: Stand und Entwicklungsperspektiven in den Arbeitsfeldern der DeGEval – Gesellschaft für Evaluation.* Münster: Waxmann.
Böttcher, Wolfgang, Jan Nikolas Dicke, und Nina Hogrebe (Hrsg.). 2010. *Evaluation, Bildung und Gesellschaft: Steuerungsinstrumente zwischen Anspruch und Wirklichkeit.* Münster u.a: Waxmann.

Brandt, Tasso. 2007. Sozialer Kontext der Evaluation. In *Handbuch zur Evaluation: Eine praktische Handlungsanleitung*, Hrsg. Reinhard Stockmann, 164–194. Münster: Waxmann.

Bundesamt für Gesundheit. 1997. Leitfaden für die Planung von Projekt- und Programmevaluation. https://www.degeval.org/fileadmin/user_upload/Sonstiges/leitfaden.pdf. Zugegriffen: 25. April 2020.

Bundesministerium für Ernährung und Landwirtschaft. 2017. Leitfaden Evaluation IN FORM. https://www.in-form.de/fileadmin/Dokumente/Materialien/IN_FORM_Leitfaden_Evaluation.pdf. Zugegriffen: 2. Mai 2020.

Bundesministerium für Familie, Frauen, Senioren und Jugend. 2000. Zielgeführte Evaluation von Programmen in der Kinder- und Jugendhilfe. https://www.univation.org/download/QS_29.pdf. Zugegriffen: 2. Mai 2020.

DeGEval – Gesellschaft für Evaluation. 2014. Komplexität und Evaluation: Positionspapier des Vorstandes der DeGEval Gesellschaft für Evaluation. https://www.degeval.org/fileadmin/user_upload/Sonstiges/Komplexitaet_und_Evaluation_Positionspapier_061.pdf. Zugegriffen: 2. Mai 2020.

DeGEval – Gesellschaft für Evaluation. 2015a. Empfehlungen für Auftraggebende von Evaluationen: Eine Einstiegsbroschüre für den Bereich der Öffentlichen Verwaltung. https://www.degeval.org/fileadmin/Publikationen/Publikationen_Homepage/DeGEval_-_Empfehlungen_Auftraggebende.pdf. Zugegriffen: 6. März 2020.

DeGEval – Gesellschaft für Evaluation. 2015b. Methoden der Evaluation: Positionspapier der DeGEval – Gesellschaft für Evaluation. https://www.degeval.org/fileadmin/Publikationen/Positionspapiere/DeGEval_Positionspapier03-Methoden.pdf. Zugegriffen: 2. Mai 2020.

DeGEval – Gesellschaft für Evaluation. 2017. *Standards für Evaluation: Erste Revision 2016*.

Deutsches Institut für Sozialwirtschaft. 2019. Evaluation der Kontaktverbotsverordnung in St. Georg. https://www.institut-sozialwirtschaft.de/evaluation-der-kontaktverbotsverordnung-in-st-georg/. Zugegriffen: 2. Mai 2020.

Döring, Nicola, und Jürgen Bortz. 2016. *Forschungsmethoden und Evaluation in den Sozial- und Humanwissenschaften*, 5. Aufl. Berlin, Heidelberg: Springer.

Dresing, Thorsten, und Thorsten Pehl (Hrsg.). 2017. *Praxisbuch Interview, Transkription & Analyse: Anleitungen und Regelsysteme für qualitativ Forschende*, 7. Aufl. Marburg: Eigenverlag.

Erzberger, Christian. 2006. Steuerung externer Evaluation durch Kommunikation. In *Aushandlungsprozesse zur Steuerung externer Evaluation*, 6–19, München: DJI.

Farrokhzad, Schahrzad, und Susanne Mäder. 2014. *Nutzenorientierte Evaluation: Ein Leitfaden für die Arbeitsfelder Integration, Vielfalt und Toleranz*. Münster, Westf.: Waxmann.

Faßmann, Hendrik. 2001. Forschungspraktische Probleme der Evaluation von Programmen im Bereich der Rehabilitation. https://nbn-resolving.org/urn:nbn:de:0168-ssoar-37655. Zugegriffen: 7. März 2020.

Fitzpatrick, Jody L., James R. Sanders, und Blaine R. Worthen. 2012. *Program evaluation: Alternative approaches and practical guidelines*, 4. Aufl. Upper Saddle River, N.J: Pearson Education.

Franklin, Jack L., und Jean H. Thrasher. 1976. *An introduction to program evaluation: Jack L. Franklin, Jean H. Thrasher.* New York usw.: Wiley.

Gerlich, Petra. 1999. Controlling von Bildung, Evaluation oder Bildungs-Controlling?: Überblick, Anwendung und Implikationen einer Aufwand-Nutzen-Betrachtung von Bildung unter besonderer Berücksichtigung wirtschafts- und sozialpsychologischer Aspekte am Beispiel akademischer Nachwuchskräfte in Banken. Zugl.: Eichstätt, Kath. Univ., Diss., 1998. http://hdl.handle.net/10419/116900.

Giel, Susanne, Katharina Klockgether, und Susanne Mäder, Hrsg. 2016. *Evaluationspraxis: Professionalisierung – Ansätze – Methoden*, 2. Aufl. Münster, New York: Waxmann.

Glasl, Friedrich. 2004. *Konfliktmanagement: Ein Handbuch für Führungskräfte, Beraterinnen und Berater*, 8. Aufl. Bern: Haupt.

Gollwitzer, Mario, und Reinhold S. Jäger. 2009. *Evaluation kompakt*. Weinheim: Beltz.

Greene, Jennifer G. 1988. Stakeholder Participation and Utilization in Program Evaluation. *Evaluation Review* 12 (2): 91–116. doi: 10.1177/0193841X8801200201.

Grunwald, Klaus. 2011. Sozialwirtschaft. In *Handbuch soziale Arbeit: Grundlagen der Sozialarbeit und Sozialpädagogik*, 4. Aufl., Hrsg. Klaus Grunwald, Karin Böllert, Gaby Flösser und Cornelia Füssenhäuser, 1545–1559. München, Basel: Ernst Reinhardt Verlag.

Habersam, Michael. 1997. *Controlling als Evaluation: Potentiale eines Perspektivenwechsels*. München: Hampp.

Haubrich, Karin. 2009. Evaluation in der Sozialen Arbeit in Deutschland. Entwicklungslinien und Besonderheiten der Evaluationsdebatte am Beispiel der Kinder-, Jugend- und Familienhilfe. In *Evaluation: Ein systematisches Handbuch*, 441–449. Wiesbaden: VS Verlag für Sozialwissenschaften/GWV Fachverlage GmbH Wiesbaden.

Haubrich, Karin, Bernd Holthusen, und Gerlinde Struhkamp. 2005. Evaluation – einige Sortierungen zu einem schillernden Begriff. *DJI Bulletin Plus* (72).

Haubrich, Karin, Gerlinde Struhkamp, und Christian Lüders. 2006. Aushandlungsprozesse in externen Evaluationen – Aufarbeitung eines „stillen Themas". In *Aushandlungsprozesse zur Steuerung externer Evaluation*, S. 5–18, München: DJI.

Heil, Karolus, Maja Heiner, und Ursula Feldmann (Hrsg.). 2001. *Evaluation sozialer Arbeit: Eine Arbeitshilfe mit Beispielen zur Evaluation und Selbstevaluation.* Frankfurt am Main: Dt. Verein für Öffentliche und Private Fürsorge.

Helfferich, Cornelia. 2005. *Die Qualität qualitativer Daten: Manual für die Durchführung qualitativer Interviews*, 2. Aufl. Wiesbaden: VS Verl. für Sozialwiss.

Hense, Jan. 2006. *Selbstevaluation: Erfolgsfaktoren und Wirkungen eines Ansatzes zur selbstbestimmten Qualitätsentwicklung im schulischen Bereich*. Frankfurt am Main: Lang.

Hense, Jan. 2020a. Online-Wörterbuch Evaluation. In: evoluation.de – Evaluation und Qualitätssicherung im Bildungswesen. http://www.evoluation.de/glossary#e. Zugegriffen: 22. April 2020.

Hense, Jan. 2020b. Online-Wörterbuch Evaluation: Was ist Evaluation?: In: evoluation.de – Evaluation und Qualitätssicherung im Bildungswesen. http://www.evoluation.de/evaluation. Zugegriffen: 20. Februar 2020.

Hense, Jan, und Heinz Mandl. 2003. Selbstevaluation – Ein Ansatz zur Qualitätsverbesserung pädagogischer Praxis und seine Umsetzung am Beispiel des Modellversuchprogramms SEMIK. Zugegriffen: 2. Mai 2020.

Honer, Anne, und Ronald Hitzler. 2011. *Kleine Leiblichkeiten: Erkundungen in Lebenswelten*. Wiesbaden: VS Verlag für Sozialwissenschaften/Springer Fachmedien Wiesbaden GmbH Wiesbaden.

Hussy, Walter, Margrit Schreier, und Gerald Echterhoff. 2013. *Forschungsmethoden in Psychologie und Sozialwissenschaften für Bachelor*, 2. Aufl. Berlin, Heidelberg: Springer.

ILMES. 2016. Internet-Lexikon der Methoden der empirischen Sozialforschung: Panel: Paneluntersuchung, Panelstudie. http://wlm.userweb.mwn.de/Ilmes/ilm_p7.htm. Zugegriffen: 2. Mai 2020.

Institut für Sozialforschung und Sozialwirtschaft e. V. 2014. Evaluation von Pflegestützpunkten in Deutschland. https://www.iso-institut.de/projekt_evaluation-von-pflegestuetzpunkten/. Zugegriffen: 2. Mai 2020.

Kortendieck, Georg. 2017. *Strategisches Management im sozialen Bereich: Analyseinstrumente, Strategien, Planungshilfen*, 2. Aufl. Regensburg: Walhalla.

Kuckartz, Udo. 2018. *Qualitative Inhaltsanalyse. Methoden, Praxis, Computerunterstützung*, 4. Aufl. Weinheim, Basel: Beltz Juventa.

Kuckartz, Udo, Thorsten Dresing, Stefan Rädiker, und Claus Stefer. 2008. *Qualitative Evaluation: Der Einstieg in die Praxis*, 2. Aufl. Wiesbaden: VS Verlag für Sozialwissenschaften/GWV Fachverlage GmbH Wiesbaden.

Küster, Jürg, Eugen Huber, Robert Lippmann, Alphons Schmid, Emil Schneider, Urs Witschi, und Roger Wüst. 2008. *Handbuch Projektmanagement (German Edition)*. Dordrecht: Springer.

Lieb, Lisa, und Tanja Sczepanski. 2016. *Praxisleitfaden interne Evaluation in der Kita: Schritt für Schritt zu mehr Qualität*. Köln, Kronach: Carl Link.

Merchel, Joachim. 2008. Sozialmanagement. In *Wörterbuch soziale Arbeit: Aufgaben, Praxisfelder, Begriffe und Methoden der Sozialarbeit und Sozialpädagogik*, 6. Aufl., 850–857. Weinheim: Juventa.

Merchel, Joachim. 2010. *Evaluation in der sozialen Arbeit: Mit 11 Tabellen*. München: Reinhardt.

Müller-Kohlenberg, Hildegard. 1997. Evaluation von sozialpädagogischen Maßnahmen aus unterschiedlicher Perspektive: Die Sicht der Träger, der Programmmanager/-innen und der Nutzer/-innen. In *Evaluation der sozialpädagogischen Praxis: Materialien zur Qualitätssicherung in der Kinder und Jugendhilfe*, 8–20. Bonn.

Owen, John M. 2007. *Program evaluation: Forms and approaches*, 3. Aufl. New York: Guilford Press.

Pankoke, Eckart. 2008. *Solidarwirtschaft*. Wiesbaden: VS Verlag für Sozialwissenschaften.
Patton, Bruce, William Ury, und Roger Fisher. 2004. *Das Harvard-Konzept: Der Klassiker der Verhandlungstechnik*, 22. Aufl. Frankfurt am Main: Campus Verlag GmbH.
Patton, Michael Quinn. 2008. *Utilization-focused evaluation*, 4. Aufl. Thousand Oks, Calif.: SAGE.
Sanders, James R., und Wolfgang Beywl (Hrsg.). 2006. *Handbuch der Evaluationsstandards: Die Standards des „Joint Committee on Standards for Educational Evaluation"*, 3. Aufl. Wiesbaden: VS Verl. für Sozialwiss.
Schneider, Vera, und Ralph Meiers. 2007. Reporting. In *Handbuch zur Evaluation: Eine praktische Handlungsanleitung*, Hrsg. Reinhard Stockmann, 314–339. Münster: Waxmann.
Scriven, Michael. 1972. Die Methodologie der Evaluation. In *Evaluation: Beschreibung und Bewertung von Unterricht, Curricula und Schulversuchen; Texte*, 11. Aufl., 60–91. Frankfurt am Main, München: Deutsches Institut für Internationale Pädagogische Forschung; Piper.
Scriven, Michael. 1996. Types of Evaluation and Types of Evaluator. *American Journal of Evaluation* 17 (2): 151–161. doi: 10.1177/109821409601700207.
Silvestrini, Stefan. 2007. Organisatorischer Ablauf von Evaluationen. In *Handbuch zur Evaluation: Eine praktische Handlungsanleitung*, Hrsg. Reinhard Stockmann, 108–142. Münster: Waxmann.
Stange, Waldemar, und Andreas Eylert. o. J. Qualitätsmanagement und Evaluation.: Einführung für den Bereich Partizipation (Baustein A 3.9). Veröffentlichung im Rahmen der Beteiligungsbausteine des Deutschen Kinderhilfswerkes e. V. www.kinderpolitik.de. Zugegriffen: 1. Mai 2020.
Stegmann, Michael, und Jürgen Schwab. 2012. *Evaluieren und Forschen für die Soziale Arbeit: Ein Arbeits- und Studienbuch – Reihe Hand- und Arbeitsbücher (H 4)*. Freiburg: Lambertus-Verlag.
Stockmann, Reinhard. 2002. Qualitätsmanagement und Evaluation – konkurrierende oder sich ergänzende Konzepte? https://www.ssoar.info/ssoar/handle/document/19578. Zugegriffen: 7. März 2020.
Stockmann, Reinhard (Hrsg.). 2007. *Handbuch zur Evaluation: Eine praktische Handlungsanleitung*. Münster: Waxmann.
Stockmann, Reinhard, und Wolfgang Meyer. 2014. *Evaluation: Eine Einführung*, 2. Aufl. Opladen, Stuttgart: Budrich; UTB.
Stockmann, Reinhard, und Wolfgang Meyer (Hrsg.). 2017. *Die Zukunft der Evaluation: Trends, Herausforderungen, Perspektiven*. Münster, New York: Waxmann.
Systemblick. 2020. Evaluation und Erfolgskontrolle im Zuwendungsbereich: Eine Evaluation planen. https://systemblick.de/fileadmin/_migrated/content_uploads/Evaluation-und-Erfolgskontrolle_systemblick.pdf. Zugegriffen: 2. Mai 2020.
Univation – Institut für Evaluation. 2009. Eval-Wiki: Glossar der Evaluation: Externe Evaluation. https://eval-wiki.org/glossar/Externe_Evaluation. Zugegriffen: 23. April 2020.

Univation – Institut für Evaluation. 2010. Eval-Wiki: Glossar der Evaluation. https://eval-wiki.org/glossar/Kategorie:A_bis_Z. Zugegriffen: 22. April 2020.

Univation – Institut für Evaluation. 2012a. Eval-Wiki: Glossar der Evaluation: Fremdevaluation. https://eval-wiki.org/glossar/Fremdevaluation. Zugegriffen: 23. April 2020.

Univation – Institut für Evaluation. 2012b. Eval-Wiki: Glossar der Evaluation: Interne Evaluation. https://eval-wiki.org/glossar/Interne_Evaluation. Zugegriffen: 23. April 2020.

Univation – Institut für Evaluation. 2014. Eval-Wiki: Glossar der Evaluation: Evaluationszweck. https://eval-wiki.org/glossar/Evaluationszweck. Zugegriffen: 22. April 2020.

Univation – Institut für Evaluation. 2015a. Eval-Wiki: Glossar der Evaluation: Evaluation. https://eval-wiki.org/glossar/Evaluation. Zugegriffen: 22. Januar 2020.

Univation – Institut für Evaluation. 2015b. Eval-Wiki: Glossar der Evaluation: Stakeholder (eines Programms). https://eval-wiki.org/glossar/Stakeholder_(eines_Programms). Zugegriffen: 27. April 2020.

Univation – Institut für Evaluation. 2016a. Eval-Wiki: Glossar der Evaluation: Formative Evaluation. https://eval-wiki.org/glossar/Formative_Evaluation. Zugegriffen: 23. April 2020.

Univation – Institut für Evaluation. 2016b. Eval-Wiki: Glossar der Evaluation: Summative Evaluation. Zugegriffen: 23. April 2020.

Univation – Institut für Evaluation. 2016c. Eval-Wiki: Glossar der Evaluation: Ziele (eines Programms). https://eval-wiki.org/glossar/Ziele_(eines_Programms). Zugegriffen: 22. April 2020.

Univation – Institut für Evaluation. 2016d. Programmbaum. https://www.univation.org/programmbaum. Zugegriffen: 22. April 2020.

Univation – Institut für Evaluation. 2018. Eval-Wiki: Glossar der Evaluation: Checkliste Evaluation. https://eval-wiki.org/glossar/Checklisten. Zugegriffen: 22. April 2020.

Univation – Institut für Evaluation. 2019. Eval-Wiki: Glossar der Evaluation: Evaluationsplan. https://eval-wiki.org/glossar/Evaluationsplan. Zugegriffen: 22. April 2020.

Univation – Institut für Evaluation. 2020a. Eval-Wiki: Glossar der Evaluation: Evaluationsgegenstand. https://eval-wiki.org/glossar/Evaluationsgegenstand. Zugegriffen: 22. April 2020.

Univation – Institut für Evaluation. 2020b. Eval-Wiki: Glossar der Evaluation: Selbstevaluation. https://eval-wiki.org/glossar/Selbstevaluation. Zugegriffen: 23. April 2020.

Wendt, Wolf Rainer. 2016. *Sozialwirtschaft kompakt: Grundzüge der Sozialwirtschaftslehre*, 2. Aufl. Wiesbaden: Springer VS.

Widmer, Thomas. 1996. *Meta-Evaluation: Kriterien zur Bewertung von Evaluationen*. Bern: Haupt.

Widmer, Thomas. 2000. Qualität der Evaluation – Wenn Wissenschaft zur praktischen Kunst wird. In *Evaluationsforschung: Grundlagen und ausgewählte Forschungsfelder*, 77–102. Wiesbaden: VS Verlag für Sozialwissenschaften.

Wirtschaftslexikon. 2017. Wirtschaftslexikon Planung. http://www.wirtschaftslexikon24.com/d/planung/planung.htm. Zugegriffen: 5. März 2020.

Yarbrough, Donald B. 2011. *The program evaluation standards: A guide for evaluators and evaluation users*, 3. Aufl. Thousand Oaks: Sage.

The manufacturer's authorised representative in the EU is Springer Nature Customer Service Centre GmbH, Europaplatz 3, 69115 Heidelberg, Germany. If you have any concerns regarding our products, please contact ProductSafety@springernature.com

Printed and bound by CPI Group (UK) Ltd, Croydon, CR0 4YY

23/03/2026

02076664-0001